**Oldenburger Schriften zur Geschichtswissenschaft
Heft 10**

Oldenburger Schriften zur Geschichtswissenschaft

In den *Oldenburger Schriften zur Geschichtswissenschaft* erscheinen Dokumentationen von nationalen und internationalen Tagungen, Symposien und Ringvorlesungen, die vom Institut für Geschichte veranstaltet wurden. Einen zweiten Schwerpunkt bilden Forschungsarbeiten, insbesondere von Nachwuchswissenschaftlerinnen und Nachwuchswissenschaftlern.

Das Institut für Geschichte <http://www.uni-oldenburg.de/geschichte/> ist eine wissenschaftliche Einrichtung an der Carl von Ossietzky Universität Oldenburg.

Ab Heft 9/2008 wird die Reihe herausgegeben von

Prof. Dr. Gunilla Budde
Juniorprof. Dr. Thomas Etzemüller
Prof. Dr. Dagmar Freist

Prof. Dr. Hans Henning Hahn
Prof. Dr. Rudolf Holbach
Prof. Dr. Dietmar von Reeken

Christine G. Krüger, Martin Lindner

Nationalismus und Antikenrezeption

BIS-Verlag der Carl von Ossietzky Universität Oldenburg

Oldenburg, 2009

Verlag / Druck / Vertrieb

BIS-Verlag
der Carl von Ossietzky Universität Oldenburg
Postfach 2541
26015 Oldenburg

E-Mail: bisverlag@uni-oldenburg.de
Internet: www.bis-verlag.de

ISBN 978-3-8142-2145-8

Inhaltsverzeichnis

I   Einleitung: Alte neue Mythen – Nationalismus und die
Legitimationskraft der Antike   7
Christine G. Krüger und Martin Lindner

II   Nationale Mythen   23

    1   Boudica und die Romanisierung Britanniens
– Britische Ideale und die antike Tradition   23
Jaana Zipser

    2   Vercingetorix und das „freie Gallien"
– Frankreich als Nation und territoriale Einheit   43
Robert Ueffing

    3   Hermann der Deutsche
– Arminius, unstreitig der Befreier Germaniens   57
Cornelia Jaeger

    4   Ludwig Quidde und der *Caligula*
– Antikenrezeption im Wilhelminismus   73
Jonas Kristoff Schlünzen

    5   Der Perserkriegsmythos
– Griechischer Unabhängigkeitskrieg und der Philhellenismus   85
Ines Weber

    6   Thermopylae und das Opfer der 300
– Antikenrezeption und nationaler Opfermythos   99
Christian Boedtger

    7   Der Streit um das makedonische Erbe
– Griechenland und Mazedonien   111
Kyriaki Doukelli, Christine G. Krüger und Martin Lindner

    8   Burebista, Decebalus und das römische Dakien
– Gründungsmythen Rumäniens   129
Christoph Kienemann

    9   Die Rebellen von Masada
– Israel und der Opfermythos   141
Sinja Strangmann

III	Ausblick: Nationale Mythen von Albanien bis Wales *Christine G. Krüger und Martin Lindner*		159
	1.	Albanien und die Illyrer	159
	2.	Belgien und der Ambiorix-Aufstand	161
	3.	Bulgarien und die Bulgaroi	162
	4.	Die Niederlande und der Bataveraufstand	163
	5.	Portugal und die Lustitanier	165
	6.	Schottland und die Schlacht am Mons Graupius	166
	7.	Spanien: Einheit und Regionalismus	167
	8.	Wales, Irland et al. und die Kelten	169
	9.	Das römische Reich – Italien und die restliche Welt	171

Bild- und Textrechte   175

I Alte neue Mythen
– Nationalismus und die Legitimationskraft der Antike

Christine G. Krüger und Martin Lindner

Für 52 Millionen Euro, finanziert durch das Departement Côte-d'Or, die Region Burgund, den französischen Staat und die Europäische Union, wird derzeit in Alise-Sainte-Reine ein riesiger „Muséo-Parc" geplant, der im Jahr 2011 eröffnet werden soll. Gewidmet ist dieses Projekt der Schlacht von Alesia, in der gallische Truppen unter dem Heerführer Vercingetorix im Jahr 52 v.Chr. von Iulius Caesar geschlagen wurden. Vorgesehen sind ein Informationszentrum, ein archäologisches Museum sowie ein Entdeckungsrundgang über das Gelände, auf dem, wie man annimmt, die Schlacht stattgefunden habe. „Seit dem 19. Jahrhundert wird Alesia als Ausgangspunkt der Geschichte Frankreichs betrachtet", wirbt die Website des Museumsparks, nicht ohne sogleich hinzuzufügen, dass es „ein Erinnerungsort" sei, an dem sich „Mythos und Realität verflechten".[1] Zwar distanziert man sich hiermit von der im 19. und beginnenden 20. Jahrhundert kaum angefochtenen Aussage, unter Vercingetorix sei die französische Nation geboren.[2] Doch offenbar übt dieser Mythos, selbst wenn er als solcher demaskiert ist, noch immer eine derart große Faszinationskraft aus, dass man ihm – zweitausend Jahre nachdem die Schlacht ausgetragen wurde – eine kostspielige Museumsanlage widmet.

Heute verwenden in Europa nur noch wenige Nationen antike Gründungsmythen als zentralen Baustein ihrer nationalen Selbstvergewisserung. Gleichwohl ist das französische Museumsprojekt allein aufgrund der herausragenden Bedeutung zu verstehen, die solche Mythen für den Nationalismus des 19. und frühen 20. Jahrhunderts innehatten. Kaum eine Nation schien für ihr Selbstbild auf antike Wurzeln verzichten zu können. Unzählige und bekannte literarische Werke, Gemälde oder Statuen, aber auch politische Schriften oder historische Abhandlungen aus dieser Zeit beschwören antike Persönlichkeiten, wie Vercingetorix, Arminius oder Boudica, und Ereignisse – meist Schlachten – als Ursprung der Nation. Sie zeugen noch heute von dem Stellenwert, der derlei Nationalmythen zukam.

Die Rezeption der Antike wurde zu einem Legitimationsinstrument des Nationalismus – einer der mächtigsten historischen Kräfte des 19. Jahrhunderts. Weltweit veränderte der Nationalismus im Laufe des 19. und 20. Jahrhunderts Herrschaftsverhältnisse und Gesellschaftsordnungen ebenso wie Denk- und Deutungsweisen. Nationalstaaten entwickelten sich zu wirkungsmächtigen Gebilden. Sie etablierten sich so fest, dass eine Auflösung der nationalstaatlichen Ordnung auch im Zeitalter der Globalisierung nicht absehbar und kaum vorstellbar ist. Die Nation wurde zum Orientierungswert erster Ordnung, zu einem „Letztwert", für den man bereit war, im Extremfall in den Krieg zu ziehen und sein Leben zu opfern.[3] Gelegenheiten dafür hat der Nationalismus viele geliefert: Sein hohes Aggressionspotenzial hat die vielen Kriege des 19. Jahrhunderts entscheidend mit entfacht.

---

[1] http://www.alesia.com/le-museoparc_fr_03.html, Zugriff: 08.10.2008.
[2] Vgl. Kapitel II.2.
[3] Langewiesche 2000; vgl. Berghoff 1997.

Wie lässt sich die massive Rezeption der Antike im Kontext des Nationalismus erklären? Welche Bedeutung kam ihr zu? Ist der Rückgriff auf die Vergangenheit für den Nationalismus unverzichtbar? Hatte die Antike tatsächliche Prägekraft oder wurde die Erinnerung an sie nur instrumentalisiert? Begünstigten bestimmte Rezeptionsinhalte den Nationalismus oder bestimmte Formen des Nationalismus? Welche Konjunkturen erlebte die Antikenrezeption, und wie erklären sich diese? Wer förderte die Mythenbildung auf welche Weise und wer stellte sich ihr möglicherweise auch entgegen? Wen sprachen die antiken Mythen an und welche Erwartungen erweckten sie? Welche Feindbilder produzierten sie, wen schlossen sie aus der nationalen Gemeinschaft aus und aus welchen Gründen? Welche Rolle spielte die Erinnerung an Kriege, an Siege oder – was auf den ersten Blick überraschend erscheinen mag – noch häufiger an Niederlagen?

Dieses Buch soll einen kleinen Beitrag dazu leisten, solchen Fragen auf den Grund zu gehen. Es verfolgt das Ziel, eine möglichst facettenreiche Sammlung historischer Quellen zusammenzustellen, anhand derer sich exemplarisch die Formen, Funktionsweisen sowie die Bedeutung der Antikenrezeption im Kontext des Nationalismus ausloten lassen. Das Buch ist aus einem im Sommersemester abgehaltenen Haupt- und Masterseminar hervorgegangen, das gemeinsam von den Abteilungen für Alte und Neuzeitliche Geschichte am Institut für Geschichte der Carl von Ossietzky-Universität Oldenburg ausgerichtet wurde. Diese Zusammenarbeit ist neben der Notwendigkeit zur Beschränkung ein Grund für unsere Konzentration auf die Rezeption der Antike. Nationale Gründungsmythen, die auf andere Epochen als die Antike verweisen, mussten unbeachtet bleiben. Damit soll indes keinesfalls unterschlagen werden, dass auch sie für die nationale Selbstdefinition eine wichtige Rolle spielten. Das Mittelalter etwa lieferte vor allem in der Zeit der Romantik eine weitere massiv ausgeschöpfte Inspirationsquelle für nationale Gründungsmythen, wie Jeanne d'Arc in Frankreich oder die Magna Carta in England. Andere Nationalmythen, beispielsweise die Französische Revolution oder die sog. „Befreiungskriege" in Deutschland, sind in einer noch jüngeren Epoche angesiedelt.[4]

Die Teilnehmerinnen und Teilnehmer des Seminars haben die Quellenrecherche und -auswahl übernommen. Außerdem haben die Studierenden Erläuterungstexte verfasst, die einige für die Interpretation notwendige Informationen zum jeweiligen historischen Kontext liefern. Unser Ziel war es, eine Quellensammlung bereitzustellen und so aufzuarbeiten, dass sie Geschichtskursen der Sekundarstufe oder auch geschichtswissenschaftlichen Seminaren im Grundstudium als Arbeitsgrundlage dienen kann. Daher wurden von den Autorinnen und Autoren zu jedem Kapitel einige Arbeitsfragen formuliert, die erste Diskussionsanregungen bieten können. Um den Einstieg in die weiterführende Forschungsliteratur zu erleichtern, ist darüber hinaus zu jedem Beitrag eine knappe Anzahl grundlegender Literaturtitel zusammengestellt.

Entsprechend der Zielgruppe werden, mit Ausnahme der englischsprachigen Texte, alle Quellen in deutscher Übersetzung zitiert. Außerdem wurden die für Laien oft unverständlichen Kürzel in den Nachweisen zugunsten einer vereinfachten Schreibweise gestrichen. Da bei einem Einsatz in verschiedenen Unterrichts- oder Seminareinheiten nicht zwangsläufig von einer durchgehenden Lektüre des ganzen Bandes ausgegangen werden kann, ergeben

---

[4] Einen nicht auf die Antike beschränkten Überblick zu nationalen Gründungsmythen in Europa bietet Flacke 1998; siehe auch Buschmann/Langewiesche 2003.

sich einige wenige Doppelungen in den einzelnen Beiträgen, vor allem in den Einleitungen zu den antiken Autoren.

Definitionen

Bevor wir die Problematik von Nationalismus und Antikenrezeption eingehender beleuchten, ist es sinnvoll, beide Begriffe kurz zu definieren. Der Terminus „Antikenrezeption" findet in der Forschung zunehmend Verbreitung, zumeist jedoch ohne eine klare Abgrenzung.[5] Für die Belange dieser Quellensammlung sollen beide Begriffsteile verhältnismäßig offen gefasst werden: „Antike" wird zum einen als Zeitbegriff für die Phase zwischen der Mitte des 2. Jahrtausends v.Chr. und der Mitte des 1. Jahrtausends n.Chr. verwendet, wobei die einzelnen Kapitel in Ausblicken diese Grenzen durchaus überschreiten. Zum anderen meint „Antike" den Raum der mittelmeerischen Hochkulturen und ihrer Nachbarn. Dieser Bereich ist damit notwendigerweise größer als das geografische Europa, und wenn etwa ein Beitrag zur neuägyptischen Antikenrezeption in diesem Band fehlt, so ist dies nur durch sprachliche Hürden begründet, nicht durch den Wunsch einer kulturellen Abgrenzung.

Unter „Rezeption" fassen wir jede Form der Aufnahme, gleich ob direkt oder indirekt und unabhängig vom Bewusstsein des Rezipierenden, der verfolgten Intention oder gar einer wie auch immer zu formulierenden „Korrektheit". Es erscheint müßig, angesichts der Thematik und der vielfältigen Rezeptionsformen die Kriterien der Objektivität und der Treue zur antiken Überlieferung zur Arbeitsgrundlage machen zu wollen. Einige der im Folgenden vorgestellten Fälle gründen auf naivem Missverstehen der Überlieferung, andere auf deren durchdachter Instrumentalisierung, die nächsten wiederum auf einer verklärenden Vermittlung oder auch auf schlichter (Hinzu-)Erfindung. Es war nicht unser Ziel, möglichst alle Beispiele für den Gebrauch und Missbrauch der antiken Geschichte[6] in modernen Nationalmythen aufzustellen. Ebensowenig sollten mit der Auswahl die Vielschichtigkeit des Phänomens und die oft nur zu streifenden mittelalterlichen Zwischenschritte verschwiegen werden. Zwar sind manche Beispiele wie bei Arminius oder Boudica wirklich erst auf eine neuzeitliche Wiederentdeckung antiker Überlieferung zurückzuführen. Andere wie die Makedonien/Mazedonien-Frage greifen aber auf eine über 2000-jährige durchgehende Tradition zurück. Die präsentierten Ausschnitte sind somit eher als Schlaglichter auf eine komplexe Problematik zu verstehen, die es im Einzelnen so gut zu erläutern und zu kontextualisieren gilt, wie es der begrenzte Platz gestattet.

Das zweite Phänomen, das im Mittelpunkt unserer Quellensammlung steht, der Nationalismus, ist oft und gut definiert worden, so dass wir hier auf eine in der Forschung gern zitierte Definition zurückgreifen können. Der britische Historiker Ernest Gellner fasst den Begriff folgendermaßen: „Nationalismus ist vor allem ein politisches Prinzip, das besagt, politische und nationale Einheiten sollten deckungsgleich sein".[7] Der Nationalismus setzt sich das Ziel möglichst weitgehender Autonomie für die eigene Nation. Dieses Ziel stellt er über jedes andere Streben, die nationale Loyalität über alle anderen Werte.[8] Die wissen-

---

[5] Einen Klärungsversuch bietet Hardwick 2003, bes. 1-11; anregend auch der provokante Beitrag von Reeve 2001.
[6] Als Titel mehrfach eingesetzt (u.a. bei Finley 1975, Biddiss/Wyke 1999 und Fleming 2006), geht „Gebrauch und Missbrauch" der Antike bzw. Geschichte auf eine (nicht immer reflektierte) fehlerhafte Übersetzung von Nietzsches bekanntem Aufsatz „Vom Nutzen und Nachteil der Historie für das Leben" zurück.
[7] Eine Sammlung viel zitierter wissenschaftlicher Nations- und Nationalismusdefinitionen findet sich unter: http://www.nationalismproject.org/what.htm, Zugriff: 15.10.2008.
[8] Hobsbawm 2006, S. 20.

schaftliche Definition umfasst keine normative Abgrenzung eines aggressiven und exklusiven Nationalismus gegen einen friedlichen, integrativen Patriotismus, wie sie im nicht-wissenschaftlichen Sprachgebrauch oft gezogen wird. Eine solche Unterscheidung würde die Analysekraft des Begriffs schwächen, da in der Tat gerade die Ambivalenz von Inklusion und Exklusion den Charakter des Nationalismus ausmacht.[9]

Schwieriger als der Begriff „Nationalismus" ist der Begriff „Nation" zu bestimmen, da verschiedene, politisch umstrittene Nationsvorstellungen miteinander konkurrieren: Klassisch ist die Unterscheidung zwischen einer ethnisch definierten „Volksnation", einer kulturell definierten „Kulturnation" und einer „Staatsnation", bei der vor allem das politische Bekenntnis zur Nation die Zugehörigkeit zu dieser gewährt. Welches Konfliktpotenzial in den Unterschieden zwischen diesen unterschiedlichen Konzepten angelegt ist, zeigen der deutsch-französische Streit um Elsass-Lothringen, der über lange Jahrzehnte die Beziehungen zwischen beiden Staaten bis aufs Äußerste anspannte.[10] Deutschland rechtfertigte im 19. Jahrhundert seine Ansprüche auf die in den beiden vorausgegangenen Jahrhunderten an Frankreich gefallenen Provinzen damit, dass diese historisch und kulturell zu Deutschland gehörten. Dies machte man unter anderem daran fest, dass im Elsass noch deutsch gesprochen wurde. Frankreich hielt dagegen, dass die Elsässer und Lothringer sich selbst als Franzosen betrachteten und sich zu Frankreich bekannten. Die Problematik, die in diesen solchermaßen verschiedenen Nationskonzepten liegt, hat die Geschichtsforschung der letzten Jahrzehnte zu einer neuen Definition inspiriert, die wir weiter unten noch vorstellen werden. An dieser Stelle ist es indes noch wichtig, auf den Unterschied zwischen Staat und Nation hinzuweisen. Ein Staat ist eine politische und juristische Einheit, die auf einem bestimmten Gebiet und über eine bestimmte Gruppe von Menschen die oberste Herrschaft ausübt. Nationen hingegen sind Gemeinschaften, die nicht notwendigerweise über einen eigenen Staat oder über staatliche Organe verfügen, auch wenn sie oft danach streben.

Die Nation als „vorgestellte Gemeinschaft" – ein Produkt der Moderne

In der Geschichtsforschung widmet man seit den frühen 1980er Jahren dem Phänomen des Nationalismus verstärkte Aufmerksamkeit. Vorausgegangen war eine Phase, in der sich in den Sozialwissenschaften angesichts des europäischen Einigungsprozesses vielfach die Hoffnung breit gemacht hatte, dass die Zukunft ein postnationales Zeitalter bringen werde, in dem der Nationalismus ausgedient habe. Diese Erwartung bereitete den Boden dafür, dass Nationen und Nationalstaaten in der Forschung der Folgejahre nicht mehr als etwas Uraltes oder Naturgegebenes angesehen wurden, wie es bis zur Mitte des 20. Jahrhunderts die verbreitete Vorstellung war und außerhalb der Wissenschaft auch heute noch oft geglaubt wird. Die Geschichtswissenschaft der 1980er und 1990er Jahre konnte zeigen, dass die Entstehung von Nationalstaaten erst durch den Industrialisierungsprozess sowie – damit einhergehend – mit der allmählichen Vereinheitlichung der Hochkultur möglich gemacht wurde.[11] Der zunehmende Schulbesuch, die steigende Alphabetisierungsquote ebenso wie die Verbreitung von Printmedien schufen die Voraussetzungen für die Herausbildung eines ausgedehnten Kommunikationsraumes, in dem ein nationales Zusammengehörigkeitsgefühl erwachsen konnte. Dieses war seinerseits wiederum Bedingung für die Nationsbildung.

---

[9] Langewiesche 1994.
[10] Zu den divergierenden Nationskonzepten in Deutschland und Frankreich siehe Brubaker 1992.
[11] Siehe hierzu die drei Klassiker Anderson 2006; Gellner 1983; Hobsbawm 2006. Zu den aktuellen Forschungstrends siehe Weichlein 2006.

Nationen sind also ein relativ junges, erst durch bestimmte geschichtliche Umstände hervorgebrachtes Phänomen. Und eine Nation entsteht erst dadurch, dass sich eine Gruppe von Menschen als eine solche definiert. Nationen sind – auf diese griffige und viel zitierte Formel hat es der amerikanische Historiker Benedict Anderson gebracht – „imagined communities", vorgestellte Gemeinschaften.[12] „Zwei Menschen", so definierte ähnlich der britische Historiker Ernest Gellner, „gehören derselben Nation an, wenn sie – und nur wenn sie – sich einander als Angehörige derselben Nation *anerkennen*. Mit anderen Worten: *Der Mensch macht die Nation*, Nationen sind Artefakte menschlicher Überzeugungen, Loyalitäten und Solidaritätsbeziehungen."[13] Damit ist indes nicht gesagt, dass Nationen keinerlei Realität besitzen und nach Gutdünken geschaffen oder abgeschafft werden können, wie dies mitunter postuliert wird.

Die Geschichtswissenschaft erkennt gemeinhin die enorme Wirkmacht von Nationen an. Diese hängt vor allem mit einem weiteren spezifisch modernen Kennzeichen des Nationalismus zusammen: dem oben bereits skizzierten untrennbaren Nebeneinander von „Partizipation und Aggression", das ihm eigen ist.[14] Einerseits verspricht die Nation ihren Angehörigen die gleichberechtigte politische Teilhabe: Nicht zufällig leitete die Französische Revolution mit ihren Forderungen nach politischer Gleichberechtigung das Zeitalter des Nationalismus ein. Andererseits birgt sie im Nationalismus eine Tendenz zur aggressiven Exklusion, die sich nach außen wie nach innen wenden kann. Die Nationalkriege des 19. und 20. Jahrhunderts sowie nationalistisch motivierte ethnische Diskriminierungen, Vertreibungen oder gar Genozide liefern davon ein trauriges Zeugnis.

So wie Nationen als etwas Historisches und Konstruiertes verstanden werden, so begann man in der Forschung auch diejenigen Institutionen zu hinterfragen, die früher als Belege ihrer angeblich in ‚graue Vorzeiten' zurückreichenden Geschichte gesehen wurden. In einem einflussreichen Aufsatz hat der britische Historiker Eric Hobsbawm dargelegt, dass ein Großteil vermeintlich althergebrachter, nationaler Traditionen tatsächlich „invented traditions", erfundene Traditionen, sind, die sich erst mit dem aufkommenden Nationalismus herausgebildet und etabliert haben.[15] Zu diesen erfundenen Traditionen zählt Hobsbawm etwa Volkslieder, Trachten, Symbole oder Rituale, aber auch Geschichtsmythen, wie sie dieses Buch zum Thema hat.[16]

Hobsbawm führt die Erfindung von Traditionen auf den beschleunigten gesellschaftlichen und kulturellen Wandel im Zeitalter der Industrialisierung zurück. Der gewaltige Umbruch, den diese Zeit mit sich brachte, habe herkömmliche Lebenswelten und Werteordnungen – zu denken wäre hier etwa an Dorfgemeinschaften, Familienstrukturen oder die Ständeordnung – aufgelöst und dadurch ein Vakuum erzeugt. Dieses Vakuum zu füllen, ist Hobsbawm zufolge das Ziel erfundener Traditionen. Sie sollen den Anschein von Unveränderlichkeit erwecken und damit in einer sich rasant verändernden Welt Orientierung bieten. Durch die Ritualisierung werde Massenwirksamkeit erzielt. Indem die Vergangenheit beschworen werde, werde einerseits das Gefühl der Zusammengehörigkeit gefördert und ließen sich andererseits Machtverhältnisse stabilisieren sowie Regeln und Normen etablieren oder aufrechterhalten. Die Funktion von erfundenen Traditionen bezeichnet Hobsbawm

---

[12] Anderson 2006.
[13] Gellner 1983, S. 16, Hervorhebung im Original.
[14] Langewiesche 1994.
[15] Hobsbawm 1983.
[16] Hobsbawm 1983, S. 7.

daher als eine „ideologische".[17] Dies unterscheide sie von Bräuchen und Konventionen, denn während diese in erster Linie den Gesetzen der Zweckmäßigkeit unterworfen sind, verfolgen erfundene Traditionen keinerlei praktische Ziele.

Bevor wir uns der Frage der Funktion antiker Mythen für den Nationalismus näher zuwenden, ist es angebracht, einen Blick auf eine weitere für unser Thema relevante Diskussion zu werfen, und zwar auf die kontrovers debattierte Frage, welche Rolle ethnische Ursprünge für die Entstehung von Nation und Nationalismus spielten.

Ethnische Ursprünge der Nation: wegweisend oder bedeutungslos?

Ist es in der Geschichtsforschung heute weitgehend unumstritten, dass Nationen und Nationalismus neuzeitliche Phänomene sind und es im Mittelalter und in der Antike keine Nationen gegeben hat,[18] so ist es doch umstritten, inwieweit ältere Formen ethnischer Gruppenidentitäten die Entstehung von Nationen und Nationalismus bedingten bzw. noch bedingen. Während einige Historiker ethnisch-kulturelle Kontinuitäten für entscheidende Prägekräfte halten, messen andere ihnen keinerlei oder nur geringe Bedeutung zu. In einer öffentlichen Debatte haben 1995 die beiden britischen Historiker Anthony Smith und Ernest Gellner beide Positionen exemplarisch dargelegt.[19]

Smith vertrat den Standpunkt, dass sich Nationalismus – von einigen Ausnahmen abgesehen – im Allgemeinen nicht ohne weiter zurückreichende ethnisch-kulturelle Ursprünge verstehen lasse. Wenngleich Nationen und Nationalismus auch für ihn moderne Phänomene sind, erklären die Massenwirksamkeit des Nationalismus in seinen Augen gerade ethnische Bindungen, die in vornationale Zeiten zurückreichten. Nationalismus entstehe nicht allein durch den Modernisierungsprozess und lasse sich auch nicht ausschließlich in industrialisierten, sondern ebenso in vorindustriellen Gesellschaften finden.

Der Blick auf ethnisch kulturelle Wurzeln bestimmt laut Smith die Ausprägung des Nationalismus einer bestimmten Nation. Das Alter und die Bindekraft der ethnischen Gemeinschaften, aus denen diese hervorgehe, bedingen ihm zufolge deren Nationsverständnis. Nationen mit weiter zurückreichenden ethnischen Ursprüngen neigten demnach eher zu dem Konzept der Volks- oder Kulturnation. Nationen, die auf keine gemeinsame ethnische Vergangenheit zurückblicken könnten, tendierten hingegen zum Konzept der Staatsnation. Daraus lasse sich sogar das einem bestimmten Nationalismus innewohnende Aggressionspotenzial ableiten.

Smith' Kontrahent Ernest Gellner hingegen bestreitet Kausalbeziehungen zwischen ethnisch-kulturellen Kontinuitäten und den spezifischen Ausformungen des Nationalismus. Zwar leugnet auch er nicht die Bedeutung von Mythen und erfundenen Traditionen als Kohäsionsmittel und Festiger nationaler Loyalitäten. Ob es jedoch ethnische Vorgängergemeinschaften für eine Nation gegeben habe oder nicht, bleibe ohne Konsequenz für die

---

[17] Ebd., S. 3.
[18] Ausnahmen bestätigen die Regel, denn einige Historiker verwenden den Begriff Nation auch für ethnisch-kulturelle Gemeinschaftsformen der Antike oder des Mittelalters, so etwa Hastings 1997. Wenngleich es sicherlich auch Gemeinsamkeiten zwischen diesen älteren Gemeinschaftsformen und Nationen gibt, so verliert der Begriff durch eine derart universale Anwendung viele seiner für die Neuzeit gültigen Merkmale und läuft Gefahr, als wissenschaftliches Analyseinstrument unbrauchbar zu werden. Das lateinische „natio" wurde im Mittelalter zwar als Gruppenbezeichnung verwendet, allerdings in schichtspezifischer Ausprägung oder mit regionalen Bezügen und nicht als theoretisches Nationskonzept.
[19] Gellner/Smith 1996. Siehe auch Gellner 1997; Smith 2004; Smith 2007.

Existenz oder Gestalt des Nationalismus. Auf eine Metapher zugespitzt, formulierte Gellner: „Haben Nationen einen Nabel oder nicht? [...] Einige Nationen haben einen, andere nicht, und wie auch immer es sich damit verhält, ist unwesentlich."[20] Nationen können auch ohne ausgeprägte ethnische Wurzeln neu entstehen, wie beispielsweise die Esten, für die es vor dem 19. Jahrhundert noch nicht einmal eine eigene ethnische Gruppenbezeichnung gegeben habe, die seither jedoch eine lebendige Nationalkultur hervorgebracht hätten.

Gellners Antwort macht deutlich, dass die Auseinandersetzung um den Stellenwert von ethnisch-kulturellen Kontinuitäten für die Nationsbildung gleichzeitig um die grundsätzliche Frage kreist, welche Kräfte den Lauf der Geschichte bestimmen. Für Gellner hat sich die Rolle der Kultur seit dem 17. Jahrhundert durch „ein Zusammentreffen wirtschaftlicher und wissenschaftlicher Veränderungen" radikal gewandelt. Im Mittelalter habe die Kultur in erster Linie darauf gezielt, den Status der Menschen in einer hierarchisch fest gefügten Welt auszuweisen. In der neuzeitlichen Welt hingegen, in der es im Prinzip keine fest zugeschriebenen sozialen Rollen mehr gebe, sei Kultur zu einem Mittel gesellschaftlichen Fortkommens geworden. In der hochkomplexen, bürokratisierten und anonymen Moderne sei soziale Integration nur denjenigen garantiert, welche die Codes der Hochkultur sicher beherrschten. Für Gellner gehen somit ganz eindeutig die Transformationen der Gesellschaftsstruktur dem kulturellen Wandel voraus und bedingen ihn. Für Smith hingegen sind die kulturellen Bindungen selbst ein wichtiger Faktor gesellschaftlichen Wandels.

Um den Stellenwert ethnisch-kultureller Ursprünge für die Nationsbildung zu ermessen, kann und soll unsere Quellensammlung freilich keine ausreichende Grundlage bieten. Anders geartete und viel umfassendere Studien wären hier notwendig. Dennoch sollten wir die Diskussion über die Rolle ethnisch-kultureller Kontinuitäten bei der Quellenanalyse im Hinterkopf behalten, denn sie berührt nicht unwesentlich auch die Frage nach den Funktionen von Gründungsmythen allgemein, denen wir uns nun zuwenden.

Funktionen der Antikenrezeption im Nationalismus

Seit den bahnbrechenden Studien von Anderson und Hobsbawm hat sich die Geschichtsforschung verstärkt der Entstehung und Funktion nationaler Mythen zugewandt.[21] Mythen formen und festigen Selbst- und Fremdbilder. Dabei vereinfachen und reduzieren sie die komplexe Wirklichkeit auf griffige Formeln oder Bilder. Die Wirkungsmacht von Mythen, so zeigt auch unsere Quellensammlung, liegt in ihrer Uneindeutigkeit: Mythen erlauben vielgestaltige Interpretationsvarianten, stoßen daher auf große Akzeptanz und können helfen, Konflikte zu überwinden. So konnten beispielsweise in Frankreich die Gallier als Republikaner, als Antipoden der Germanen bzw. des Kriegsgegners Deutschland oder als Imperialisten gefeiert werden und lieferten auf diese Weise der französischen Öffentlichkeit je nach politischer Lage das passende Identifikationspotenzial.[22]

Geografische Nähe scheint für Rezipienten der Antike eine gute Ausgangsbasis für derartige Rückbesinnungen zu sein.[23] Wie der westeuropäische Philhellenismus oder der Mythos

---

[20] Gellner/Smith 1996, S. 367.
[21] Als Einstieg in die Mythos-Forschung siehe Segal 2007a, sowie den vierbändigen Sammelband der auch etliche „Klassiker" zum Thema umfasst Segal 2007b. Einen Überblick über die Mythenforschung in verschiedenen Fachrichtungen bei Speth 2000; vgl. auch die anregende Studie von Detienne 2005.
[22] Vgl. Kapitel II.2.
[23] Zum Problem der schwer fassbaren antiken „Stämme" als Ausgangspunkt einer „Identitätsbildung" vgl. Pohl 1998 und Heather 1998 (anhand spätantiker Fallstudien).

der deutschen Spartaner zeigt,[24] ist sie allerdings nicht zwingend erforderlich und kann notfalls auf andere Weise konstruiert werden. Teilweise sind die Bezugsobjekte nur vereinzelte einschlägige Textstellen, in manchen Fällen wie dem albanischen Rückgriff auf die Illyrer liegen nicht einmal solche vor. Selbst bei einer kompletten Neugründung wie den USA kann die Orientierung an antiken Vorbildern erstaunliche Bedeutung erlangen.[25]

Warum aber immer wieder der Blick auf die Antike? Gerade die oft beklagte Quellenarmut dieser Zeit ist ihre erste „Stärke" im Sinne eines deutungsoffenen Reservoirs für nationale Mythen. Dazu kommt die erstaunlich konstante Vorstellung, durch Anciennität der eigenen Nation einen Vorrang gegenüber anderen Nationen verschaffen zu können oder müssen. In milderer Form ist diese Idee noch heute beispielsweise bei vielen Ortsfesten bekannt, die stolz ihre erste urkundliche Erwähnung feiern, die wenige Jahre vor der des Nachbarorts liegt. Das Konzept ist jedoch wesentlich älter und zeigt sich bereits in den antiken Autochthonie-Diskursen: So behaupteten etwa die Athener, sie seien gleichsam aus dem Land entstanden und damit seit Anbeginn der Zeit dessen Besitzer. Daneben wurde immer wieder die mythologische Vergangenheit bemüht, um sich eine altehrwürdige Herkunft zu sichern, etwa beim makedonischen Königshaus eine Traditionslinie bis zur Zeit des Herakles.[26] Auch die Antike selbst hatte schon ihre Antikenrezeption. Die oft zweifelhaften Altersbehauptungen besitzen jedoch Bedeutung weit über die Antike hinaus. Nicht nur die Römer hatten eine Ursprungssage, die sie (über Aeneas) mit den Helden von Troia verband. Die Franken beanspruchten eine ähnliche Abstammung und noch um 1500 verband der Humanist Jean Lemaire de Belges in *Les Illustrations de Gaule et singularitéz de Troye* das Schicksal von Troianern und Galliern als fränkischen Ahnherren.[27] Ebenfalls über Aeneas bzw. dessen Urenkel Brutus funktioniert die Anknüpfung Mitte des 12. Jahrhunderts bei Geoffrey of Monmouth. In seiner *Historia regum Britanniae* dient praktisch das gesamte erste Buch nur dazu, troianische Siedler als Stammväter der Briten zu etablieren. Für die Sachsen berichtet Widukind von Corvey Mitte des 10. Jahrhunderts von einer vergleichbaren Legende, die sich jedoch auf Überlebende aus dem Heer Alexanders des Großen bezieht.[28] Die Liste ließe sich beliebig erweitern. Die nationale Anciennitätssuche ist somit im doppelten Sinn Teil einer auf die Antike zurückzuführenden Tradition.

Eine wichtige Rolle spielte und spielt auch die Besinnung auf antike Autoritäten. Vermittelt durch den Humanismus gerieten die wiederentdeckten Schriften des Tacitus zur Quelle zahlreicher Nationalmythen (Arminius in Deutschland, Boudica in England, Iulius Civilis in den Niederlanden etc.), womit der geachtete Autor Tacitus selbst zum Informationsgaranten wurde. Seine Schriften waren Teil einer Hochkultur, die von den Humanisten als nachahmenswertes Modell präsentiert wurde. Bis weit ins 19. Jahrhundert beeinflusste diese Sichtweise das Bildungsideal des Bürgertums, etwa auf dem Gebiet der Kunst, wo die Antike für Generationen von Künstlern das zu imitierende Vorbild darstellte. Eine Erwähnung der „eigenen Ahnen" in Tacitus konnte somit als Basis für Nationalstolz fungieren – die Rezeptionsgeschichte der Formulierung von Arminius als „Befreier Germaniens"[29] ist

---

[24] Zum Philhellenismus vgl. Kapitel II.5, zum deutschen Thermopylen-Mythos Kapitel II.6.
[25] Zusammenfassend Dyson 2001; vgl. auch Wyke 1997 und Joshel/Malamud/McGuire 2001 (mit Schwerpunkt auf der Adaption im amerikanischen Antikfilm) sowie Kapitel III.9.
[26] Vgl. Kapitel II.7.
[27] Einen Überblick über die europäischen Troiamythen am Übergang zur Frühen Neuzeit bietet Melville 1987; zur Modifikation der fränkischen Troialegende seit dem 16. Jahrhundert vgl. Huppert 1965.
[28] Widukind: Sachsengeschichte 1,2.
[29] Tacitus: Annalen 2,88,2 („liberator [...] Germaniae"); vgl. Kapitel II.3.

nur das bekannteste Beispiel für dieses Phänomen. Die eigene Nation wird so nicht einfach 1500, 2000 oder noch mehr Jahre in eine vage Vergangenheit verlängert, sondern erhält dort noch einmal hochkarätige Zeugen, die eine Traditionsbehauptung absichern helfen und zugleich etwas von ihrem eigenen Glanz aus der idealisierten Antike auf die Gegenwart übertragen.

Die Antike kann Vorlagen liefern, um eigene Gebietsansprüche zu untermauern, wie etwa im Kosovokonflikt. Sie liefert Identifikationsfiguren einer – oft ethnisch basierten – Nationalidee, einigend nach innen und abgrenzend nach außen, so in den Fällen von Vercingetorix, Arminius und Ambiorix. Feindbilder und Rechtfertigungen für Auseinandersetzungen werden durch vermeintliche antike Vorbilder auf eine überzeitliche Ebene gehoben und so einer kritischen Diskussion entzogen. Doch auch als Vergleichsfolie ist die Antike ständig im Nationaldiskurs präsent, etwa in Form des Römischen Reiches als ambivalentes Bezugsobjekt der Kolonialismusdebatte. Das *British Empire* und sein Pendeln zwischen den Extremen der Bewertung des antiken Großreichs ist nur eines von vielen Beispielen.[30]

Geht es bei all dem aber wirklich um *Antiken*rezeption? Die ausgewählten Belege mögen teilweise den Eindruck absoluter Beliebigkeit im Umgang mit der Historie erwecken, bei dem die Antike an sich zum bloßen Selbstbedienungsladen für Rechtfertigungen verkommt. Die meisten der hier vorgestellten Beispiele sind im Kern Berichte über Niederlagen, die zu Abwehrschlachten und Opfermythen verklärt wurden. Wer etwa Hermann Görings Adaption der Thermopylen für die verzweifelte Lage in der Schlacht um Stalingrad betrachtet, dürfte dies für blanken Zynismus halten. Tatsächlich aber ist das Verhältnis zur Antike immer ein doppeltes, gewissermaßen ein permanenter Dialog. Zum einen beeinflussen antike Kategorien wie das Ancienitätsideal weiterhin unser Denken, zum anderen erfinden wir in unserer ständigen Suche nach Bezugsobjekten aus der Antike die Antike ständig neu. Die Instrumentalisierung der Geschichte mag unseren Blick auf die Antike beeinflussen, auch in den vermeintlich objektiven Wissenschaften. (Die Nationalarchäologien in Israel oder Albanien sind gute Beispiele.)[31] Aber wir sind durchaus in der Lage, derartige Instrumentalisierungen zu hinterfragen und uns um einen eigenen, immer wieder neuen Dialog zu bemühen. Zudem wäre es sicher falsch, alle Interpretationen als intentionale Geschichtsklitterung anzusehen. Das in der Forschung oft geschmähte historische *re-enactment* bietet hierfür schlichte, aber wichtige Einsichten: Wenn sich heute am Bodensee oder im Elsass Menschen unterschiedlichster sozialer Stellung als spätantike Alamannenschar zusammenfinden, ist dies weder mit purer Lust am Verkleiden noch mit nationalistischer Vereinnahmung gleichzusetzen. Diese Aspekte können eine gewisse Bedeutung haben, doch wichtiger erscheint das oft naive Geschichtsverständnis, die Vergangenheit möglichst genau nachstellen oder sogar nachempfinden zu wollen – und zwar zumeist mit einem Bezug auf eine wie auch immer geartete „eigene" Vergangenheit.

Im Sinne Peter Greens[32] kann die Beschäftigung mit der Antike und ihrer modernen Rezeption zudem als Verständigungsbasis und als intellektueller Wetzstein dienen, an dem wir unsere Kritikfähigkeit schärfen können. Gerade der zu beobachtende Wandel in der Verein-

---

[30] Vgl. Kapitel II.1.
[31] Zu Israel vgl. Kapitel II.9, zu Albanien Kapitel III.1. Zum Problem der Nationalarchäologien vgl. Kohl/Fawcett 1995, Banks 1996, Pluciennik 1996, Díaz-Andreu/Champion 1996 und Kane 2003 sowie die Beiträge in Graves-Brown/Jones/Gamble 1996 und Rieckhoff/Sommer 2007; einen Ausblick auf die Bedeutung der Archäologie für eine „post-nationale Identitätssuche" versucht Gramsch 2005.
[32] Green 1998, 25: „[T]he humanities can, and should, build bridges between nations, raise plentiful crops of ideas, cure the fevers of irrationalism, and, if pushed, point the gun of irrefutable argument and consensus."

nahmung einzelner Figuren oder Ereignisse weist uns zurück auf die Konstruiertheit unseres eigenen Geschichtsbildes. Dass sich ein Denken in Kategorien von „großen Machern" und „historischen Wendepunkten" allen strukturgeschichtlichen Ansätzen zum Trotz ungebrochener Beliebtheit erfreut, steht dabei auf einem anderen Blatt. Wenn die folgenden Texte eines zeigen, so ist es die ungebrochene Aktualität der Antike, bei deren Rezeption (und Rezeption der Rezeption) ein hohes Kritikbewusstsein unerlässlich ist. Wir werden Beispiele dafür sehen, wie die Antike als Ventil und als Diskussionsfolie, als Quelle der Legitimation und als Projektionsfläche, als bildungsbürgerlicher Verweis und als emotionales „historisches Erbe", als Vorbild und als Gegenbild eingebunden ist in die komplexe Geschichte nationaler Mythenbildung. Die viel beschworene „Rückkehr zu den Ursprüngen" ist bereits ein Mythos an sich.

Kurzvorstellung der Beiträge

Die Auswahl der Beiträge folgt nicht dem Grad der Bekanntheit oder der – wie auch immer definierten – Zentralität der rezipierten Mythen. Die Quellensammlung zielt vielmehr darauf, ein möglichst breites Spektrum verschiedener Verwendungsweisen antiker Stoffe im Kontext des Nationalismus zusammenzustellen. Damit versuchen wir dem doppelten Ziel gerecht zu werden, Licht einerseits auf die Funktionsmechanismen der Antikenrezeption, andererseits auf diejenigen des Nationalismus zu werfen. Wir haben daher bewusst nicht nur Gründungsmythen, sondern auch andere Arten der Antikenrezeption berücksichtigt: etwa mit einer Quelle, die als Satire auf den deutschen Kaiser das Nationalgefühl vieler Zeitgenossen verletzte. Die Bandbreite möglicher Rezeptionsformen zu kennen, kann helfen, ihre Funktions- und Wirkungsmechanismen zu vergleichen, einzuordnen und damit besser zu fassen. Ein kurzer Überblick über die Beiträge des Bandes mag dies bereits andeuten.

Eine Ausnahme unter den überwiegend männlichen antiken Nationalhelden ist die Britannierin Boudica, die der antiken Überlieferung nach im 1. Jahrhundert n.Chr. die britannischen Truppen gegen die römische Besatzung anführte. Wie Jaana Zipser vorstellt, konnte ihr Eingreifen in das Kriegsgeschehen zu Beginn ihrer neuzeitlichen Rezeption nicht zuletzt aufgrund ihres Geschlechts durchaus auch negativ beurteilt werden. Im 19. Jahrhundert indes wurde sie überwiegend als Nationalheldin anerkannt und konnte als Gegnerin des Römischen Imperialismus paradoxerweise auch zur Rechtfertigung britischer Kolonialpolitik beschworen werden. Von der Frauenbewegung wurde sie als Vorreiterin der Frauenemanzipation gefeiert.

Wie die Mythen verschiedener Nationen miteinander in Konkurrenz treten konnten, zeigen die beiden folgenden Beiträge. Die von Robert Ueffing vorgestellte Figur des Gallierprinzen Vercingetorix erlebte ihre erste Rezeption im Kontext der Auseinandersetzungen zwischen Monarchisten und Republikanern. Letztere glaubten, den Republikanismus als französische Nationaltugend bis in gallische Zeiten zurückverfolgen zu können. Im späten 19. Jahrhundert wurde Vercingetorix mehr und mehr zum direkten Gegenbild der in Deutschland gefeierten Arminius-Figur. In dieser Lesart behielt Vercingetorix seine republikanische Gesinnung, Arminius hingegen verkörperte aus französischer Sicht den germanisch-deutschen Militarismus, der Macht vor Recht setzte.

Cornelia Jaeger präsentiert in ihrem Beitrag Quellen zum Arminius- bzw. Hermannmythos. Die Quellenauswahl wirft Schlaglichter auf verschiedene, teilweise auch konkurrierende Ausprägungen des Nationsverständnisses in Deutschland vom Beginn des 19. Jahrhunderts bis zum Nationalsozialismus. Deutlich lassen sich an diesen Quellen einige zentrale Funktionsmechanismen nationaler Gründungsmythen ablesen: Der Mythos sollte Einigkeit im Inneren stiften und dabei gleichzeitig nach außen abgrenzen und – vor allem gegenüber Frankreich – nationale Aggressionen legitimieren.

Auf andere Weise als in den Nationalmythen der sonstigen Beiträge wird die Antike in der satirischen Schrift „Caligula" des Historikers, Pazifisten und Friedensnobelpreisträgers Ludwig Quidde rezipiert, die hier von Jonas Kristof Schlünzen vorgestellt wird. Quidde verkleidet in seiner historischen Abhandlung über den römischen Kaiser Caligula eine beißende Satire auf Wilhelm II. Suggeriert Quidde hier zwar in dem in der Schrift thematisierten Krankheitsbild des Cäsarenwahnsinns auch eine Kontinuitätslinie von der Antike bis in die Gegenwart, so ist die Hauptfunktion seines Rückgriffs auf die Antike nicht, Identität zu stiften, sondern der (nationalistischen) Gegenwart einen Spiegel vorzuhalten.

Nicht die eigenen nationalen Wurzeln, sondern diejenigen einer fremden Nation wurden von der sog. Philhellenenbewegung beschworen, die Ines Weber in ihrem Beitrag vorstellt. In Wort und Tat unterstützten Philhellenen aus ganz Europa in den ersten Jahrzehnten des 19. Jahrhundert Griechenlands Bemühungen, sich vom Osmanischen Reich zu lösen und die nationale Unabhängigkeit zu erlangen. In dem griechischen Unabhängigkeitskrieg gegen die Türken erkannten die Philhellenen eine Parallele zu den antiken Perserkriegen, die im klassischen Bildungskanon ihren festen Platz innehatten und daher einen gemeinsamen Referenzpunkt für die gesamteuropäische Bewegung lieferten.

Eine weitere Form der Antikenrezeption stellt der Thermopylen-Mythos dar, der im Mittelpunkt des Beitrages von Christian Boedtger steht. Hier wird ebenfalls nicht die eigene nationale Vergangenheit mystifiziert, sondern die antike Schlacht wurde zum Vorbild für Heldenmut und bedingungslose Opferbereitschaft stilisiert. Ein extremes Beispiel der Verwendung dieses Mythos ist eine Rede Hermann Goebbels' aus dem Jahr 1943, in welcher der NS-Propagandist die Schlacht von Stalingrad mit der Thermopylenschlacht verglich, mit dem Ziel einerseits den Durchhaltewillen der Deutschen zu stärken, andererseits das Handeln der nationalsozialistischen Militärführung zu legitimieren.

Dass antike Mythen auch im heutigen Europa bei nationalen Konflikten keineswegs ausgestorben sind, zeigt der von Kyriaki Doukelli, Christine Krüger und Martin Lindner vorgestellte Streit um den Namen des nach dem Zerfall Jugoslawiens neu gegründeten Staates Makedonien. Auf griechischer Seite sah man in der Namenswahl eine unberechtigte Aneignung griechischen Kulturgutes. Darüber hinaus wurde die Furcht geäußert, Makedonien könne in Zukunft Besitzansprüche auf die griechische Provinz Mazedonien ableiten. Wenngleich nur wenige Mazedonier ernsthaft behaupten, von den antiken Makedonen abzustammen, wehrt man sich doch auf mazedonischer Seite gegen die Vorstellung, dass das Makedonenreich in der Antike zu Griechenland gehört habe.

Welche Rolle Nationalmythen auch in der Propaganda eines sozialistischen Staates spielen konnten, zeigt die Quellenauswahl Christoph Kienemanns zur Rezeption Dakiens und der dakischen Herrscher Burebista und Decebalus unter dem rumänischen Diktator Ceaușescu. Reibungen mit der sozialistischen Doktrin, die sich eigentlich internationalistisch versteht, wurden von der Staatspropaganda geschickt verschleiert.

Der Masada-Mythos, den Sinja Strangmann in ihrem Beitrag vorstellt, gibt ein weiteres Beispiel für die Erfindung einer Tradition in einem neu gegründeten Nationalstaat, der von

Beginn unter steten militärischen Bedrohungen stand. In erster Linie appellierte die zionistische Deutung der Belagerung von Masada an die israelische Verteidigungsbereitschaft. Gleichzeitig sollte der Verweis auf den antiken Aufstand den Anspruch auf Eigenstaatlichkeit stützen.

Ein Ausblick wirft schließlich noch Schlaglichter auf die Vielfalt weiterer antiker Nationalmythen, die in diese Quellensammlung nicht mit aufgenommen werden konnten.

Dank

Ohne die Hilfe von vielen Seiten wäre es unmöglich gewesen, das Engagement eines Hauptseminars in ein Buch zu verwandeln. Wir danken für die finanzielle Unterstützung durch die Abteilungen für Neuere und Alte Geschichte an der Universität Oldenburg und ihren Leiterinnen Gunilla Budde und Tanja Scheer. Kirsten Darby, Sylvia Lindner, Klaus-Jürgen Matz, Tanja Scheer und Ines Weber haben darüber hinaus die Mühe auf sich genommen, das gesamte Manuskript kritisch zu kommentieren. Teile des Manuskripts haben auch Matthias Krüger und Sarah Neumann gelesen. Ihnen allen gebührt unser Dank für wertvolle Hinweise. Danken möchten wir außerdem unseren Gast-Universitäten in Exeter bzw. Oxford, die uns ideale Arbeitsbedingungen bereitstellten, sowie unseren dortigen Kollegen. Ihre Diskussionsfreude hat dieses Buch weiter bereichert. Unser Dank gilt ferner den vielen Autoren, Verlagen, Museen und Filmverleihen, die uns den Nachdruck der Quellen genehmigt haben. Für die gute Zusammenarbeit und die Aufnahme in ihr Verlagsprogramm danken wir schließlich Barbara Šíp und Jurkea Morgenstern vom Oldenburger BIS-Verlag.

Literatur

Anderson 2006: Anderson, Benedict: Imagined Communities. Reflections on the Origin and Spread of Nationalism, erw. Aufl., London 2006, (deutsche Übersetzung: Die Erfindung der Nation. Zur Karriere eines folgenreichen Konzepts, 2., um ein Nachw. erw. Aufl. der Neuausg. 1996, Frankfurt a.M. 2005).

Banks 1996: Banks, Iain: Archaeology, Nationalism and Ethnicity, in: Atkins, John A./ Banks, Iain/O'Sullivan, Jerry (Hg.): Nationalism and Archaeology, Glasgow 1996, S. 1-11.

Berghoff 1997: Berghoff, Peter: Der Tod des politischen Kollektivs. Politische Religion und das Sterben und Töten für Volk, Nation und Rasse, Berlin 1997.

Biddiss/Wyke 1999: Biddiss, Michael/Wyke, Maria (Hg.): The Uses and Abuses of Antiquity, Bern u.a. 1999.

Brubaker, 1992: Brubaker, Rogers: Citizenship and Nationhood in France and Germany, Cambridge (Mass.) 1992, (deutsche Übersetzung: Staats-Bürger. Deutschland und Frankreich im historischen Vergleich, Hamburg 1994).

Buschmann/Nikolaus 2003: Buschmann, Nikolaus/Langewiesche, Dieter (Hg.): Der Krieg in den Gründungsmythen europäischer Nationen und der USA, Frankfurt a.M. 2003.

Detienne 2005: Detienne, Marcel: Les Grecs et nous. Une anthropologie comparée de la Grèce ancienne, Paris 2005.

Díaz-Andreu/Champion 1996: Díaz-Andreu, Margarita/Champion, Timothy: Nationalism and Archaeology in Europe. An Introduction, in: dies. (Hg.): Nationalism and Archaeology in Europe, London 1996, S. 1-23.

Dyson 2001: Dyson, Stephen L.: Rome in America, in: Hingley, Richard (Hg.): Images of Rome. Perceptions of Ancient Rome in Europe and the United States in the Modern Age (Journal of Roman Studies Suppl. 44), Portsmouth 2001, S. 57-69.

Finley 1975: Finley, Moses I.: The Use and Abuse of History, London 1975.

Flacke 1998: Flacke, Monika (Hg.): Mythen der Nationen: ein europäisches Panorama. Eine Ausstellung des Deutschen Historischen Museums (Begleitband zur Ausstellung vom 20. März 1998 bis 9. Juni 1998), Berlin 1998.

Fleming 2006: Fleming, Kate: The Use and Abuse of Antiquity. The Politics and Morality of Appropriation, in: Martindale, Charles/Thomas, Richard F. (Hg.): Classics and the Uses of Reception (Classical Receptions), Malden/Oxford/Carlton 2006, S. 127-137.

Gellner 1983: Gellner, Ernest: Nations and Nationalism, Oxford 1983, (deutsche Übersetzung: Nationalismus und Moderne, Hamburg 1995).

Gellner 1997: Gellner, Ernest: Nationalism, London 1997, (deutsche Übersetzung: Nationalismus: Kultur und Macht, Berlin 1999).

Gellner/Smith 1996: Gellner, Ernest/Smith, Anthony: The Nation: Real or Imagined? The Warwick Debates on Nationalism, in: Nations and Nationalism 2, Nov. 1996, H. 3, S. 357-370 (digital, allerdings mit zahlreichen Tippfehlern, unter: http://www.lse.ac.uk/collections/gellner/Warwick0.html).

Gramsch 2005: Gramsch, Alexander: Archäologie und post-nationale Identitätssuche, in: Archäologisches Nachrichtenblatt 10, 2005, 185-193.

Graves-Brown/Jones/Gamble 1996: Graves-Brown, Paul/Jones, Siân/Gamble, Clive (Hg.): Cultural Identity and Archaeology. The Construction of European Communities (Theoretical Archaeology Group), London/New York 1996.

Green 1998: Green, Peter: Classical Bearings. Interpreting Ancient History and Culture, Berkeley/Los Angeles/London 1998.

Hardwick 2003: Hardwick, Lorna: Reception Studies (Greece & Rome, New Surveys in the Classics 33), Oxford 2003.

Hastings 1997: Hastings, Adrian: The Construction of Nationhood. Ethnicity, Religion and Nationalism, Cambridge/New York 1997.

Heather 1998: Heather, Peter J.: Disappearing and Reappearing Tribes, in: Pohl, Walter/Reimitz, Helmut (Hg.): Strategies of Distinction. The Construction of Ethnic Communities, 300–800 (The Transformation of the Roman World 2), Leiden/Boston/Köln 1998, S. 95-111.

Hobsbawm 1983: Hobsbawm, Eric: Introduction: Inventing Traditions, in: ders./Ranger, Terence (Hg.): The Invention of Tradition, Cambridge u.a. 1983, S. 1-14 (deutsche Übersetzung: Das Erfinden von Traditionen, in: Conrad, Christoph/Kessel, Martina (Hg.): Kultur & Geschichte. Neue Einblicke in eine alte Beziehung, Stuttgart 1998, S. 97-118).

Hobsbawm 2006: Hobsbawm, Eric: Nations and Nationalism since 1780. Programme, Myth, Reality, Cambridge ²2006, (deutsche Übersetzung: Nationen und Nationalismus. Mythos und Realität seit 1780, Frankfurt a.M. ³2005).

Huppert 1965: Huppert, George: The Trojan Franks and their Critics, in: Studies in the Renaissance 12, 1965, S. 227-241.

Joshel/Malamud/McGuire 2001: Joshel, Sandra R./Malamud, Margaret/McGuire jr., Donald T. (Hg.): Imperial Projections. Ancient Rome in Modern Popular Culture (Arethusa Books), Baltimore/London 2001.

Kane 2003: Kane, Susan: The Politics of Archaeology and Identity in a Global Context, in: dies. (Hg.): The Politics of Archaeology and Identity in a Global Context (Colloquia and Conference Papers 7), Boston 2003, S. 1-9.

Kohl/Fawcett 1995: Kohl, Philip L./Fawcett, Clare: Archaeology in the Service of the State. Theoretical Considerations, in: dies. (Hg.): Nationalism, Politics, and the Practice of Archaeology, Cambridge/New York/Melbourne 1995, S. 3-18.

Langewiesche 1994: Langewiesche, Dieter: Nationalismus im 19. und 20. Jahrhundert: zwischen Partizipation und Aggression. Vortrag vor dem Gesprächskreis Geschichte der Friedrich-Ebert-Stiftung in Bonn am 24. Januar 1994, Bonn 1994 (digital unter: http://library.fes.de/fulltext/historiker/00625.htm).

Langewiesche 2000: Langewiesche, Dieter: Nation, Nationalismus, Nationalstaat in der europäischen Geschichte seit dem Mittelalter. Versuch einer Bilanz, in: ders.: Nation, Nationalismus, Nationalstaat in Deutschland und Europa, München 2000, S. 14-34.

Melville 1987: Melville, Gert: Troja. Die integrative Wiege europäischer Mächte im ausgehenden Mittelalter, in: Seibt, Ferdinand/Eberhard, Winfried (Hg.): Europa 1500. Integrationsprozesse im Widerstreit: Staaten, Regionen, Personenverbände, Christenheit, Stuttgart 1987, S. 415-432.

Pluciennik 1996: Pluciennik, Mark: A Perilous But Necessary Search. Archaeology and European Identities, in: Atkins, John A./Banks, Iain/O'Sullivan, Jerry (Hg): Nationalism and Archaeology, Glasgow 1996, S. 35-58.

Pohl 1998: Pohl, Walter: Telling the Difference. Signs of Ethnic Identity, in: ders./Reimitz, Helmut (Hg.): Strategies of Distinction. The Construction of Ethnic Communities, 300–800 (The Transformation of the Roman World 2), Leiden/Boston/Köln 1998, S. 17-69.

Reeve 2001: Reeve, Michael: Introduction, in: Harrison, Stephen J. (Hg.): Texts, Ideas, and the Classics. Scholarship, Theory, and Classical Literature, Oxford/New York 2001, S. 245-251.

Rieckhoff/Sommer 2007: Rieckhoff, Sabine/Sommer, Ulrike (Hg.): Auf der Suche nach Identitäten. Volk – Stamm – Kultur – Ethnos (BAR International Series 1705), Oxford 2007.

Segal 2007a: Segal, Robert A.: Mythos. Eine kleine Einführung, Stuttgart 2007.

Segal 2007b: Segal, Robert A. (Hg.): Myth: Critical Concepts in Literary and Cultural Studies, 4 Bde., London 2007.

Smith 2004: Smith, Anthony: The Antiquity of Nations, Cambridge 2004.

Smith 2007: Smith, Anthony: The ethnic origins of nations, Nachdr., Oxford 2007.

Speth 2000: Speth, Rudolf: Nation und Revolution. Politische Mythen im 19. Jahrhundert, Opladen 2000.

Weichlein 2006: Weichlein, Siegfried: Nationalismus und Nationalstaat in Deutschland und Europa. Ein Forschungsüberblick, in: Neue Politische Literatur 51, 2006, H. 2/3, S. 265-351.

Wyke 1997: Wyke, Maria: Projecting the Past. Ancient Rome, Cinema, and History (The New Ancient World), New York/London 1997.

II Nationale Mythen

1 Boudica und die Romanisierung Britanniens – Britische Ideale und die antike Tradition

Jaana Zipser

In den 40er Jahren des 1. Jahrhunderts n.Chr. eroberten die Truppen des römischen Kaisers Claudius weite Teile Englands, nachdem eine erste Expedition unter Iulius Caesar 55/54 v.Chr. noch ohne dauerhaften Erfolg geblieben war. Der Süden der Insel kam schnell unter römische Kontrolle. Richtung Wales und Schottland zogen sich die Aktionen nicht zuletzt wegen des schwierigen Terrains jedoch wesentlich länger hin.

Der Kontakt mit den britannischen Stämmen war unterschiedlich: Einige ergaben sich freiwillig den Eroberern, andere wurden unterworfen. Häufig kooperierte Rom auch mit dem Anführer eines Stammes. Der Stamm behielt eine lokale Selbstverwaltung und galt als frei. Daneben traten von römischer Seite ein Procurator für die finanziellen Belange und ein Statthalter, zuständig für Armee und Regierungsgeschäfte.

Eine solche Verbindung bestand vermutlich mit Boudicas Gatten Prasutagus, dem König der Icener. Diesem gelang es zwar, seine Herrschaft mehr als zehn Jahre auszüben. Allerdings scheiterte er mit dem Versuch, seinen Töchtern testamentarisch die Nachfolge zu sichern. Nach Prasutagus' Tod im Jahre 59 n.Chr. kam es zu einem Aufstand der Icener und Trinovanten, dem unter anderem die römischen Stützpunkte in Colchester und London zum Opfer fielen. Angeführt wurde die Revolte von Boudica, deren schlechte Behandlung durch die Römer eine Provokation in den Augen ihrer Stammesangehörigen darstellte. Dazu kam die Empörung über die Amtsausübung des damaligen Procurators und die gestiegenen finanziellen Belastungen. Der Aufstand konnte erst nach erheblichen Verlusten in einer Entscheidungsschlacht beendet werden.

Die weitere Eroberung der Insel setzte sich im 1. und frühen 2. Jahrhundert fort. Die Romanisierung Britanniens und die damit verbundene kulturelle Beeinflussung erfolgte vorwiegend über die Garnisonen und Städte. Das Hinterland wurde nur teilweise erreicht. Anfang des 5. Jahrhunderts musste Rom die Herrschaft über die Provinz aus militärischen Gründen aufgeben, obwohl die kirchlichen Verbindungen auch nach der sog. Angelsächsischen Landnahme andauerten. Die heutige Selbstbezeichnung „Britain" nimmt erneut einen Sammelbegriff auf, mit dem schon griechische und römische Schreiber die Insel belegt hatten.

Die antike Überlieferung der historischen Gestalt Boudica besteht lediglich aus drei Texten römischer Autoren. Die römische Geschichtsschreibung war literarischer Natur und ihr Hauptziel bestand oft nicht weniger in einer Darstellung der historischen Ereignisse als in Unterhaltung und Erbauung für die gebildete Oberschicht. Die Schriften über Boudica waren daher mehr moralisierende und unterhaltende Erzählungen. Die ursprüngliche Schreibweise des Namens lautete Boudica, die der Rezeptionsgeschichte vornehmlich Boadicea; weitere Bezeichnungen sind Bonduca oder Boudicca.

Cornelius Tacitus wurde um 56 n.Chr. vermutlich in der Gallia Narbonensis geboren und stieg über die Ämterlaufbahn zu höchsten Ehren auf. 97 n.Chr. war er Konsul, rund fünfzehn Jahre später noch einmal Statthalter der Provinz Asia. Schon früh galt er als talentierter Redner und besaß auch als Schriftsteller zu seiner Zeit einen sehr guten Ruf. Die Werke des Tacitus haben für das Thema des römischen Britanniens drei große Vorteile: Erstens hatte er als Konsul und Senator Zugang zu den Archiven der Imperiums. Zweitens war er der Schwiegersohn von Gnaeus Iulius Agricola, der zur Zeit des Aufstandes als Statthalter von Britannien diente, und konnte so auf Augenzeugenberichte zurückgreifen. Drittens verfasste er seine Schriften zeitnah zum Ereignis – den *Agricola* bereits um 98 n.Chr., die *Annalen* wohl zwischen 115 und 117 n.Chr. Tacitus empfand wie viele seiner Zeitgenossen einen Niedergang Roms in den letzten Generationen und integrierte seine Kritik am römischen System in die historische Schilderung. In späterer Zeit verlor das Werk des Tacitus an Ansehen, die frühen christlichen Autoren lehnten ihn zumeist ab. Im Mittelalter praktisch unbekannt, wurden seine Schriften in der Renaissance wiederentdeckt, was vor allem im 16./17. Jahrhundert zu vielfältiger literarischer und politischer Aufnahme in Europa (dem sog. Tacitismus) führte.

Mit dem *Agricola* verfasste Tacitus eine Biographie seines Schwiegervaters, die wohlwollend besonders dessen militärische und zivilisatorische Leistungen in Britannien beschreibt. Die Schrift stellt dabei indirekt auch eine Kritik am Fehlverhalten der sonstigen Elite und des Kaiserhauses dar. Der folgende Abschnitt setzt in der unruhigen Phase nach dem Tod des Prasutagus ein.

Tacitus: Agricola 15f.

(15.1) Denn wegen der Abwesenheit des Legaten legte sich die Furcht, und die Britannier erwogen unter sich die Leiden ihrer Knechtschaft, verglichen das erlittene Unrecht und machten es durch Ausdeutung noch schreiender: [...] (2) Früher hätten sie jeweils nur *einen* König gehabt, jetzt bürde man ihnen zwei auf, und von diesen wüte der Legat [römischer Gesandter] gegen ihr Blut, der Prokurator [Finanzverwalter] gegen ihre Habe. In gleicher Weise wie die Zwietracht ihrer Vögte sei auch ihre Eintracht für die Untertanen verderblich; Zenturionen, die Werkzeuge des einen, und Sklaven, die des anderen, verübten zusammen Gewalt und Schandtat; schon sei nichts mehr ihrer Habsucht, nichts ihrer Wollust entzogen. (3) In der Schlacht sei es der Tapfere, der die Rüstung nähme, jetzt aber würden ihnen meist von Feiglingen und Kriegsuntüchtigen die Häuser entrissen, die Kinder verschleppt, Aushebungen aufgebürdet – so als wüßten sie nur für ihr eigenes Vaterland nicht zu sterben. Wie wenig Soldaten seien doch herübergekommen, wenn sich die Britannier nur selber zählen wollten! [...] (4) Ihnen seien Vaterland, Gattinnen, Eltern – jenen nur Habsucht und Üppigkeit Anlaß zum Krieg; sie würden weichen, wie ihr vergötterter Iulius [Caesar] gewichen, wollten die Britannier nur der Tapferkeit ihrer Vorfahren nacheifern. Auch dürften sie über des einen oder anderen Gefechtes Ausgang nicht erschrecken: Mehr Ungestüm hätten zwar die Glücklichen, die größere Standhaftigkeit aber sei bei den Unglücklichen. (5) Schon erbarmten sich der Britannier selbst die Götter, die den römischen Feldherrn fern, sein Heer auf einer anderen Insel festgebannt hielten; schon gingen sie selbst miteinander zu Rat – und dies sei das Schwierigste gewesen. Auf der anderen Seite sei es gefährlicher, über solchen Bestrebungen ertappt zu werden als zu handeln.

(16.1) Durch diese und ähnliche Reden wechselseitig aufgereizt, griffen sie unter Führung der Boudicca, einer Frau aus königlichem Stamm – denn im Oberbefehl unterschieden sie nicht nach Geschlecht –, allesamt zu den Waffen. Sie verfolgten die über die Stützpunkte verstreuten Soldaten, drangen nach Eroberung der Vorwerke in die Kolonie selbst als in den Sitz der Knechtschaft ein, und keine Art von Greueln, die barbarischer Sinnesart liegen, unterließ ihr wütender Siegesübermut. (2) Wäre daher Paulinus auf die Kunde vom Aufstand der Provinz nicht eilends zu Hilfe gekommen, so war Britannien verloren. Eines einzigen Gefechtes glücklicher Ausgang brachte es zwar zur alten Unterwürfigkeit zurück; es blieben aber viele, die das Bewußtsein ihres Abfalls und persönliche Furcht vor dem Legaten schreckten, noch unter Waffen, als könnte er, obzwar sonst ein hervorragender Mann, nach ihrer Unterwerfung anmaßend gegen sie und gleichsam als Rächer einer ihm selbst zugefügten Schmach allzu streng verfahren. (3) So entsandte man also Petronius Turpilianus, weil er, erbitterter und ohne Kenntnis der Vergehen der Feinde, ebendadurch ihrer Reue gegenüber milder gesinnt sein würde; als er die Ruhe wiederhergestellt hatte, wagte er nichts weiter und übergab dem Trebellius Maximus die Provinz.

Anders als der *Agricola* gehören die *Annalen* zum Alterswerk des Tacitus. Ursprünglich bestand der Text wohl aus 18 Büchern, die vom Tod des Augustus bis zu Nero reichten. Allerdings ist ein großer Teil des Werkes verloren. In den *Annalen* gestaltet Tacitus die historische Erzählung bewusst mit hohem literarischen Anspruch durch, bis hin zu regelrecht poetischen Formulierungen. Die folgende Schilderung beginnt mit dem Eintreffen eines neuen Statthalters, der sich zuvor in Afrika militärische Ehren verdient hatte und nun in Britannien durchgreifen sollte.

Tacitus: Annalen 14,29-37

(29.2) Aber jetzt war Paulinus Suetonius Befehlshaber in Britannien, ein Mann, der nach seiner militärischen Erfahrung und nach dem Gerede des Volkes, das keinen ohne Nebenbuhler läßt, mit Corbulo wetteiferte und den gleichen Ruhm, wie ihn diesem die Wiedereroberung Armeniens gebracht hatte, durch die Überwindung der Feinde hier zu erwerben trachtete. (3) So bereitete er einen Angriff auf die Insel Mona [Anglesey] vor, die stark bevölkert und ein Zufluchtsort für Überläufer war [...].

(30.1) Da stand am Gestade die gegnerische Kampffront, eine dichte Reihe von Waffen und Männern; dazwischen liefen Frauen herum, die nach Art von Furien im Leichengewand mit herabwallenden Haaren Fackeln vorantrugen; die Druiden ringsum stießen grausige Verwünschungen aus, die Hände zum Himmel erhoben. Dieser ungewohnte Anblick versetzte die Soldaten in Bestürzung, so daß sie sich, gleichsam an den Gliedmaßen gelähmt, unbeweglich der Verwundung aussetzten. (2) Als dann aber der Feldherr sie anfeuerte und sie sich selbst Mut machten, doch nicht vor einem Haufen rasender Weiber in Angst zu geraten, gingen sie zum Angriff über, warfen alle nieder, die ihnen entgegentraten, und trieben sie in das Feuer der eigenen Fackeln. (3) Eine Besatzung wurde anschließend auf die besiegte Insel verlegt, und man zerstörte die Haine, die den Riten eines wilden Aberglaubens geweiht waren: denn vom Blut von Kriegsgefangenen die Altäre dampfen zu lassen und aus menschlichen Eingeweiden den Willen der Götter zu erfragen hielten sie für heiliges Recht. – Während Suetonius noch damit beschäftigt war, wurde ihm der plötzliche Abfall der Provinz gemeldet.

(31.1) Der König der Icener, Prasutagus, lange Zeit durch seinen Reichtum berühmt, hatte den Kaiser und seine beiden eigenen Töchter als Erben eingesetzt in der Meinung, durch solche Ergebenheit werde sein Reich und sein Haus vor Übergriffen bewahrt sein. Aber das Gegenteil davon trat ein, und zwar so weitgehend, daß das Reich von Zenturionen, sein Haus von Sklaven, als sei beides erobert, verwüstet wurde. Gleich zu Beginn wurden seine Gattin Boudicca mißhandelt und seine Töchter geschändet; alle vornehmen Icener wurden, als hätte man das ganze Gebiet zum Geschenk erhalten, von ihren ererbten Gütern vertrieben, und die Verwandten des Königs behandelte man wie Sklaven. (2) Infolge dieser Schmach und aus Furcht vor noch drückenderen Maßnahmen, da ihr Land bereits in die Form einer Provinz übergegangen war, griffen sie zu den Waffen; gewonnen hatten sie zuvor für den Aufstand die Trinovanten und dazu die anderen Stämme, die, noch nicht durch die Knechtschaft gebrochen, sich zur Wiedergewinnung der Freiheit in geheimen Verschwörungen verpflichtet hatten. Der erbitterte Haß galt den Veteranen: (3) denn diese, die jüngst in der Kolonie Camulodunum angesiedelt worden waren, vertrieben die Einwohner aus ihren Häusern und verjagten sie von den Feldern, wobei sie sie Kriegsgefangene und Sklaven nannten; auch unterstützten die Soldaten das zügellose Treiben der Veteranen, da sie ein ähnliches Leben führten und auf die gleiche Ungebundenheit hofften. (4) Zudem galt der für den göttlichen Claudius errichtete Tempel gleichsam als Zwingburg ewiger Tyrannei, und die ausgewählten Priester vergeudeten unter dem Vorwand religiöser Pflicht das ganze Volksvermögen. Auch schien es nicht schwierig, die Kolonie zu zerstören, da sie durch keinerlei Befestigungswerke gesichert war; dies war von unseren Heerführern zu wenig bedacht worden, da man sich um Annehmlichkeit eher als um das kümmerte, was notwendig ist. [...]

(32.2) Weil aber Suetonius fern war, baten [die Veteranen] den Prokurator Catus Decianus um Hilfe. Dieser schickte nicht mehr als 200 Mann ohne richtige Bewaffnung; in der Kolonie befand sich nur eine unbedeutende Gruppe von Soldaten. Im Vertrauen auf den Schutz des Tempels und an Weiterem von den Leuten gehindert, die als geheime Mitwisser der Empörung alle Maßnahmen zu hintertreiben suchten, zogen sie weder Graben oder Wall vor der Kolonie noch brachte man die alten Leute und die Frauen weg, so daß die junge Mannschaft allein zurückgeblieben wäre: gleichwie mitten im Frieden unbesorgt, ließen sie sich von der Menge der Barbaren umzingeln. (3) Die übrigen Teile der Stadt wurden natürlich beim ersten Angriff geplündert oder angezündet: der Tempel, in dem sich die Soldaten zusammengedrängt hatten, wurde zwei Tage lang belagert und dann erstürmt. Nun zogen die siegreichen Britannier Petilius Cerialis, dem Legaten der 9. Legion, der zum Entsatz herbeieilte, entgegen, schlugen die Legion in die Flucht und machten das gesamte Fußvolk nieder: Cerialis entkam mit den Reitern ins Lager und fand hinter den Befestigungswerken Schutz. Durch diese Niederlage und die Haßgefühle der Provinz, die er durch seine Habsucht in den Krieg getrieben hatte, in Angst versetzt, fuhr der Prokurator Catus nach Gallien hinüber.

(33.1) Doch Suetonius drang mit bewundernswerter Entschlossenheit mitten durch die Feinde nach Londinium vor, das zwar nicht durch den Namen einer Kolonie herausgehoben, aber infolge der Menge von Kaufleuten und des lebhaften Handelsverkehrs sehr bedeutend war. Dort angekommen, war er zunächst im Zweifel, ob er nicht diesen Ort zum Hauptstützpunkt im Krieg bestimmen solle; als er aber bei reiflicher Überlegung erkannte, daß er nur über eine geringe Zahl von Soldaten verfüge und daß es als warnendes Beispiel genüge, wie die Verwegenheit des Petilius bestraft worden sei, beschloß er durch den Verlust der einen Stadt das Ganze zu retten. Auch durch den Jammer und die Tränen der ihn um Hilfe anflehenden Bewohner ließ er sich nicht davon abbringen, das Zeichen zum Aufbruch zu geben und nur Leute mitzunehmen, die er in den Heereszug einreihen konnte: wen dagegen sein wehrloses Geschlecht, Altersschwäche oder die Annehmlichkeit des Ortes zurückhielt, der wurde vom Feind niedergemacht. (2) Dasselbe Unheil widerfuhr der Stadt Verulamium, weil die Barbaren die Kastelle und Stützpunkte unbeachtet ließen und auf das militärische Versorgungslager, das sehr ergiebig für Plünderer und von Verteidigern ungeschützt war, voller Freude auf Beute und der Strapazen überdrüssig losgingen. Daß an die 70000 römische Bürger und Bundesgenossen in den erwähnten Orten umgekommen sind, ist Tatsache. Denn die Britannier machten oder verkauften keine Gefangenen noch trieben sie sonst einen im Krieg üblichen Handel, vielmehr mordeten und hängten, verbrannten und kreuzigten sie in aller Eile, gleich als wüßten sie, daß sie die Todesstrafe zur Vergeltung erleiden würden, jedoch erst nach inzwischen vorweg geübter Rache.

(34.1) Schon hatte Suetonius die 14. Legion mit einer Abteilung der 20. und Hilfstruppen aus der nächsten Umgebung, etwa 10000 Bewaffnete, beisammen, als er sich anschickte, seine abwartende Haltung aufzugeben und dem Feind auf dem Schlachtfeld entgegenzutreten. Er wählte eine Örtlichkeit, die von einer engen Schlucht und hinten durch einen Wald begrenzt war, nachdem er sich überzeugt hatte, daß er Feinde nur vor sich habe und die Ebene offen, ein Hinterhalt also nicht zu befürchten sei. (2) Daher standen die Legionssoldaten in dichten Reihen [...] zusammengeballt, ganz außen an den Flügeln die Reiterei. Demgegenüber schwärmten die Truppen der Britannier allenthalben in Haufen und Schwadronen übermütig umher, eine Masse, wie man sie sonst nicht sah, und von so trotzigem Mut, daß sie auch ihre Frauen als Zeugen des Sieges mit sich führten und auf Wagen setzten, die sie am äußersten Rand der Ebene abgestellt hatten.

(35.1) Boudicca, die ihre Töchter vor sich auf dem Wagen mitführte, beteuerte jedesmal, wenn sie bei einem Stamm angelangt war, gewöhnt seien es die Britannier zwar, unter der Führung von Frauen in den Krieg zu ziehen, jetzt aber wolle sie nicht als Sproß so hoher Ahnen für die Wegnahme von Reich und Reichtum, sondern wie eine Frau aus dem Volk für den Verlust der Freiheit, die körperlichen Mißhandlungen, die Schändung ihrer Töchter Rache nehmen: so weit seien die Römer in ihren Gelüsten gegangen, daß sie keine Körper, nicht einmal das Greisenalter oder die Jungfräulichkeit ohne schimpfliche Entehrung ließen. (2) Doch zur Stelle seien die Götter, um gerechte Rache zu üben: zu Tode getroffen sei die Legion, die den Kampf gewagt habe; wer noch übrig sei, verstecke sich im Lager oder halte nach einem Fluchtweg Ausschau. Nicht einmal das Waffengetöse und das Kampfgeschrei so vieler Tausender, geschweige denn ihren Ansturm und Nahkampf würden sie aushalten. Wenn sie die Menge der Bewaffneten, wenn sie die Ursachen des Krieges bei sich abwögen, dann wüßten sie: siegen müsse man in dieser Schlacht oder fallen. Dazu sei *sie* als Frau entschlossen: leben sollten die Männer und Sklaven sein.

(36.1) Auch Suetonius schwieg in diesem schicksalsschweren Augenblick nicht. Obwohl er auf die Tapferkeit seiner Soldaten vertraute, mischte er doch unter seine anfeuernden Worte auch Bitten, sie sollten sich nichts aus dem Kampfgetöse der Barbaren und ihren leeren Drohungen machen: mehr Frauen sehe man dort als junge Männer. Unkriegerisch und waffenlos, würden sie sofort weichen, sobald sie das Schwert und die Tapferkeit der

Sieggewohnten, von denen sie so oft geschlagen wurden, wieder erkannt hätten. (2) Auch wenn man viele Legionen einsetze, seien es nur wenige Kämpfer, die die Schlachten entschieden; und ihr Ruhm werde dadurch steigen, daß sie sich als kleine Schar den Ruf eines ganzen Heeres erwürben. Sie sollten nur in dichten Reihen und, wenn sie die Speere verschossen hätten, mit Schildbuckeln und Schwertern ohne Unterlaß dreinschlagen und blutige Ernte halten, ohne an Beute zu denken: sei der Sieg errungen, werde ihnen alles zufallen. (3) Eine solche Begeisterung folgte auf die Worte des Heerführers, so sehr hatten sich die alterfahrenen, in vielen Schlachten erprobten Soldaten zum Wurf der Speere bereitgemacht, daß Suetonius, des Erfolges sicher, das Zeichen zum Kampf gab.

(37.1) Zunächst blieb die Legion unbeweglich stehen und behielt die enge Schlucht als Deckung bei; nachdem sie dann gegen die näher heranrückenden Feinde mit sicherem Wurf die Speere verschossen hatte, brach sie in Keilform hervor. Ebenso heftig war der Ansturm der Hilfstruppen; und die Reiterei durchbrach mit eingelegten Lanzen alles, was sich ihr kampfkräftig in den Weg stellte. Der Rest des Feindes wandte sich zur Flucht; dabei war das Entkommen schwierig, weil die ringsum aufgestellten Wagen die Fluchtwege versperrt hatten. Und die Soldaten schonten nicht einmal die Frauen bei ihrem Morden, und die ebenfalls von Geschossen durchbohrten Zugtiere hatten den Leichenhaufen noch vergrößert. (2) Ein glänzender Ruhm, dem aus den Siegen der alten Zeit ebenbürtig, war an diesem Tag errungen: denn manche berichten, daß kaum weniger als 80000 Britannier gefallen seien, während von unseren Soldaten etwa 400 getötet und nicht viel mehr verwundet wurden. (3) Boudicca endete ihr Leben durch Gift.

Cassius Dio, 150/155 n.Chr. im früher griechischen Kleinasien geboren, war wie Tacitus als mehrfacher Konsul und Statthalter Angehöriger der Elite des Imperiums. Seine *Römische Geschichte* beschrieb die Entwicklung von der Stadtgründung bis ins 3. Jahrhundert n.Chr. in 80 Büchern. Das Werk ist zu großen Teilen verloren und nur noch über die Exzerpte späterer Benutzer zu greifen. Welche Quellen – neben Tacitus wohl noch andere Geschichtsschreiber – Dio für den folgenden Ausschnitt benutzte, ist unbekannt.

Cassius Dio: Römische Geschichte 62,1-12

(1.1) [Es] ereignete sich ein entsetzliches Unglück in Britannien: Zwei Städte wurden geplündert, achtzigtausend Römer und Bundesgenossen von ihnen fanden den Tod, und die Insel ging dem Reich verloren. All das Unglück aber brachte ein Weib über die Römer, was an sich schon ärgste Schmach für sie bedeutete. [...]

(2.1) Den Vorwand für den Krieg lieferte die Beschlagnahme der Gelder, die Claudius den vornehmsten Briten gegeben hatte; denn jene Beträge mußten, wie jedenfalls der Prokurator der Insel Decianus Catus behauptete, zurückerstattet werden. Dies war ein Grund der Empörung; ein anderer ist darin zu suchen, daß Seneca in der Erwartung, eine gute Verzinsung zu erhalten, den Briten vierzig Millionen Sesterzen gegen ihren Willen geliehen hatte, dann aber die Darlehen plötzlich insgesamt zurückforderte und bei ihrer Betreibung hart verfuhr. (2) Die Person indessen, welche die Briten vor allem aufreizte und zum Krieg gegen die Römer beredete, welche ihrer Führung für würdig erachtet wurde und das gesamte Kampfgeschehen leitete, war Buduica, eine Britin aus königlichem Geschlecht und klüger, als Frauen gewöhnlich sind. (3) Diese Buduica sammelte nun ihr Heer, an die

120 000 Mann stark, und bestieg sodann ein Tribunal, das nach Römerart aus Erde errichtet war. Sie selbst war hochgewachsen, gar furchterweckend in ihrer Erscheinung, und ihr Auge blitzte. (4) Dazu besaß sie eine raue Stimme. Dichtes, hellblondes Haar fiel ihr herab zu den Hüften, den Nacken umschlang eine große, goldene Kette, und der Leibrock, den sie trug, war buntfarbig und von einem dicken Mantel bedeckt, der durch eine Fibel zusammengehalten wurde. Damals nun ergriff sie eine Lanze, um auf diese Weise ihre sämtlichen Zuhörer in Schrecken zu versetzen, und hielt folgende Ansprache:

(3.1) „Unmittelbar habt ihr erfahren, was es für ein Unterschied ist zwischen Freiheit und Sklaverei. Wenn sich daher einige von euch auch früher in ihrer Unwissenheit, was das Bessere sei, durch die lockenden Versprechungen der Römer hatten täuschen lassen, so habt ihr doch jetzt beides erprobt und dadurch kennengelernt, war für einen Riesenfehler ihr machtet, indem ihr einer von außen hergeholten Gewaltherrschaft den Vorzug vor der einheimischen Lebensweise gabt. Ihr seid zu der Einsicht gekommen, um wieviel besser doch Armut ohne Gebieter als Wohlstand in Verbindung mit Sklaverei ist. [...] (2) Sind wir nicht der meisten, und zwar gerade der wertvollsten Besitztümer gänzlich beraubt worden und müssen für den verbliebenen Rest Abgaben entrichten? (3) Zahlen wir nicht neben der Verpflichtung her, all unsere sonstigen Besitzungen für sie beweiden und beackern zu müssen, auch noch eine jährliche Steuer für unseren bloßen Körper? Wie viel besser wäre es doch gewesen, ein für allemal an gewisse Gebieter verkauft zu sein als leere Worte von Freiheit zu hören und sich dann Jahr für Jahr loszukaufen! Wie viel besser, erschlagen und tot zu sein, als mit einer Steuerlast auf dem Haupte herumzulaufen! Doch warum sprach ich vom Tod? (4) Ist doch selbst das Sterben bei ihnen nicht kostenlos; ihr wißt vielmehr, was für gewaltige Abgaben wir selbst für unsere Verstorbenen zu bezahlen haben. Während nämlich bei den übrigen Menschen der Tod sogar jenen, die anderen Sklavenarbeit leisten müssen, die Freiheit schenkt, bleiben allein bei den Römern zu deren Vorteil auch die Toten noch lebendig. [...] (5) Warum sollte man bei den Römern damit rechnen, daß sie sich im Laufe der Zeit mäßigen werden, nachdem sie sich doch gleich zu Anfang, wo alle Menschen selbst gegenüber eben gefangenen wilden Tieren Rücksicht kennen, derart gegen uns benommen haben?

(4.1) Doch um die Wahrheit zu sagen, wir selbst haben uns die Schuld an all diesen Übeln zuzuschreiben; denn wir ließen überhaupt die Römer ihren Fuß auf die Insel setzen und haben sie nicht auf der Stelle vertrieben, wie wir es einst mit jenem berühmten Iulius Caesar taten. Wir ließen ihnen auch nicht von ferne, so wie dem Augustus und Gaius Caligula gegenüber, den bloßen Versuch einer Überfahrt als gefährliches Unternehmen erscheinen. (2) Und die Folge war: Obwohl wir eine große Insel oder vielmehr einen meeresumspülten Erdteil, wie man sagen könnte, bewohnen und eine eigene Welt besitzen und durch den Ozean von all den übrigen Menschen so weit getrennt sind, [...] wurden wir mißachtet und unter die Füße getreten von Menschen, die sich auf nichts anderes als Gewinnmachen verstehen. (3) Indes, wenn wir es auch früher versäumten, so wollen wir doch, meine Landsleute, Freunde und Blutsbrüder – denn ich sehe in euch allen Verwandte, da ihr Bewohner einer einzigen Insel seid und einen einzigen Namen gemeinsam tragt –, jetzt in dieser Stunde unsere Pflicht tun, solange wir uns noch daran erinnern können, was Freiheit ist, auf daß wir unseren Kindern nicht nur ihren Namen, sondern sie auch in Wirklichkeit überliefern! Denn wenn wir den glücklichen Zustand, in dem wir geboren und erzogen wurden, ganz und gar vergessen, was werden dann jene einmal tun, die in Sklaverei groß geworden sind?

(5.1) Von all dem rede ich nicht, um euch mit Haß gegen die augenblicklichen Zustände – diesen Haß tragt ihr ja bereits in euch – oder mit Furcht vor der Zukunft zu erfüllen – diese Furcht fühlt ihr ja schon –, ich will euch vielmehr loben, weil ihr aus eigenem Antrieb alles, was not tut, wählt, und dafür danken, daß ihr so bereitwillig mir und euch gegenseitig helft. (2) Habt keinerlei Angst vor den Römern! Sie sind weder zahlreicher noch tapferer als wir. Als Beweis diene euch: Mit Helmen, Brustpanzern und Beinschienen haben sie sich umhüllt und dazu noch mit Palisaden, Mauern und Gräbern versehen, um durch feindlichen Angriff keinen Schaden zu erleiden. Aus Furcht geben sie nämlich dieser Kampfesweise den Vorzug gegenüber dem Draufgängertum, wie wir es lieben. [...] (3) Infolgedessen können wir sie im Falle eines Sieges zu Gefangenen machen, bei einer Niederlage jedoch uns ihnen entziehen. Und wollen wir uns je zu einem Rückzug irgendwohin entschließen, dann verstecken wir uns in solch unzugänglichen Sümpfen und Gebirgen, daß man uns weder aufspüren noch fassen kann. (4) Die Römer hingegen können wegen ihrer schweren Rüstung niemanden verfolgen und auch nicht entfliehen; und wenn sie uns auch einmal entwischen, dann suchen sie an gewissen festegelegten Punkten Zuflucht und schließen sich dort wie in eine Falle ein. (5) Sie sind uns aber nicht nur hinsichtlich des eben Gesagten weit unterlegen, sondern auch darin, daß sie weder Hunger noch Durst, weder Kälte noch Hitze in gleichem Maße wie wir aushalten können, sie brauchen vielmehr Schatten und Obdach, gekneteges Brot, Wein und Olivenöl, und wenn eines davon fehlt, sind sie des Todes. Uns Briten hingegen dient jedes Gras und jede Wurzel als Brot, jeder Pflanzensaft als Olivenöl, jedes Wasser als Wein, jeder Baum als Wohnstätte. (6) Außerdem ist uns die hiesige Landschaft vertraut und kommt uns zur Hilfe, während sie den Gegnern unbekannt und feindlich sich erweist. [...] Wollen wir ihnen beweisen, daß sie als Hasen und Füchse, die sie doch nur sind, sich über Hunde und Wölfe zu herrschen erdreisten!"

(6.1) Nachdem Buduica so gesprochen hatte, bediente sie sich einer Art Zukunftsdeutung und ließ aus dem Bausch ihres Gewandes einen Hasen entwischen. Der rannte nun auf die Seite, welche sie für günstig hielten, worauf die Masse in ein Freudengeschrei ausbrach. Buduica erhob ihre Hand zum Himmel und sprach: (2) „Ich danke dir, Andraste, und rufe dich an, wie eben eine Frau zur Frau spricht. Ich herrsche weder über lastentragende Ägypter wie einstmals Nitocris noch über handeltreibende Assyrer wie Semiramis – denn davon haben wir schon durch die Römer erfahren –, (3) viel weniger über die Römer selbst wie ehedem Messalina und später Agrippina und jetzt Nero, der zwar dem Namen nach ein Mann, tatsächlich aber ein Weib ist, wie er durch seinen Gesang, sein Leierspiel und seinen Putz bestätigt hat; nein, ich gebiete vielmehr über britische Männer, die nichts vom Ackerbau oder Handwerk verstehen, in der Kriegskunst aber gründlich ausgebildet sind und alles, selbst Kinder und Frauen, für Gemeinbesitz erachten, so daß letztere den Männern es an Tapferkeit gleichtun. (4) Als Königin über solche Männer und Frauen bitte ich dich und verlange ich von dir, daß du uns Sieg, Rettung und Freiheit gegenüber übermütigen, ungerechten, unersättlichen und ruchlosen Männern verleihen mögest, sofern wir Menschen als Männer bezeichnen dürfen, die in warmem Wasser baden, künstlich zubereitete Leckerbissen verspeisen, ungemischten Wein trinken, sich mit Myrrhen einsalben, auf weichen Polstern mit Knaben – schon aufgeblühten Burschen freilich – als Bettgenossen schlafen und als Sklaven einen Leierspieler, und zwar einem schlechten, dienen. [...] (5) Doch uns, Herrin, sollst immer du allein anführen!"

(7.1) Nachdem Buduica etwa in dieser Art zu ihrem Volke gesprochen hatte, führte sie das Heer gegen die Römer; denn diese waren gerade ohne Führer, da sich ihr Befehlshaber Paulinus auf einem Feldzug gegen die bei Britannien gelegene Insel Mona befand. Deshalb war es der Königin möglich, zwei Römerstädte auszuplündern und zu verheeren und, wie schon gesagt, ein unbeschreibliches Blutbad anzurichten. Wer aber in Gefangenschaft geriet, mußte von den Briten alle nur erdenklichen Gewalttaten erdulden. (2) Die entsetzlichste und bestialischste Grausamkeit aber bestand in dem Folgenden: Sie hängten die vornehmsten und schönsten Frauen nackt auf, schnitten ihnen die Brüste ab und hefteten sie an ihren Mund, so daß es aussah, als verzehrten die Unglücklichen diese Körperteile; dann spießten die Briten sie an spitzen Pfählen auf, die sie der Länge nach durch den ganzen Körper trieben. (3) Und all diese Schreckenstaten vollführten sie, indem sie zugleich Opfer darbrachten, Schmausereien hielten und ihrem Frevelsinn die Zügel schießen ließen, sowohl an den anderen heiligen Stätten als insbesondere im Hain der Andraste. Dies war nämlich der Name für Nike, und sie bezeugten ihr tiefste Verehrung.

(8.1) [...] Indessen verzichtete [Paulinus] auf einen sofortigen Waffengang mit den Barbaren, da er ihre Masse und Raserei fürchtete, und schob die Entscheidung für einen günstigeren Zeitpunkt auf. Weil es ihm aber an Verpflegung mangelte und ihn die Barbaren unablässig bedrängten, sah er sich schließlich genötigt, auch wider seinen Willen einen Kampf zu wagen. (2) Buduica, an der Spitze ihres Heeres von ungefähr 230 000 Mann, fuhr selbst auf einem Wagen und wies den anderen ihren einzelnen Plätze an, während Paulinus nicht imstande war, seine Schlachtreihe über die ganze Länge der ihrigen auszudehnen; denn so weit waren sie den Römern zahlenmäßig unterlegen. [...]

(12.5) Lange Zeit stritten beide Parteien mit der nämlichen Entschlossenheit und Kühnheit, bis schließlich spät am Tage die Römer den Sieg errangen. Obwohl sie viele Gegner in der Schlacht, teils bei den Wagen, teils am Walde, niederstreckten und auch eine bedeutende Zahl lebend zu Gefangenen machten, (6) konnten doch viele von ihnen entkommen, und diese rüsteten dich, um den Kampf erneut aufzunehmen. Inzwischen erkrankte jedoch Buduica und starb. Die Briten betrauerten sie tief und richteten ihr ein prunkvolles Begräbnis aus. Sie selbst aber fühlten sich nunmehr besiegt und zerstreuten sich in ihre Heimstätten.

Dio starb um 235 n.Chr., die zeitgenössische Resonanz seines Werkes ist ungewiss. Lediglich über die Aufnahme bei byzantinischen Autoren blieb die *Römische Geschichte* auch im Mittelalter in gebildeten Kreisen bekannt und konnte in der Neuzeit für eine nationale Mythenbildung herangezogen werden.

Seit dem späten 18. Jahrhundert wurde Boudica zunehmend als Heldin stilisiert. Sie wurde zur Inspirationsquelle für nationale und imperiale Literatur und Kunst. Dichter, Künstler und Schriftsteller stellten sie als Widerstandsfigur gegenüber dem katholischen Rom dar.

John Fletcher (1579-1625) geboren in Rye, Sussex, war der Sohn des Bischofs Richard Fletcher. Er arbeitete für die Theatergruppe *King's Men* mit William Shakespeare und Francis Beaumont zusammen. Der elisabethanischen Blütezeit der Literatur folgend, entstand 1614 in der Regierungszeit von James I. die Tragödie *Bonduca*. Fletcher vereinte Elemente der Tagespolitik mit historischen Ereignissen. Er thematisierte den angemessenen Umgang mit dem Fremden infolge des wachsenden Kolonialismus in Britannien, das zeitgenössische Frauenbild und das veränderte Verhältnis zum Katholizismus. Fletcher übernahm Details anderer Autoren und ergänzte sein Stück um zusätzliche Charaktere; das Werk beeinflusste viele Schriften über Boudica in den folgenden 150 Jahren.

John Fletcher: Bonduca. A Tragedy, in: The Works of Mr. Francis Beaumont and Mr. John Fletcher, London ⁴1711, S. 2186-2260.

Act I. Scene I.

Enter Bonduca, Daughters, Hengo, Nennius [britischer Heerführer] and Soldiers.

Bonduca:	The hardy Romans? O ye Gods of Britain,
	The rust of Arms, the blushing shame of Soldiers;
	Are these the Men that conquer by Inheritance?
	The Fortune-makers? These the Julians,

Enter Caratach [britischer General und Cousin von Bonduca].

Bonduca:	That with the Sun measure the end of Nature,
	Making the world but one Rome and one Caesar?
	Shame, how they flee! Caesar's soft Soul dwells in'em;
	Their Mothers got'em sleeping, Pleasure nurst'em,
	Their bodies sweat with sweet Oils, Loves allurements,
	Not lusty arms. Dare they send these to seek us,
	These Roman Girls? Is Britain grown so wanton?
	Twice we have beat'em, Nennius, scatter'd 'em,
	And through their big-bon'd Germans, on whose Pikes
	The honour of their Actions fit in Triumph,
	Made Themes for Songs to shame'em, and a Woman,
	A Woman beat'em, Nennius; a weak Woman,
	A Woman beat these Romans.
Caratach:	So it seems,
	A man would shame to talk so.
Bonduca:	Thos's that?
Caratach:	I.
Bonduca:	Cousin, do you grieve at my Fortunes?
Caratach:	No, Bonduca,
	If I grieve, 'tis as the bearing of your Fortunes;
	You put too much Wind to your Sail: Discretion
	And hardy Valour are the twins of Honour,
	And nurs'd together, make a Conqueror;
	Divided, but a Talker. 'Tis a Truth.
	That Rome has fled before us twice, and routed;
	A Truth we ought to crown the Gods for, Lady,
	And not our Tongues. A Truth is none of ours,
	Nor in our Ends, more than the noble bearing,
	For then it leaves to be a Virtue, Lady,

	And we, that have been Victors, beat ourselves,
	When we insult upon our Honours Subject.
Bonduca:	My valiant Cousin, is it foul to lay
	What Liberty and Honour bid us do,
	And what the Gods allow us?
Caratach:	No, Bonduca,
	So what we say exceed not what we do.
	Ye call the Romans fearful, fleeing Romans,
	And Roman Girls, the lees of tainted Pleasures:
	Does this become a doer? Are they such?
Bonduca:	They are no more.
Caratach:	Where is your Conquest then?
	Why are your Altars crown'd with wreaths of Flowers,
	The Beasts with gilt Horns waiting for the Fire?
	The holy Druides composing Songs
	Of everlasting Life to Victory?
	Why are these Triumphs, Lady? For a May-game?
	For hunting a poor Herd of wretched Romans?
	Is it no more? Shut up your Temples, Britains,
	And let the Husbandman redeem his Heifers;
	Put out our holy Fires, no Timbrel ring;
	Let's home, and sleep; for such great Overthrows,
	A Candle burns too bright a Sacrifice,
	A Glow-worm's Tail too full of Flame. O Nennius,
	Thou hadst a noble Uncle knew a Roman,
	And how to speak him, how to give him weight
	In both his Fortunes.
Bonduca:	By—I think
	Ye dote upon these Romans, Caratach.

[...]

Act III. Scene I.

Enter a Messenger.

Messenger:	Prepare there for the Sacrifice, the Queen comes.

[Musick

Enter in Solemnity the Druids singing, the second Daughter strewing Flowers; then Bonduca, Nennius, and others.

Bonduca:	Ye powerful Gods of Britain, hear our Prayers;
	Hear us you great Revengers, and this Day
	Take pity from our Swords, doubt from our Valours,
	Double the sad Remembrance of our Wrongs
	In every Breast; the Vegeance due to those

                Make infinite and endless: on our Pikes
                This day pale Terror sit, Horrors and Ruins
                Upon our Executions; claps of Thunder
                Hang on our armed Carts, and 'fore our Troops
                Despair and Death; Shame beyond these attend'em.
                Rise from the Dust, ye Relicks of the Dead,
                Whose noble Deeds our holy Druids sing,
                O rise, ye valiant Bones, let not base Earth
                Opprends your Honours, while the Pride of Rome
                Treads on your Stocks, and wipes out all your Stories.

Nennius: Thou great Tiranes, whom our sacred Priests,
                Armed with dreadful Thunder, plac'd on high
                Above the rest of the immortal Gods,
                Send the consuming Fires, and deadly Bolts,
                And shoot 'em home, stick in each Roman Heart
                A fear fit for confusion; blast their Spirits,
                Dwell in 'em to Destruction; through their Phalanx
                Strike, as though strikest a proud tree; shake their bodies,
                Make their Strengths totter, and their topless Fortunes
                Unroot, and real to ruin.

1 Daughter: O thou God,
                Thou feared God, if ever to thy Justice
                Insulting Wrongs, and Ravishments of Women,
                Women deriv'd from thee, their Shames, the Sufferings
                Of those that daily fill'd thy Sacrifice
                With Virgin Incense have access, now hear me,
                Now snatch thy Thunder up, now an these Romans,
                Despisers of the Power, of us Deficers.
                Revenge thy self, take to thy killing Anger,
                To make thy great Work full, thy Justice spoken,
                An utter rooting from this blessed Isle
                Of what Rome is or has been.

Bonduca: Give more Incense,
                The Gods are deaf and drowsie; no happy flame
                Rises to raise our Thoughts: Pour on.

2 Daughter: See Heav'n,
                And all you Pow'rs that guide us, see, and shame,
                We kneel so long for pity over our Altars;
                Since 'tis no light Oblation that you look for,
                No Incense Offering, will I hang mine Eyes;
                And as I wear these Stones with hourly weeping,
                So will I melt your Pow'rs into Compassion.
                This Tear for Prosutagus my brave Father,
                Ye Gods, now think on Rome; this for my Mother,
                And all her miseries; yet see, and save us;

	But now ye must be open-ey'd. See, Heav'n
	Oh see thy show'rs stoln from thee; our Dishonours,
	[A Smoak from the Altar.
	Oh Sister, our Dishonours: can ye be Gods,
	And these sins smother'd?
Bonduca:	The fire takes.
Caratach:	It does so,
	But no flame rises. Cease your fearful Prayers,
	Your whinings, and your tame Petitions,
	The Gods love Courage arm'd with Confidence,
	And Prayers sit to pull them down: weak Tears
	And troubled Hearts, the dull twins of cold Spirits,
	They sit and smile ar. Hear how I falure'em:
	Divine Andate, thou who hold'st the Reins
	Of furious Battles, and disorder's War,
	And proudly roll'st thy swarty Chariot-wheels
	Over the heaps of Wounds and Cacasses,
	[...]
	Let Rome put on her best strength, and thy Britain,
	Thy little Britain, but a great in Fortune,
	Meet her as strong as she, as proud, as daring;
	And then look on, then Red-ey'd God: who does best,
	Reward with Honour; who Despair makes fly,
	Unarm for ever, and brand with Infamy:
	Grant this, divine Andate, 'tis but Justice;
	And my first blow thus on thy holy Altar
	[A flame arises.
	A sacrifice unto thee.
	[Musick.
Bonduca:	It flames out.
Caratach:	Now sing, ye Druids.
	[Song.
Bonduca:	'Tis out again.
Caratach:	H'as given us leave to fight yet; we ask no more,
	The rest hangs in our Resolutions:
	Tempt her no more.
Bonduca:	I would know farther, Cousin.
Caratach:	Her hidden meaning dwells in our endeavours,
	Our Valours are our best Gods. Chear the Soldier,
	And let him eat.
Messenger:	He's at it, Sir.
Caratach:	Away then;

	When he has done, let's March. Come, fear not, Lady, This day the Romans gains no more ground here, But what his Body lies in.
Bonduca:	Now I am confident.

[Exeunt. Recorders.

[...]

Act V. Scene III.

[…]

Caratach:	How to thank ye, I must hereafter find upon your Usage. I am for Rome.
Suetonius [römischer General]:	Ye must.
Caratach:	Then Rome shall know The Man that makes her spring of Glory grow.
Suetonius:	Petilius, you have shown much worth this day, redeem'd much Error, Ye have my Love again, preserve it: Junius, With you I make him equal in the Regiment.
Junius:	The elder and the nobler; I'll give place, Sir.
Suetonius:	Ye shew a Friend's Soul. March on, and through the Camp in every Tongue, The Virtues of great Caratach be sung.

Zur Zeit starker Expansionspolitik und großer Konflikte Britanniens, insbesondere dem Amerikanischen Unabhängigkeitskrieg, veröffentlichte William Cowper (1731-1800) im Jahre 1782 seine Ode an Boudica. Cowper zählte zu den erfolgreichsten Schriftstellern seiner Zeit. In der viktorianischen Epoche erlangte die Ode starke Popularität und wurde in den Schulkanon aufgenommen.

William Cowper: Boadicea. An Ode, in: The Poems of William Cowper. The Poetical Works of William Cowper, London 1846, S. 316f.

When the British warrior queen,
Bleeding from the Roman rods,
Sought, with an indignant mien,
Counsel of her country's gods.

Sage beneath the spreading oak
Sat the Druid, hoary chief;
Every burning word he spoke
Full of rage and full of grief.

Princess! if our aged eyes
Weep upon thy matchless wrongs,
Tis because resentment ties
All the terrors of our tongues.

Rome shall perish—write that word
In the blood that she has spilt;
Perish, hopeless and abhorr'd,
Deep in ruin as in guilt.

Rome, for empire far renown'd,
Tramples on a thousand states;
Soon her pride shall kiss the ground—
Hark! the Gaul is at her gates!

Other Romans shall arise,
Heedless of a soldier's name;
Sounds, not arms, shall win the prize,
Harmony the path to fame

Then the progeny that springs
From the forests of our land,
Arm'd with thunder, clad with wings,
Shall a wider world command.

Regions Caesar never knew
Thy posterity shall sway;
Where the eagles never flew,
None invincible as they.

Such the bards prophetic words,
Pregnant with celestial fire,
Bending as he swept the chords
Of the sweet but awful lyre.

She, with all a monarch's pride,
Felt them in her bosom glow;
Rush'd to battle, fought and died;
Dying hurl'd them at the foe.

Ruffians, pitiless as proud,
Heaven awards the vegeance due
Empire is on us bestow'd,
Shame and ruin wait for you.

Boudica fand in vielfältiger Weise Verwendung als Symbol bei den britischen Suffragetten, einer Frauenbewegung für Gleichberechtigung und Frauenstimmrecht. 1910 veröffentlichte Cicely Mary Hamilton ihr Theaterstück *A Pageant of Great Women*, das 44 berühmte Frauen aus der Geschichte darstellt, neben Boudica etwa Jeanne d'Arc und die Rani von Jhansi, die Anführerin des indischen Aufstandes von 1857. Die Charaktere sind in die Rubriken Gelehrte, Künstlerinnen, Heilige, Heroinen, Anführerinnen sowie Kämpferinnen aufgeteilt und wurden von Suffragetten gespielt. Das Stück hatte bereits 1909 im Scala Theatre in London Premiere und wurde danach auf einer Tournee im ganzen Land gezeigt.

Hamilton, Cecily Mary: A Pageant of Great Women, London 1910, S. 21ff. und 39-49.

Justice (enthroned.)

(To her enters Woman, pursued by Prejudice. She kneels at the feet of Justice.)

Justice:	Why dost thou cling to me? What dost thou ask?
Woman:	I cling to Justice and cry for freedom!
Justice:	Is it not thine already?
Woman:	No and no!
Justice:	Art thou not worthy freedom?
Woman:	Yea and yea!
Prejudice:	Goddess, she speaks but stammering foolishness, Not knowing what she asks. […] Force ist the last and ultimade judge: 'tis man Who laps his body in mail, who takes the sword – The sword that must decide! Woman shrinks from it, Fears the white glint of it and cowers away.
Woman:	O bid him turn and bid him eat his words At sight of those who come to bear out mine – Captains and warrior women! .. Look on her

(The Warriors enter.)

Jean of Arc:	Brave saint, pure soldier, lily of God and France, Whose soul fled hence on wings of pain, of fire!
Boadicea:	Oh, look on her who stood, a Briton in arms, And spat defiance at the hosts of Rome!
Black Agnes:	See there, the black-browed Agnes of Dunbar Who held her fortress as a soldier should And capped the cannon's roaring with a jest – […] Among thy fellows… These, and many more, Have nobly fought where need there was to fight – Have nobly died where need there was to die –

	All these, and many more, some named, some nameless,
	[...]
(Prejudice goes out.)	
Justice:	Is it e'en so?
Woman:	Yea, I have silenced him:
	O give me judgement, give it!
	[...]
Justice:	Then let thy words
	Be just and wise.
Woman:	They shall be wise and just;
	Free word, and therefore honest... Thus I'll speak him!
	I have no quarrel with you; but I stand
	For the clear right to hold my life my own:
	The clear, clean right! To mould it as I will,
	[...]
	For this the days to come
	You, too, shall thank me. Now you laugh, but I
	Laugh too, a laughter without bitterness;
	Feeling the riot and rush of crowding hopes,
	Dreams, longings and vehement powers; and knowing this –
	'Tis good to be alive when morning dawns!

Die Statue *Boadicea and her Daughters* (siehe Abb. 1) stammt von dem victorianischen Künstler Thomas Thornycroft. Zwar wurde die Bronzeskulptur bereits zwischen 1856 und 1871 produziert, aber erst nach dem Tod des Künstlers und seines Mäzens Prinz Albert 1902 eingeweiht. Sie steht in London an der Uferstraße der Themse in der Nähe des westlichen Endes der Westminster Bridge; hinter ihr befinden sich das House of Commons und Big Ben. Die Inschrift auf der südlichen Frontseite lautet: „Boadicea | Boudicca | Queen of the Iceni | Who died AD 61 | After leading her people | against the Roman invader". Auf der Ostseite ist in Anlehnung an William Cowper zu lesen: „Regions Caesar never knew | thy posterity shall sway."

Boudicas Bedeutung als nationale Heldin erfuhr in den letzten Jahren eine Veränderung: Neben einem zunehmenden Bedeutungsverlust im 20. Jahrhundert nimmt sie heute mehr und mehr die Rolle einer regionalen Heldin ein. Trotz alledem blieb ihre allgemeine Popularität bis heute bestehen und zeigt sich in einer Vielfalt von wissenschaftlichen wie auch populistischen Schriften, Liedern und Festen. Die Legendenbildung über Boudicas Grab bleibt bis heute ungebrochen; dieses wurde bereits in Stonehenge, auf dem Parliament Hill oder an der King's Cross Station lokalisiert.

Literatur

Aldhouse-Green, Miranda: Boudicca Britannia, Pearson 2006.

de la Bédoyère, Guy: Defying Rome. The Rebels of Roman Britain, Stroud ²2007.

Greg, Walter Wilson: Bonduca by John Fletcher, Oxford 1951.

Hingley, Richard/Unwin, Christina: Boudica. Iron Age warrior queen, London ²2006.

Mikalachki, Jodi: The Legacy of Boadicea. Gender and Nation in Early Modern England, London 1998.

Sealy, Paul R.: The Boudican Revolt against Rome, Shire 1997.

Todd, Malcolm (Hg.): A Companion to Roman Britain (Blackwell Companions to British History), Malden/Oxford/Carlton ²2006.

Webster, Graham: Boudica. The British Revolt against Rome AD 60, London/New York ³2006.

Arbeitsfragen

Welche Gründe werden in den antiken Quellen für den Aufstand angegeben?

Warum hatten die Römer so ausgeprägte Probleme mit einer weiblichen Anführerin?

Welche Charakteristika von Boudica werden in der modernen Rezeption aus den antiken Quellen übernommen?

Wie beeinflusst das jeweilige Frauenbild die Wahrnehmung Boudicas?

Welche Parallelen werden zwischen dem römischen und dem britischen Imperialismus am Beispiel Boudicas gezogen?

Abb. 1: Statue *Boadicea and Her Daugthers* von Thomas Thornycroft

Abb. 2: Vercingetorix-Denkmal in Alesia

2 Vercingetorix und das „freie Gallien" – Frankreich als Nation und territoriale Einheit

Robert Ueffing

Im Jahr 60 v.Chr. schloss der spätere Diktator Gaius Iulius Caesar ein inoffizielles Bündnis mit seinen Konkurrenten Pompeius und Crassus. Die Mitglieder dieses 56 v.Chr. erneuerten „Dreibundes" versuchten, sich gegenseitig Machtpositionen und Gelder zuzusichern. 59 v.Chr. erlangte Caesar das Konsulat und sicherte sich im Anschluss den Befehl unter anderem über die gallischen Provinzen, die sich damals nur von Norditalien bis in den äußersten Südosten des heutigen Frankreich erstreckten. Im Jahr 58 v.Chr. konstruierte er aus der Wanderung der Helvetier einen Vorwand für einen Eroberungskrieg. In dessen Verlauf hob er ohne Genehmigung zusätzliche Armeen aus und stieß bis an den Atlantik, nach Britannien und ins Rheingebiet vor. Vorgeblich diente das Unternehmen den Interessen des Imperiums, da die Provinz geschützt und Bundesgenossen geholfen werden sollte. Tatsächlich profitierte vor allem Caesar selbst davon, sowohl in finanzieller als auch in machtpolitischer Hinsicht.

Die größte Gefahr für sein Vorhaben ging von den Aufständen aus, die sich seit Ende 54 v.Chr. formierten (vgl. Kapitel III.2 zu Ambiorix). Zuletzt gelang es dem Avernerfürsten Vercingetorix, zahlreiche gallische Stämme zum gemeinsamen Widerstand zu bewegen. 52 v.Chr. behaupteten sich die Aufständischen in der Schlacht um Gergovia, erlitten dann aber bei Alesia eine entscheidende Niederlage. Vercingetorix kam in römische Gefangenschaft, kleinere Gefechte im Folgejahr konnten Caesars Position nicht mehr gefährden.

Rezeptionsgeschichtlich wurde Vercingetorix als Figur in Frankreich erst zur Zeit der Renaissance im Zuge der Lektüre Caesars wiederentdeckt. Nach der Französischen Revolution beriefen sich Anhänger der Republik gern auf die Gallier als Vorfahren der Franzosen, um sich gegenüber den Monarchisten abzugrenzen, die stattdessen den getauften Gründer des Frankenreiches, Chlodwig I. als Gründervater des modernen Frankreichs sahen. Sie sprachen Vercingetorix demokratische Werte zu. Im Laufe des 19. Jahrhunderts wurde Vercingetorix nach und nach zum mythischen Ursprungshelden der französischen Nation verklärt, um so Kontinuität und lange Tradition zu suggerieren. Vercingetorix stand nun für Patriotismus, Volksnähe, Selbstlosigkeit und Opferbereitschaft. Nach Frankreichs Niederlage gegen Preußen im deutsch-französischen Krieg von 1870/71, der mit der Gründung des Kaiserreichs in Deutschland, der Abtretung Elsass-Lothringens und dem Untergang des Zweiten Kaiserreichs in Frankreich endete, nahm die Bedeutung der Person des Vercingetorix weiter zu. Im mythischen Verständnis der Bewältigungsliteratur nach dem Krieg wurde er zum Symbol des edlen Verlierers, der trotz der eigenen katastrophalen Niederlage moralische Überlegenheit beweist. Der Kampf gegen den übermächtigen ausländischen Aggressor wurde später auch in der Resistance ein Motiv.

Für seine politischen Ziele benötigte Gaius Iulius Caesar ein militärisches Kommando, das er im unruhigen Gallien erhielt. Seinen Bericht, *Der Gallische Krieg*, verfasste er als Rechtfertigungsschrift für sein Vorgehen. Das Werk wurde vermutlich erst im Winter 52/51 n.Chr. verfasst, beruhte aber wohl auf seinen regelmäßigen Berichten an den römischen Senat. Es handelt sich folglich um kein Geschichtswerk und gewährleistet keine neutrale Darstellung historischer Fakten. Trotzdem besticht das Werk als Quelle durch zeitliche Nähe zum Geschehen und Detailreichtum; außerdem ist der Text für viele Informationen unser einziger antiker Beleg. Der *Gallische Krieg* ist vollständig erhalten (das mit überlieferte 8. Buch stammt dabei von Caesars Offizier Hirtius). Caesar selbst galt schon im Mittelalter als Vorbild und seine Schriften gerade in der frühen Neuzeit als „Pflichtlektüre" der Herrscher. Der *Gallische Krieg* bildet seit dem 16. Jahrhundert einen zentralen Text des Lateinunterrichts und dürfte entsprechend zu den bekanntesten antiken Quellen überhaupt gehören.

Caesar: Der Gallische Krieg 7

(1.4) Die führenden Männer Galliens setzten für ihren Kreis Versammlungen an entlegenen Orten in den Wäldern an, wo sie den Tod Accos [53 v.Chr. hingerichteter Aufständischer] beklagten (5) und darauf hinwiesen, daß sie der gleiche Schicksalsschlag treffen könne. Sie klagten über das Unglück ganz Galliens. Gleichzeitig forderten sie mit Versprechungen und Belohungen aller Art dringend dazu auf, den Krieg zu beginnen und für Gallien die Freiheit wiederzugewinnen, selbst unter Lebensgefahr. [...]

(4.1) Dort gelang es dem Averner Vercingetorix, der seine Clienten zusammengerufen hatte, auf ähnliche Weise Begeisterung zu erregen. Vercingetorix war der Sohn des Celtillus, ein junger Mann von höchstem Einfluß. Sein Vater hatte eine führende Rolle in ganz Gallien gehabt, war jedoch von seinem Stamm umgebracht worden, weil er die Alleinherrschaft anstrebte. (2) Als der Plan des Vercingetorix bekannt wurde, stürzte man zu den Waffen. Der Bruder seines Vaters und die übrigen Führer des Stammes, die der Ansicht waren, man dürfe das Schicksal nicht derartig herausfordern, legten Vercingetorix Hindernisse in den Weg und vertrieben ihn aus Gergovia. (3) Dennoch stand er nicht von seinem Vorhaben ab und führte auf dem Land unter Armen und Verbrechern eine Aushebung durch. Mit der Schar, die er so gesammelt hatte, brachte er jeden aus dem Stamm, zu dem er kam, dazu, sich seiner Auffassung anzuschließen. (4) Er feuerte die Leute an, um der gemeinsamen Freiheit willen zu den Waffen zu greifen, und konnte nun, da er über ein starkes Truppenaufgebot verfügte, seine Gegner, die ihn kurz zuvor aus der Stadt gejagt hatten, aus dem Stamm vertreiben. Seine Anhänger erklärten ihn zum König. (5) Er schickte nach allen Richtungen Gesandtschaften und beschwor die Stämme, dem geleisteten Eid treu zu bleiben. (6) Es gelang ihm schnell, die Senonen, Parisier, Pictonen, Cadurcer, Turonen, Aulercer, Lemovicen, Anden und alle übrigen Stämme, die an den Ozean grenzen, zum Anschluß zu bewegen. Mit allgemeiner Zustimmung wurde ihm der Oberbefehl übertragen. (7) Sobald er dieses Amt übernommen hatte, verlangte er von allen Stämmen die Stellung von Geiseln und forderte sie auf, ihm rasch eine bestimmte Anzahl von Soldaten zuzuführen. (8) Gleichzeitig setzte er fest, wie viele Waffen jeder Stamm in seinem Gebiet herstellen sollte und bis zu welchem Termin. Besonders aber kümmerte er sich um eine Reiterei. (9) Dabei verband er höchste Gründlichkeit mit größter Strenge in der Ausübung seiner Gewalt. Durch harte Strafen zwang er auch Zögernde zu Gehorsam, (10) denn bei größeren Vergehen ließ er die Schuldigen nach Anwendung aller Arten von Foltern verbrennen, bei weniger schwerwiegenden Anlässen ließ er ihnen die Ohren abschneiden oder ein Auge ausstechen und schickte sie nach Hause zurück, um den anderen einen Beweis seiner Strenge zu geben und sie durch die Härte der Strafe in Schrecken zu versetzen. [...]

(20.1) Als Vercingetorix zu seinen Leuten zurückkehrte, bezichtigten sie ihn des Verrats, weil er das Lager zu nahe an die Römer verlegt habe, weil er sich mit der gesamten Reiterei entfernt, gleichzeitig jedoch so umfangreiche Truppen ohne Führung zurückgelassen habe und weil nach seinem Abzug die Römer unter derart günstigen Umständen und so schnell eingetroffen seien. (2) Dies alles habe nicht zufällig und ohne seine Planung eintreten können. Vercingetorix wolle die Herrschaft über Gallien lieber mit Caesars Einwilligung ausüben, als sie ihrem Wohlwollen zu verdanken. (3) Auf diese Anklagen antwortete Vercingetorix folgendes: Aus Futtermangel und weil sie selbst ihn dazu aufgefordert hätten, habe er das Lager verlegt. Das günstige Gelände, das auch ohne Befestigung schon ausreichend Schutz biete, habe ihn bewogen, näher bei den Römern in Stellung zu gehen. (4) In dem Sumpfgelände habe man nicht mit einem Eingreifen der Reiterei rechnen dürfen, die aber da, wohin sie gezogen seien, sehr genützt habe. (5) Er habe bei seinem Aufbruch in voller Absicht niemandem den Oberbefehl übergeben, um zu verhindern, daß sich der Betreffende auf Drängen der Menge zum Kämpfen hätte fortreißen lassen, denn er sehe, daß sie das alle auf Grund ihrer mangelnden Ausdauer anstrebten, weil sie die Mühen nicht länger ertragen könnten. (6) Wenn die Römer in der Zwischenzeit zufällig eingetroffen seien, schulde man dem Glück Dank, sei dies aber auf Grund des Verrats eines Galliers geschehen, müsse man diesem danken. Denn von der Anhöhe aus hätten sie die geringe Anzahl der Römer erkennen und mit Geringschätzung auf ihre Tapferkeit herabblicken können, denn die Römer hätten keinen Kampf gewagt, sich vielmehr schändlich ins Lager zurückgezogen. (7) Er strebe nicht danach, durch Verrat von Caesar die Herrschaft zu erlangen, die er durch einen Sieg über ihn erringen könne, der ihm selbst und allen Galliern schon sicher sei. Ja, er werde ihnen die Herrschaft dann sogar zurückgeben, wenn es ihnen scheine, daß sie durch ihn weniger ihre Freiheit erlangten als ihm vielmehr eine Ehre erwiesen. (8) „Damit ihr erkennt, daß ich die Wahrheit spreche", sagte er, „hört euch die römischen Soldaten an!" (9) Damit führte er Sklaven vor, die er wenige Tage zuvor beim Futterholen ergriffen und durch Hunger und Fesseln bis aufs Blut gefoltert hatte. (10) Sie waren schon darüber belehrt worden, was sie auf Fragen zu antworten hätten. Sie behaupteten, sie seien Legionssoldaten und Hunger und Entbehrung hätten sie dazu getrieben, heimlich das Lager zu verlassen, um zu versuchen, auf den Feldern vielleicht etwas Getreide oder Vieh aufzutreiben. (11) Von ähnlichem Mangel sei das ganze Heer betroffen, und keiner habe noch genügend Kräfte, um die anstrengende Schanzarbeit auszuhalten. Daher habe der Oberbefehlshaber beschlossen, innerhalb von drei Tagen das Heer abziehen zu lassen, wenn er bis dahin bei der Belagerung der Stadt nicht weitergekommen sei. (12) „Dieses gute Ergebnis verdankt ihr mir", sagte Vercingetorix, „den ihr des Verrats beschuldigt. Dank meiner Bemühungen wurde, wie ihr seht, ein so großes, siegreiches Heer durch Hunger fast aufgerieben, ohne daß euer Blut geflossen wäre. Ich habe dafür gesorgt, daß kein Stamm das Heer in seinem Gebiet aufnimmt, wenn es sich schmachvoll durch die Flucht zu retten sucht."

(21.1) Die ganze Menge schrie Beifall und lärmte nach ihrem Brauch mit den Waffen, wie es die Gallier zu tun gewohnt sind, wenn ihnen die Rede eines Mannes gefällt: Vercingetorix sei ihr oberster Führer, und man dürfe nicht an seiner Treue zweifeln, auch könne der Krieg nicht nach einer besseren Methode geführt werden. [...]

(29.1) Am folgenden Tag berief Vercingetorix eine Versammlung ein, in der er sie beruhigte und aufforderte, den Mut nicht allzusehr sinken und sich durch die Niederlage nicht aus der Fassung bringen zu lassen. (2) Die Römer hätten nicht auf Grund ihrer Tapferkeit und nicht in einer offenen Schlacht gesiegt, sondern durch eine List und mit Hilfe ihrer Kenntnisse der Belagerungstechnik, worin sie selbst ganz unerfahren seien. (3) Wer etwa im Krieg erwarte, daß alles glücklich ausgehe, irre sich. (4) Er selbst sei nie dafür gewesen, Avaricum zu verteidigen; das könnten sie selbst bezeugen. Es sei dagegen der mangelnden Voraussicht der Bituriger und dem allzu bereitwilligen Nachgeben der übrigen zuzuschreiben, daß sie diese Niederlage erlitten hätten. (5) Freilich werde er das schnell durch bedeutendere Siege wiedergutmachen. (6) Denn er werde energisch dafür sorgen, daß sich ihnen auch die Stämme anschlössen, die noch nicht auf der Seite der übrigen gallischen Stämme stünden, und er werde für ganz Gallien ein einheitliches Vorgehen in diesem Krieg erreichen. Dieser geeinten Haltung könne dann nicht einmal der gesamte Erdkreis widerstehen. Er habe dieses Ziel schon fast erreicht. [...]

(63.5) Da es [...] jedoch zu einem Streit kam, wurde eine Versammlung ganz Galliens nach Bibracte einberufen, zu der von überall her zahlreiche Teilnehmer zusammenkamen. (6) Man ließ die Versammlung über die Frage abstimmen. Sie bestätigte einstimmig Vercingetorix als Oberbefehlshaber. (7) Dieser Versammlung blieben die Reiner, Lingonen und Treverer fern, die Reiner und Lingonen, weil sie an der Freundschaft mit dem römischen Volk festhielten, die Treverer, weil sie zu weit entfernt waren und von den Germanen bedrängt wurden. Dies war auch der Grund dafür, daß sie an dem ganzen Krieg nicht teilnahmen und keiner der beiden Seiten Unterstützung sandten. (8) Die Haeduer waren sehr erbittert darüber, daß man sie von der führenden Stelle verdrängt hatte, sie beklagten den Wechsel des Glücks und wünschten sich die wohlwollende Haltung Caesars ihnen gegenüber zurück, wagten jedoch nach Ausbruch des Krieges nicht, in ihren Plänen von den anderen abzuweichen. (9) Die jungen Männer Eporedorix und Viridomarus, von denen man Großes erwarten durfte, gehorchten Vercingetorix nur widerwillig. (64.1) Dieser forderte auch von den übrigen Stämmen Geiseln und setzte schließlich ihre Übergabe auf einen bestimmten Tag fest. [...]

(89.1) Am folgenden Tag [nach der Niederlage von Alesia] berief Vercingetorix eine Versammlung ein und wies darauf hin, daß er diesen Krieg nicht um seiner eigenen Interessen, (2) sondern um der gemeinsamen Freiheit willen unternommen habe. Da man sich nun in den Willen des Schicksals fügen müsse, stehe er ihnen für beides zur Verfügung, sei es, daß sie den Römern durch seinen Tod Genugtuung leisten oder ihn lebend ausliefern wollten. Zu Verhandlungen darüber schickte man Gesandte an Caesar. (3) Er befahl, die Waffen auszuliefern und ihm die führenden Männer vorzuführen. (4) Er selbst nahm auf der Befestigung vor dem Lager Platz. Dort wurden ihm die feindlichen Heerführer vorgeführt. Vercingetorix wurde ausgeliefert, und die Waffen wurden niedergelegt. (5) Unter Schonung der Haeduer und Arverner, deren Stämme er durch Vermittlung ihrer führenden Männer für sich zu gewinnen hoffte, wies er dem ganzen Heer aus den restlichen Gefangenen je einen als Beute zu.

Der griechische Historiker Plutarch (ca. 45–125 n.Chr.) verfasste neben zahlreichen moralischen, philosophischen und wissenschaftlichen Abhandlungen auch etliche Biographien. Um 100 n.Chr. entstanden die *Parallelbiographien*, bei denen jeweils eine griechische und eine römische Persönlichkeit behandelt wurde. Bei der Beschreibung der behandelten Persönlichkeiten achtete er auf Ausgewogenheit und versuchte vor allem ihr Handeln moralisch zu bewerten. Caesar wurde dabei neben den makedonischen Eroberer Alexander den

Großen gestellt. Durch den zeitlichen Abstand zu Caesar und seinen Nachfolgern konnte Plutarch bei der Bewertung des späteren Diktators auch kritischere Töne anstimmen. Zu seinen Lebzeiten gab es keine ernsthafte Gefahr durch äußere Feinde und das römische Imperium war auf dem Höhepunkt seiner Expansion. Plutarchs Werke zielen eher auf eine Integration der unterworfenen Völker; deren Sitten und Gebräuchen stand er aufgeschlossen gegenüber. Erneut konzentriert sich die Darstellung auf die Entscheidungsschlacht bei Alesia und deren unmittelbare Vorgeschichte:

Plutarch: Caesar

(25.3) Allein, schon zeichneten sich in der Ferne die Konturen eines neuen Krieges ab, eines Krieges von solcher Ausdehnung und Gefahr, wie Caesar noch keinen in Gallien durchfochten hatte. Seit langem hatten die mächtigsten Männer des Landes insgeheim ihre Vorbereitungen getroffen und den Plan unter den streitbarsten Völkerschaften vorbereitet. [...] (5) Zahlreiche Stämme waren abgefallen, doch fand sich der Hauptsitz der Empörung bei den Arvernen und Carnuten. Zum Oberbefehlshaber im Kriege hatte man Vercingetorix gewählt, dessen Vater die Gallier seinerzeit umgebracht hatten, weil sie ihn des Strebens nach der Alleinherrschaft verdächtigten.

(26.1) Vercingetorix teilte seine Streitkräfte in viele Gruppen auf, die er verschiedenen Befehlshabern unterstellte. Es gelang ihm, alles Land ringsum bis zur Saône auf seine Seite zu bringen. Seine Absicht war, ganz Gallien in den Krieg hineinzuziehen, während sich in Rom schon Caesars Gegner zusammenschlossen. (2) Hätten die Gallier nur ein wenig später losgeschlagen, als Caesar schon in den Bürgerkrieg verwickelt war, dann wäre Italien in nicht geringere Gefahr geraten als zur Zeit des Kimbernzuges. (3) Nun aber war Caesar wie keiner imstande, alle Vorteile im Krieg aufs beste zu nutzen und jede Gelegenheit wahrzunehmen. [...]

(27.1) Indes vermochten sich fast alle Gallier, die dem Gemetzel entronnen waren, mit ihrem König in die Stadt Alesia zu retten. (2) Caesar begann sogleich mit der Belagerung, obwohl die gewaltigen Mauern und die Masse der Verteidiger an eine Eroberung der Feste kaum glauben ließen. Dabei wurde er auch von außen angegriffen, so daß sich eine Gefahr vor ihm auftürmte, vor deren Größe alle Worte versagen. (3) Denn aus sämtlichen gallischen Völkerschaften strömten die tapfersten Männer zusammen, dreihunderttausend Mann, und zogen in Waffen gegen Alesia, (4) hinter dessen Mauern ebenfalls eine Streitmacht von nicht weniger als hundertsiebzigtausend Kriegern bereitstand. Caesar, zwischen diesen mächtigen Heeren eingeschlossen und belagert, musste notgedrungen zwei Befestigungsringe erstellen, einen gegen die Stadt, den anderen gegen das heranflutende Entsatzheer, da eine Vereinigung der feindlichen Truppenmassen für ihn und die Seinen den sicheren Untergang bedeutet hätte. [...] (5) So ist der Kampf um Alesia aus vielen Gründen berühmt geworden, und mit Recht; denn was in diesem Ringen an verwegener Tapferkeit und erfindungsreicher List geleistet wurde, hat nicht seinesgleichen. Dies aber bleibt wohl das größte Wunder, daß Caesar mit den zahllosen Scharen der äußeren Angreifer sich schlagen und den Sieg erringen konnte, ohne daß die Verteidiger der Stadt das geringste ahnten. [...] (7) So war das mächtige Heer in einem Augenblick dahin, verweht wie ein Spuk oder ein Traum, die meisten im Kampfe gefallen. (8) Endlich ergaben sich auch die Verteidiger von Alesia, nachdem sie selber schwere Nöte gelitten und auch Caesar in harte Bedrängnis gebracht hatten. (9) Vercingetorix, der oberste Befehlshaber im

Kriege, waffnete sich auf das prächtigste und ritt dann auf glänzend aufgezäumten Pferd zum Tor hinaus. (10) Einmal sprengte er im Kreis um das Tribunal, auf welchem Caesar Platz genommen hatte, sprang dann vom Pferde, warf die Rüstung ab und setzte sich zu Caesars Füßen nieder, ruhig wartend, bis man ihn in den Kerker führte, wo er für den Triumph aufgespart werden sollte.

Wichtige zusätzliche Informationen verdanken wir dem allerdings deutlich späteren Werk des Cassius Dio (etwa 150/155–235 n.Chr.). Dieser gehörte als römischer Senator und Konsul der Führungsspitze des Imperiums an. Sein Hauptwerk, die *Römische Geschichte*, umfasst die gesamte römische Geschichte von der Frühzeit bis ins 3. Jahrhundert und bestand ursprünglich aus 80 Büchern, die heute oft nur noch in späteren Auszügen erhalten sind. Detailgenau beschreibt er die Kaiserzeit, doch als Quelle zur Bewertung des Vercingetorix ist Dio nicht nur aufgrund des zeitlichen Abstandes problematisch. Die folgende Passage beschreibt die Ereignisse unmittelbar nach der Niederlage der Gallier bei Alesia.

Cassius Dio: Römische Geschichte 40,41

(1) Vercingetorix hätte entkommen können, da er weder gefangen noch verwundet war, er hoffte aber, da er einmal in freundschaftlichem Verhältnis zu Caesar gestanden hatte, Verzeihung bei ihm zu finden. So fand er sich ohne sein Kommen durch einen Herold ankündigen zu lassen, bei ihm ein und erschien plötzlich vor dem Feldherrn, wie dieser gerade auf dem Tribunal saß. Lebhafte Aufregung bei einigen Anwesenden war die Folge, war er doch an sich schon ein Riese und machte gar in seinen Waffen einen ganz gewaltigen Eindruck. (2) Als nun Ruhe eingetreten war, blieb Vercingetorix stumm, fiel auf die Knie und flehte mit gefalteten Händen. Dies erfüllte in Erinnerung an sein einstiges Glück und angesichts des augenblicklichen Jammerbilds viele Zuschauer mit Mitleid, doch Caesar machte ihm gerade das zum Vorwurf, wodurch er sich vor allem Begnadigung erwartet hatte; (3) denn indem er der einstigen Freundschaft die jüngste Feindschaft gegenüber stellte, erklärte er sein Verbrechen für noch schwerwiegender. So begnadigte er Vercingetorix nicht einmal in diesem Augenblick, sondern ließ ihn alsbald in Fesseln legen, späterhin zu seinem Triumph entsenden und dann töten.

In den folgenden Jahrhunderten gehörten die gallischen Gebiete zu den wichtigsten und stabilsten Provinzen der Römischen Reiches. Die Figur des Vercingetorix geriet schon bald in Vergessenheit. Ausgehend von den Siedlungszentren und Lagern setzte eine weit gehende Romanisierung des Landes ein, und es entstand eine regelrechte gallo-römische Mischkultur bis zum Zusammenbruch des Imperiums und der Eroberung Galliens durch die Franken.

Vercingetorix wurde erst in der Neuzeit wiederentdeckt. Eine der ersten ausführlichen Darstellungen des gallischen Aufstandes unter dem Avernerfürsten stammt von dem liberalen Historiker Amédée Thierry (1797-1873) und fand eine große Leserschaft:

Thierry, Amédée: Histoire des Gaulois: depuis les temps les plus reculés jusqu'à l'entière soumission de la Gaule à la domination romaine, Bd. 3, Paris 1828, S. 98f.

> Als Erbe einer großen Gefolgschaft und der Güter seines Vater wusste Vercingetorix frühzeitig durch glänzende Tugenden und Qualitäten das Misstrauen und die Missgunst, die seiner Familie entgegengebracht wurden, aufzulösen; seine Anmut und seine Unerschrockenheit machten ihn zum Idol des Volkes. Caesar scheute keine Mühen, um ihn an sich zu binden; er gab ihm den Titel des Freundes, er ließ ihn als Gegenleistung für seine Dienste die Machtfülle vorhersehen, nach der [Vercingorix' Vater] Celtillus so erfolglos gestrebt hatte. Aber [...] Vercingétorix verpürte zu viel Vaterlandsliebe, um seine Erhebung der Erniedrigung seines Landes zu schulden, zu viel Stolz, um die Hilfe des Fremden anzunehmen. Er nahm daher Abstand von Caesar. Zurückgezogen in seine Berge arbeitete er heimlich daran, unter den Seinen das Gefühl der Unabhängigkeit zu erwecken, die Feinde der Römer aufzureizen. Als die günstige Stunde gekommen war, trat er hervor, bei religiösen Festen, bei politischen Versammlungen, überall, sah man ihn seine Redegewandtheit einsetzen, sein Vermögen, seine Glaubwürdigkeit, in einem Wort, alle seine Handlungsmacht auf die Anführer und auf die Menge ausüben, um sie wie ein Historiker sagt, zu alten gallischen Freiheitsrechten zurückzuführen. [...] Man berief zunächst einen hohen Rat ein, der über die Wahl des Anführers entscheiden sollte. Da die Glaubwürdigkeit des Vercingetorix in den Generalständen Galliens nicht geringer war als in den Einzelversammlungen des avernischen Volkes, [...] übertrug der Rat ihm einstimmig das Kriegskommando.

Die neue Wertschätzung des Vercingetorix wurde auch dadurch befördert, dass die Gallier um die Wende zum 19. Jahrhundert von der republikanischen Geschichtsschreibung zu den „wahren Vorfahren" der Franzosen stilisiert wurden. Diese Deutung richtete sich gegen die vor allem auf katholischer Seite bevorzugte Interpretation, die Franken als Verbreiter des Christentums seien die eigentlichen Gründer Frankreichs. Die monarchische Verfassung des Frankenreiches wurde demgegenüber nun als fremder Import gelesen, der sich gegen die demokratischen Traditionen der Gallier durchgesetzt habe. In dieser Lesart beschrieb etwa der Historiker Abel Hugo, der Bruder des Schriftstellers Victor Hugo, den Republikanismus als uralten französischen Nationalcharakter:

Hugo, Abel: France historique et monumentale: Histoire générale de France depuis les temps les plus reculés jusqu'a nos jours, Paris 1836, S. 123.

> Die Arverner, welche die Vorteile eines demokratischen Regimes, wie sie es seit dem Fall des Bituit genossen, schätzten, trösteten sich über den Verlust ihres politischen Einflusses mit der Ausübung ihrer lokalen Freiheiten. Einer ihrer mächtigsten Anführer, Celtillus, wurde gestürzt, als er zu seinem eigenen Vorteil versuchte, die abgeschaffte Königswürde wieder einzuführen. Und dieser Adelige, dessen Streben durch eine furchtbare Folter gestraft wurde, wäre von den Galliern ohne Zweifel der Abscheu der Nachkommenschaft gewidmet worden, wenn er nicht Vercingetorix zum Sohn gehabt hätte, dessen hervorragende Dienste und heldenhafte Hingabe wir später noch die Gelegenheit haben zu erwähnen.

Es scheint dass die Vorteile der Volksrepublik der Averner andere Völker verführt hat, denn in der Epoche, die uns beschäftigt, haben auch die Helvetier und die Sequaner die Königsherrschaft abgeschafft, um bei sich eine demokratische Regierung einzuführen. Diese Doppelrevolution fiel genau in diese Zeit. Die heiße Anhänglichkeit, welche die beiden Völker ihrer Regierung entgegen brachten, beweist dies, nicht weniger als die eifersüchtige Überwachung mit der sie ihre Rechte umgaben und die Strenge mit der sie jederzeit bereit waren die ehrgeizigen Versuche mächtiger Adeliger zu bestrafen.

In der wechselhaften Geschichte Frankreichs im 19. Jahrhundert hatten die Republikaner nicht durchgehend die Deutungshoheit. Bei den Anhängern des zweiten französischen Kaiserreichs, das nach einem Staatsstreich Napoléons III. 1852 die republikanische Verfassung ablöste, konnte eine solche Interpretation nicht auf Gefallen der Regierenden stoßen. Doch statt auf den Nationalhelden Vercingetorix zu verzichten, deutete Napoleon III. ihn seinem Herrschaftssystem entsprechend um. 1865 ließ er eine sieben Meter hohe Statue errichten (siehe Abb. 2), mit der er vermutlich auch auf die Denkmalspläne in Deutschland (vgl. Kapitel II.3) reagierte. Die Inschrift auf dem Sockel gibt einen Teil der Rede wieder, die Vercingetorix Caesar zufolge vor der Schlacht gehalten haben soll, und zeigt das kaiserliche Verständnis des Nationalhelden: „La Gaule unie | Formant une seule nation | Animée d'un même esprit | Peut défier l'Univers." („Das vereinigte Gallien, | das eine einheitliche Nation bildet, | die vom selben Geist beseelt ist, | kann der ganzen Welt trotzen.")

Nach der Niederlage Frankreichs im deutsch-französischen Krieg von 1870/71 erhielt das kriegerische Element des Vercingetorix-Mythos eine neue anti-deutsche Schärfe. Der Kriegsausgang rief eine Flutwelle von Bewältigungsschriften hervor, mit denen man das militärische Debakel sowie den territorialen Verlust Elsass-Lothringens zu kompensieren suchte. Die Bildung neuer nationaler Mythen erfolgte vor allem in Schulbüchern und der populären Literatur der neuen Dritten Republik. Unter dem Pseudonym G. Bruno veröffentlichte die französische Schriftstellerin Augustine Tuilleries (1833-1923) 1877 das Schulbuch *Le Tour de la France par deux enfants*. Es diente mehreren Generationen von Schulkindern als zentrales Werk im staatsbürgerlichen Unterricht, erlebte allein bis 1902 über 200 Auflagen und fand bis 1950 an französischen Schulen Verwendung. *Le Tour de la France par deux enfants* erzählt die Geschichte zweier Brüder aus Lothringen nach dem Tod des Vaters, der in einer Auseinandersetzung mit den Deutschen im Krieg von 1870/71 umkam. Diesem hatten sie das Versprechen gegeben, nicht im annektierten Gebiet zu bleiben, auf dem Weg zu Verwandten durch Frankreich zu reisen und dabei die Besonderheiten der unterschiedlichen Regionen und deren Geschichte kennenzulernen. Im folgenden Quellenausschnitt liest einer der beiden Brüder, Julien, gemeinsam mit Jean-Joseph, einem Freund, in einem Kinderbuch die Geschichte des Vercingetorix.

G. Bruno: Le Tour de la France par deux enfants. Devoir et patrie, Paris 1877, S. 133-137.

„Unter unseren Voreltern aus früheren Zeiten finden sich heroische Männer und Frauen; der Bericht über ihre großen Taten erhebt das Herz und regt zur Nachahmung an.

Frankreich, unser Vaterland, war vor langer Zeit fast völlig von großen Wäldern bedeckt. Es gab wenige Städte, und der kleinste Hof eures Dorfes, Kinder, wäre wie ein Palast erschienen. Frankreich hieß damals Gallien, und die halbwilden Menschen, die es bewohnten, waren die Gallier. Unsere Vorfahren, die Gallier, waren groß und stark, mit einer Haut, weiß wie Milch, blauen Augen und langen blonden oder roten Haaren, die sie auf ihre Schultern wallen ließen.

Vor allen Dingen schätzten sie den Mut und die Freiheit. Sie lachten über den Tod, sie schmückten sich für die Schlacht, als sei sie ein Fest. Ihre Frauen, die Gallierinnen, unsere Mütter in der Vergangenheit, standen ihnen im Mut nicht nach. Sie folgten ihren Ehemännern in den Krieg; auf Wagen wurden Kinder und Gepäck mitgeführt; riesige Hunde bewachten diese."

„Sieh mal, Jean-Joseph, das Bild der Kriegswagen."

Jean-Joseph warf einen raschen Blick darauf. Julien las weiter:

„Die Geschichte dessen, was sich damals in unserer Heimat Gallien abspielte, ist bewegend.

Vor fast 2000 Jahren entschied ein großer römischer General, Julius Cäsar, der am liebsten die ganze Welt beherrscht hätte, Gallien zu erobern. Unsere Vorväter verteidigten sich tapfer – so tapfer, dass Cäsars Armeen, die sich aus den weltbesten Soldaten zusammensetzten, sieben Jahre brauchten, bis sie unsere Heimat unterwerfen konnten. Aber schließlich, bedeckt vom Blut seiner Kinder, erschöpft durch das Elend, ergab sich Gallien. Da entschloss ein junger Gallier aus der Auvergne, die Römer vom Boden seines Vaterlandes zu vertreiben. So redegewandt sprach er zu seinen Gefährten über seinen Plan, dass alle schworen, lieber zu sterben als das römische Joch zu erdulden. Sie setzten den jungen Krieger an ihre Spitze und gaben ihm den Titel ‚Vercingetorix', was ‚Chef' bedeutet.

Bald schickte Vercingetorix heimlich Männer in alle Gegenden Galliens mit dem Auftrag, die Gallier zur Erhebung anzustacheln. Man versammelte sich nachts im undurchdringlichen Schatten der großen Wälder, nahe riesiger Steine, die als Altar dienten, man sprach von der Freiheit, man sprach vom Vaterland, und man versprach, das Leben für dieses hinzugeben."

Julien unterbrach noch einmal, um Jean-Joseph einen Altar der alten Gallier zu zeigen, dann nahm er die Lektüre wieder auf:

„An einem im Voraus bestimmten Tag erhob sich mit einem Schlag ganz Gallien, und es war ein so schreckliches Erwachen, dass die römischen Legionen an mehreren Orten vernichtet wurden. Cäsar, der sich damals gerade anschickte, Gallien zu verlassen, war gezwungen, in aller Eile zurückzukommen, um Vercingetorix und die aufständischen Gallier zu bekämpfen. Aber Vercingetorix besiegte Cäsar bei Gergovia."

„Gergovia", sagte Jean-Joseph, „das ist ein Ort nahe von Clermont, ich habe einmal davon sprechen hören. Fahr' fort, Julien; ich mag Vercingetorix."

„Sechs Monate lang hielt Vercingetorix Cäsar stand, bald siegreich, bald besiegt. Schließlich gelang es Cäsar, Vercingetorix in der Stadt Alesia einzuschließen, in die sich dieser mit sechzigtausend Mann zurückgezogen hatte. Alesia, von Römern umzingelt und belagert wie zu unserer Zeit unser großes Paris von den Deutschen, bekam bald die Schrecken der Hungersnot zu spüren."

„Oh", sagte Julien, „eine Belagerung, ich weiß, was das ist: Das ist wie in Phalsbourg, wo ich geboren wurde und wo ich mich aufhielt, als die Deutschen dort einfielen. Ich habe gesehen, wie die Kugeln die Häuser in Brand setzten, Jean-Joseph. Papa, der Zimmermann und Feuerwehrmann ist, wurde am Bein verwundet, als er einen Brand löschte und ein Kind rettete, das sonst in den Flammen umgekommen wäre."

„Euer Vater ist mutig", sagte Jean-Joseph mit Bewunderung.

„Ja", sagte Julien, „und André und ich werden versuchen, es ihm gleich zu tun. Aber sehen wir uns das Ende der Geschichte an."

„Die Stadt, in der die Bewohner verhungerten, war kurz davor, sich zur notwendigen Kapitulation zu entschließen, als unter den Mauern Alesias eine aus allen Gegenden Galliens zusammenströmende Hilfsarmee auftauchte. Eine große Schlacht fand statt. Die Gallier waren zunächst siegreich, und Cäsar musste selbst mitkämpfen, um seine Truppen anzustacheln. Man erkannte ihn inmitten des Gewühls am Purpur seiner Kleider. Die Römer gewannen Oberhand: Sie kreisten die gallische Armee ein. Es war eine schreckliche Katastrophe. In der auf diesen düsteren Tag folgenden Nacht traf Vercingetorix, der erkannte, dass die Sache verloren war, eine erhabene Entscheidung. Um das Leben seiner Waffenbrüder zu retten, nahm er sich vor, das eigene hinzugeben. Er wusste, wie sehr Cäsar ihn hasste, wusste, dass Cäsar seit Beginn des Krieges mehrfach versucht hatte, ihn von seinen Waffengefährten aushändigen zu lassen, indem er ihnen als Lohn versprach, den Aufständischen Gnade zu gewähren. Das edle Herz des Vercingetorix zögerte nicht: Er entschloss, sich selbst auszuliefern. Am Morgen versammelte er den Stadtrat und verkündete, was er entschieden hatte. Man schickte Gesandte, die Cäsar seinen Vorschlag unterbreiteten. Für sein heldenhaftes Opfer wie für ein Fest geschmückt, bestieg Vercingetorix daraufhin sein Schlachtpferd. Er ließ die Stadttore öffnen und stürzte sich im Galopp gerade vor Cäsars Zelt.

Im Angesicht des Feindes angekommen, stoppt er mit einem Mal sein Pferd und springt mit einem Satz zur Erde, wirft die von Gold funkelnden Waffen vor die Füße des Siegers, und bewegungslos und ohne ein Wort zu sagen erwartet er stolz, dass man ihm die Ketten anlegt.

Vercingétorix hatte ein schönes und edles Gesicht, seine prächtige Gestalt, seine furchtlose Haltung, seine Jugend erregten einen Moment der Bewegung in Cäsars Lager. Aber unempfindlich für die Selbstlosigkeit des jungen Anführers ließ dieser ihn in Ketten legen. Er führte ihn hinter seinem Triumphwagen her, als er nach Rom zurückkehrte, und warf ihn schließlich in ein Verlies. Sechs Jahre harrte Vercingetorix in Rom in einem dunklen und scheußlichen Loch aus. Dann ließ Cäsar ihn erdrosseln, da er seinen Rivalen noch immer fürchtete."

„Ach je!", sagte Jean-Joseph bitter, „Cäsar war sehr grausam".

„Das ist noch nicht alles", Jean-Joseph, „hör' zu!"

„Kinder, überlegt in eurem Herzen und fragt euch, welcher der beiden Männer in dem Kampf der größere war. Welche Seele würdet ihr in euch haben wollen: die heldenhafte des jungen Galliers, des Verteidigers eurer Vorfahren, oder die ehrgeizige und gefühllose des römischen Eroberers?"

„Oh!" schrie Julie ganz bewegt von der Lektüre, „ich würde nicht zögern, und ich würde lieber all das erdulden, was Vercingetorix erlitten hat, als grausam wie Cäsar zu sein."

„Ich auch", sagte Jean-Joseph. „Ah! Ich bin froh, in der Auvergne geboren zu sein genau wie Vercingetorix."

Die beiden schwiegen einen Augenblick. Jeder dachte über das nach, was Julien gerade vorgelesen hatte.

Auch der französische Konteradmiral Paul-Emile Réveillère (1829-1908) ging in seinem Pamphlet *Gaules et Gaulois* auf den Verlust Elsass-Lothringens ein, ohne allerdings wie viele seiner Zeitgenossen Revanche zu fordern, was er als kriegstreiberisch ablehnte. Seine Schrift zielte auch nicht so sehr gegen Deutschland, sondern ist vor dem Hintergrund der innenpolitischen Auseinandersetzungen zwischen Monarchisten und Republikanern während der Dritten Republik zu lesen. Das neue Selbstbewusstsein der Franzosen, für das Réveillère in seiner Schrift warb, verband Nationalismus und Republikanismus:

Paul-Emile Réveillère: Gaules et Gaulois, Paris 1895, S. 40-44, S. 59f.

Eine Nation muss ihre Wurzeln achten, sie sind ihr Adelstitel. Eine Schande ist es, dass es einer Handvoll Pedanten gelungen ist, uns glauben zu machen, dass wir lateinische Bastarde seien. Wie hat man uns Lateiner taufen können, uns Gallier, deren Geschichte ein einziger langer Kampf gegen Rom ist [...]. Wir und Lateiner! Wir die Söhne des Brandstifters von Rom Brennus, des großen Märtyrers Vercingetorix, wir die Soldaten des Hannibal! [...]

Ja, leider sind wir die Verlierer von Alesia, und das edle Gallien musste das römische Joch ertragen, aber von Allia bis Alesia haben wir Rom zittern lassen. [...] Nachdem sie uns besiegten, entwaffneten unsere Feinde uns. Nachdem sie uns entwaffneten, ließen sie die einen verdummen, bestachen die andern. Die Masse verfiel in Lethargie, und sechstausend salische Franken unterjochten dieses Volk, das einst die Welt erschüttert hatte und das römische Gift infizierte unsere Adern derart, dass wir achtzehnhundert Jahre brauchten, um davon zu genesen. [...] Als Frankreich unter der Revolution versuchte, sich vom Mittelalter zu befreien, nahmen die einen, gaben die anderen ihren Kindern der römischen Geschichte entliehene Namen. [...] Dieser Götzendienst an Rom musste zwangsläufig im Cäsarismus enden. Welche Verirrung hinderten die Revolutionäre zu begreifen, dass es gerade das Ziel der Revolution war, uns von all dem zu befreien, was von Rom kam – sei es das antike Rom oder dessen rechtmäßige Tochter, das Rom des Mittelalters – und dass wir – wenn der Mensch eine Tradition braucht, um sich darauf zu stützen, (das heißt, eine Zukunft in einer idealisierten und an die spirituellen Erfordernisse der Zeit angepassten Vergangenheit zu erträumen) – dieses Ideal aus unseren eigenen Quellen schöpfen müssen und es nicht von einem fremden Genius leihen dürfen? [...]

Mag Vercingetorix der Antike angehören, so erscheint er uns doch als ganz moderner Held. Als erster entwickelte er ein gallisches Vaterlandsgefühl. Unter seiner Eingebung erleuchtete dieser Gedanke unsere Vorväter wie ein Meteor, erlosch mit der römischen Eroberung, um erst mit der Französischen Revolution wieder aufzuflammen. Ungeachtet ihrer Fehler und Verbrechen wird es auf ewig das Verdienst unserer Revolutionäre sein, das Erbe des Vercingetorix wieder aufgenommen zu haben. Vercingetorix war ohne jeden Zweifel ein würdiger Krieger, aber er war noch etwas anderes. Sein Ruhm, unsterblicher Ruhm, ist es, als erster die Idee des gallischen Vaterlandes verkörpert zu haben, deren reinste und lebendigste Inkarnation er immer bleiben wird.

Nach der Niederlage des Vercingetorix ist die gallische Tradition bis zur Revolution unterbrochen worden [...].

Eine aggressive Ausrichtung konnte der Gallier-Mythos im Kontext des Kolonialismus annehmen. Paul Bert (1833-1886), ein französischer Bildungspolitiker und Physiologe, der Jules Ferry bei der Durchsetzung der kostenlosen Schulpflicht und des laizistischen Schulsystems unterstützte, war überzeugt von einer rassischen Legitimierung des Kolonialismus. Er sorgte für die Verankerung eines wissenschaftlichen Rassismus im Schulunterricht. Seit Anfang 1886 war er als Repräsentant der französischen Regierung in Tonkin (Indochina) tätig. Im folgenden Quellenauszug aus seinem post mortem erschienenen Werk *Les colonies francaises* rechtfertigt er den französischen Imperialismus mit einem Verweis auf die antiken Gallier.

Paul Bert: Les colonies francaises, Paris 1889, S. 123f.

Unsere Vorfahren, die Gallier, waren reiselustig, sie liebten die Abenteuer und Unternehmungen in der Ferne. Vor der christlichen Zeit sehen wir sie in riesigen Scharen zur Eroberung der Welt aufbrechen, die Alpen oder die Pyrenäen überqueren, Rom erobern, Deutschland und Griechenland mit dem Lärm ihrer Waffen erfüllen, den Bosporus durchziehen und Kolonien in Kleinasien gründen. Und die Enkel dieser alten Gallier haben von dieser Neugier, von diesem Geist der Kühnheit und der Unternehmungslust etwas bewahrt. Noch heute sehen wir sie in die Ferne ziehen, sich in das Unbekannte werfen und über die Welt verteilt ein junges und neues Frankreich gründen. Seit einigen Jahren weht die französische Fahne an den Ufern des Nigers, wir haben an den Küsten Kongos Fuß gefasst, und dort unten im Fernen Osten kämpfen unsere mutigen Soldaten tapfer für die Interessen und die Ehre der alten französischen Heimat. Eines Tages werden sie Frankreich vielleicht ein wenig von seiner früheren Größe zurückgeben, etwas dieser so schönen kolonialen Krone, die der schändliche Ludwig XV. ihm genommen hat. Sie haben sogar schon mit der Wiederherstellung begonnen, und das dem französischen Tonkin zur Hilfe gekommene französische Cochinchina bereitet unserem Handel und unserer Industrie große und wichtige Absatzmärkte.

Wie der deutsch-französische Krieg so gab auch der Erste Weltkrieg dem Vercingetorix-Mythos neues Feuer. Der französische Archäologe Jules Toutain (1865-1961) war als Spezialist für keltische und gallo-romanische Archäologie zunächst langjähriger Mitarbeiter und schließlich Leiter der Ausgrabungen in Alesia. In seinem Artikel *Heros et Bandit*, der im zweiten Jahr des Ersten Weltkriegs erschien, stellte Toutain den keltischen „Helden" Vercingetorix dem germanischen „Banditen" Arminius (vgl. Kapitel II.3) gegenüber.

Jules Toutain: Héros et Bandit. Vercingétorix et Arminius, in: Pro Alesia, Nouvelle Série, Nr. 4, Mai 1915, S. 145-160.

Zu keinem Zeitpunkt seines Berichts macht Cäsar Vercingetorix oder seinen Truppen auch nur den geringsten Vorwurf. Der Krieg, dessen Verlauf er nachzeichnet, ist zweifellos ein entscheidender Krieg, aber auch ein redlicher Krieg, in dem die beiden Gegner sozusagen mit entblößtem Antlitz kämpfen. Es findet sich keine einzige Episode, die den Gedanken an Schurkerei, Niedertracht oder Verrat aufkommen ließe. Ja, wiederholt betont der Autor der Kommentare – wenngleich er nicht zögert, den moralischen Wert von Handlungen und Personen zu bewerten – den Heldenmut und die Seelengröße der Gallier und ihres Anführers: Er erkennt die hervorragenden Qualitäten des Vercingetorix an und kann nicht umhin, bestimmte Züge zu erwähnen, die ihm der Überlieferung an die Nachwelt würdig erscheinen. [...] Etwas später zollt Cäsar der Loyalität der Gallier Achtung, ihrer Treue gegenüber ihren Anführern: „Bei den Galliern", schreibt er, „ist es ein Frevel, selbst im größten Unglück ihren Patron zu verlassen." [...] Die Schlacht, die sich bei Dijon abspielte, war selbst eine redliche Schlacht, ohne Verrat oder Hinterhalt. Der erhabene Widerstand des in Alesia in die Enge getriebenen Vercingetorix wurde durch keine Widerwärtigkeit besudelt. Als die Sache der gallischen Unabhängigkeit unweigerlich verloren war, krönte der vom Glück verlassene Anführer seine kurze Karriere mit einem bewundernswerten Opfer. [...] Der Deutsche Mommsen sagte etwas anderes, und was er hinzufügte, ist gleichzeitig sehr schwerwiegend und sehr bezeichnend: „Es ist nicht möglich, ohne geschichtliche und menschliche Teilnahme von dem edlen Arvernerkönig zu scheiden; aber alles ist gesagt über die keltische Nation, wenn man gesagt hat [Mommsen im Original: es gehört zur Signatur der keltischen Nation], dass ihr größter Mann doch nur ein Ritter war." Nirgendwo hat Mommsen deutlicher bewiesen, dass er zutiefst unfähig war, all das zu verstehen, was die Worte Ritter, Rittertum und ritterlich an Adel und Größe ausdrücken. „Aber der Mensch soll kein Ritter sein und am wenigsten der Staatsmann", schrieb er einige Zeilen zuvor zynisch [...] Ist Vercingetorix für Mommsen lediglich ein Ritter, so ist Arminius demgegenüber für ihn ein Held im wahren und vollen Sinne des Wortes. Worin besteht also sein Heldentum? [...]

Der gegen die Römer gerichtete Schlag [vgl. Kapitel II.3 zur Varusschlacht] wurde also nicht wie ein fairer Kampf zwischen Feinden, die sich im Tageslicht begegnen, vorbereitet, sondern wie ein Verbrechen, das im Dunkeln begangen wird und mit dem man dem Opfer in den Rücken fällt. Arminius und seine Komplizen zeigten sich schon vor der Tat nicht als Soldaten, sondern als Gauner. [...] In Wahrheit war das keine Schlacht, sondern Hinterhalt und Massaker. Um ähnliche Vorfälle zu finden, muss man sich an die Geschichte der geographischen Erkundungsreisen und der Kolonialexpeditionen halten, im Laufe derer ein kleiner Trupp, der sich in ein unbekanntes Land vorgewagt hat, in eine Falle gelockt, von Feinden umzingelt und dann unter Freudenschreien und Triumphgesängen vernichtet wird. Ist die Vorbereitung des Komplotts durch Verrat und Hinterlist gekennzeichnet, so ist die Durchführung ein seltenes Beispiel der Schurkerei und Feigheit. [...] Nicht wir waren es, die den Vergleich gezogen und uns eine Gleichsetzung zwischen den Anführern des heutigen Deutschlands mit dem Mann, der die Massaker der Legionen des Varus vorbereitet und ausgeübt hat, ausgedacht haben. Aber wir nehmen diese zur Kenntnis. Verrat und Arglist, Schurkerei und Feigheit, Wildheit und Niedertracht: das waren die Mittel derer sich Arminius bediente, um sein erstrebtes Ziel zu erreichen. Jenen, für die das Ziel die Mittel rechtfertigt, sei es überlassen, eine solche Persönlichkeit zu bewundern. Für uns ist sie ein Verbrecher und nichts anderes. [...] Gewiss, die Geschichte kennt zu allen Zeiten und in allen Ländern Banditen dieser Art. Aber Arminius ist der einzige, den ein modernes, als zivilisiert geltendes Volk zu seinem Nationalhelden gewählt hat. [...] Wir haben weiter oben den bezeichnenden Satz Mommsens zitiert: „Alles ist gesagt über die keltische Nation, wenn man gesagt hat, dass ihr größter Mann doch nur ein Ritter war." Haben wir nicht das Recht, am Ende dieser Vergleichsstudie über Vercingetorix und Arminius unsererseits zu schließen: „Alles ist gesagt über die germanische Rasse, wenn man gesagt und bewiesen hat, dass ihr Nationalheld nichts als ein Verbrecher ist?"

Für das heutige Frankreich ist das Bild der Gallier als Vorfahren zentraler Bestandteil des Nationalgefühls und hat die Bezugnahme auf römische und fränkische Traditionslinien in den Hintergrund gedrängt. Die Popularität des Vercingetorix mag zwar ihren Höhepunkt mit den Weltkriegen überschritten haben, ist aber bis heute ungebrochen (siehe Kapitel I). Bekanntestes Beispiel in der Populärkultur dürften noch immer die *Asterix*-Comics sein, in denen mehrfach die Unterwerfung des stolzen Galliers ironisch umgekehrt wird.

Literatur

Bianchini, Marie-Claude (Hg.): Vercingétorix et Alésia, Paris 1994.

Christadler, Marieluise: Zur nationalpädagogischen Funktion kollektiver Mythen in Frankreich, in: Link, Jürgen (Hg.): Nationale Mythen und Symbole in der zweiten Hälfte des 19. Jahrhunderts, Stuttgart 1991, S. 199-211.

Goudineau, Christian: Caesar und Vercingetorix, Mainz 2002.

Lewuillon, Serge: Vercingétorix ou le mirage d'Alésia, Brüssel 1999.

Roman, Danièle/Roman, Yves: La Gaule et ses mythes historiques. De Pythéas à Vercingétorix (Collection Histoire Ancienne et Anthropologie), Paris 1999.

Simon, André: Vercingétorix et l'idéologie française, Paris 1989.

Tacke, Charlotte: Denkmal im sozialen Raum. Nationale Symbole in Deutschland und Frankreich im 19. Jahrhundert (Kritische Studien zur Geschichtswissenschaft 108), Göttingen 1995.

Arbeitsfragen

Wie beurteilen die antiken Quellen Wesen und Verhalten der Gallier und ihres Anführers?

Wie wird die Niederlage gegen Caesar in den modernen Quellen eingeschätzt?

Welche Feindbilder werden dabei konstruiert?

Welche Rolle spielen die von den antiken Autoren überlieferten Bilder des historischen Vercingetorix für die Konzeption des französischen Nationalhelden Vercingetorix?

Welche Bedeutung kommt den Galliern für die Konstruktion des französischen Nationalgefühls zu?

3 Hermann der Deutsche
– Arminius, unstreitig der Befreier Germaniens

Cornelia Jaeger

„Unstreitig [war er] der Befreier Germaniens." Ob Tacitus ahnte, als er diese wenigen Worte schrieb, dass er damit den Grundstein für eine Mythosbildung legte, die ihresgleichen sucht?

Die Formulierung stammt aus einer Art antiken Traueranzeige: Tacitus besingt einen berüchtigten Feind der Römer, der sie in den letzten Jahren einige Legionen gekostet hatte und doch nicht zu besiegen gewesen war. Der germanische Heerführer Arminius hatte drei römische Legionen, drei Ahlen und sechs Kohorten unter der Führung des Varus im Jahre 9 n.Chr. im Saltus Teutoburgiensis in einen Hinterhalt gelockt und vernichtend geschlagen. Die genaue Lage des Schlachtfeldes ist immer noch umstritten. Der heutige Teutoburger Wald wurde erst im 19. Jahrhundert, als man hier die historische Stätte der Herrmannschlacht identifiziert zu haben glaubte, auf diesen Namen umgetauft. Die Niederlage des Feldherrn Varus, der sich selbst das Leben nahm, soll seinen Kaiser Augustus in tiefe Verzweiflung gestürzt haben. Doch der befürchtete Germanensturm blieb aus und in Rom kehrte wieder Ruhe ein. Arminius machte noch einmal von sich reden, als Germanicus in den Feldzügen 14-17 n.Chr. in mehreren Schlachten auf ihn traf. Arminius blieb ungeschlagen, wie Tacitus uns wissen lässt.

Nach dem Untergang Roms geriet Arminius für lange Jahrhunderte in Vergessenheit, bis schließlich die Humanisten der Renaissance in den Klöstern Europas auf die Jagd nach antiken Handschriften gingen und auch die Werke des Tacitus wieder ans Licht der Geschichte brachten. Von da an begann die zweite Karriere des Arminius. Ulrich von Hutten machte ihn mit seinem *Arminius-Dialog* als ersten deutschen Freiheitskämpfer und Einiger einer breiteren intellektuellen Elite bekannt, Martin Luther gab ihm einen deutschen Namen (Heer-Mann, abgeleitet vom lateinischen *dux belli*) und sakralisierte seinen Kampf gegen Rom. Schließlich entdeckte der Barock Hermanns Qualitäten als tragischer Opernheld und machte die Liebe zu seiner Frau Thusnelda zum Inhalt. Im Zuge der Nationalgeistdebatte des 18. Jahrhunderts wurde Arminius zum Wahrer germanischer und damit deutscher Tugenden stilisiert.

Seit seiner Wiederentdeckung spielte Arminius in der Debatte um die zu erfindende deutsche Nation eine Hauptrolle. Vor allem als Symbol für ein einiges Deutschland und die Verankerung einer „deutschen" Kulturnation in der antiken Vergangenheit war er bis zur Reichseinigung unverzichtbar für die nationale Bewegung. Sein mythischer Sieg wurde prägend für das deutsche Nationalbewusstsein, wie es sich eben auch in jenem Denkmal von ihm im Teutoburger Wald manifestierte, das das Titelblatt dieses Buches ziert. Arminius wurde damit zum Paradebeispiel der Antikenrezeption in der Epoche des Nationalismus.

Nach und nach wurde der Mythos um die „Hermannsschlacht" zur Nationalerzählung der Deutschen, die im 19. Jahrhundert den Höhepunkt ihrer Beliebtheit erleben sollte. Die Suche nach dem legendären Schlachtfeld wurde zur Suche nach der Wiege deutscher Identität. Den Beginn nahm dieser Prozess mit der Mobilmachung der Befreiungskriege, als die Parallele zwischen Frankreich und Rom schnell gezogen war: Der Feind kam von Westen und um ihm die Stirn zu bieten, brauchte es einen Einiger der deutschen Stämme wie einst Hermann. Von da an hielt sich Hermann als Symbolfigur für ein geeintes und mächtiges Deutschland bis zur Reichsgründung 1871 und darüber hinaus. Auch wenn in der nationalsozialistischen Propaganda relativ selten auf Hermann Bezug genommen wurde, so hatte er, mit dem Makel des Deutsch-Nationalen behaftet, nach dem Zweiten Weltkrieg als Nationalmythos ausgedient.

Über Arminius und die Varusschlacht berichten in der Hauptsache vier antike Autoren: Tacitus, Florus, Velleius Paterculus und Cassius Dio. Quellen aus Sicht der Germanen sind dagegen nicht überliefert. Florus und Cassius Dio liefern detaillierte Beschreibungen des Schlachtablaufs, sind aber für Rückschlüsse auf die Person des Arminius unergiebig.

Die *Germania* des Tacitus (entstanden um 100 n.Chr.) ist die einzige antike Monographie über die Germanen, die uns erhalten geblieben ist. Seit ihrer Wiederentdeckung in der Renaissance war sie ein wichtiger Referenzpunkt für das deutsche Nationalbewusstsein, schien sie doch die gemeinsame Geschichte des verstreuten deutschen Volkes zu erzählen. Die Rezeption von Arminius als Germanenfürst ist daher immer auch im Kontext der allgemeinen Germanenbegeisterung zu sehen, für die Tacitus die Grundlage bietet. Die *Germania* galt lange Zeit als zuverlässiges Zeugnis über die Lebensweise der Germanen. Heute sieht man sie kritischer: Tacitus scheint nie selbst in Germanien gewesen zu sein. Was genau seine Absicht mit dieser Schrift war – ob er durch die Blume die seiner Meinung nach verkommene römische Gesellschaft kritisieren wollte oder sie als politische Propagandaschrift gedacht war –, bleibt umstritten. Fest steht nur, dass die *Germania* einen sehr vielschichtigen Text darstellt, der direkte Rückschlüsse auf die antiken Germanen schwierig macht. Der Begriff „Germanien" ist dabei ein Konstrukt der römischen Quellen. Angesichts fehlender Selbstdarstellungen der Gegenseite ist ungewiss, ob sich die Germanen als Einheit gefühlt haben.

Tacitus: Germania

(4) Ich selbst schließe mich der Meinung derjenigen an, die glauben, Germaniens Völkerschaften seien nicht durch Heiraten mit anderen Völkern zum Schlechten hin beeinflußt und seien deshalb ein eigener, reiner und nur sich selbst ähnlicher Menschenschlag geworden. Daher haben sie auch, soweit das bei einer so großen Zahl von Menschen möglich ist, alle dieselben körperlichen Merkmale: trotzig blickende blaue Augen, rötlichblondes Haar und große Körper, die nur zu einem kurzen Ansturm taugen; in Arbeit und Anstrengung zeigen sie nicht die gleiche Ausdauer, am wenigsten aber können sie Durst und Hitze ertragen, Kälte und Hunger dagegen auszuhalten sind sie durch Klima und Bodenbeschaffenheit gewöhnt. [...]

(13) Allen Geschäften öffentlicher und privater Natur aber gehen sie in Waffen nach. Waffen zu tragen ist jedoch für keinen üblich, bevor ihn die Gemeinschaft als waffenfähig anerkannt hat. Dann schmücken den jungen Mann in der Volksversammlung entweder einer der führenden Männer oder der Vater oder Verwandte mit Schild und Frame [Speer mit Eisenspitze]. Das entspricht bei ihnen der Toga, das ist das erste Ehrenzeichen der

Mannbarkeit; vor dieser Zeremonie scheinen sie ein Teil der Familie, anschließend einer des Staates zu sein. [...]

(14) Wenn es zur Schlacht kommt, ist es für den Gefolgsherrn eine Schande, sich an Tapferkeit übertreffen zu lassen, eine Schande für das Gefolge, es der Tapferkeit des Herrn nicht gleichzutun. Aber Schimpf und Schande für das ganze Leben bedeutet es, seinen Gefolgsherrn zu überleben und so aus der Schlacht zurückzukehren; ihn zu verteidigen und zu schützen, sogar die eigenen Heldentaten seinem Ruhm zuzurechnen, ist der vornehmste Fahneneid: Die Herren kämpfen für den Sieg, die Gefolgschaft für den Herrn. Wenn der Stamm, in dem sie geboren wurden, in langer Friedens- und Ruhezeit träge wird, dann suchen viele vornehme junge Leute von sich aus die Völker auf, die gerade irgendeinen Krieg führen, denn einerseits ist dem Menschenschlag Ruhe unangenehm, und leichter werden sie in gefährlichen Situationen berühmt; auch wird man ein großes Gefolge nur mit Gewalttaten und Krieg zusammenhalten. [...]

(20) In jedem Haus wachsen sie nackt und schmutzig zu diesen Gliedmaßen, zu diesen Gestalten heran, über die wir nur staunen können. Die eigene Mutter stillt jedes Kind selbst, und man vertraut es nicht Mägden und Ammen an. Herren- und Sklavenkind kann man durch keine Verzärtelung in der Erziehung unterscheiden: Unter dem gleichen Vieh, auf dem gleichen Boden wachsen sie auf, bis das Alter die Freigeborenen absondert und die Tapferkeit sie als die Ihren erweist. Spät kommen die jungen Männer mit der Liebe in Berührung, und deshalb ist ihre Manneskraft noch nicht erschöpft. Aber auch mit den jungen Mädchen beeilt man sich nicht; sie verfügen daher über dieselbe jugendliche Frische, über einen ähnlich hohen Wuchs. Einander ebenbürtig und in voller Blüte stehend, vereinigen sie sich, und die Stärke der Eltern spiegelt sich in den Kindern wider. Die Söhne der Schwestern nehmen bei ihrem Onkel den gleichen Rang ein wie beim Vater. Einige halten diese Blutsbande sogar für heiliger und enger und verlangen bei der Stellung von Geiseln mit mehr Nachdruck Schwestersöhne, gleichsam als ob sie dadurch die Gesinnung fester und die Sippe in größerem Umfang binden könnten. Erben und Rechtsnachfolger sind dennoch für einen jeden nur die eigenen Kinder; ein Testament gibt es nicht. Wenn einer keine Kinder hat, dann bilden die nächste Stufe im Besitzrecht Brüder und Onkel väterlicher- und mütterlicherseits. Je mehr Verwandte einer hat, je größer die Zahl der Verschwägerten ist, desto angenehmer ist das Alter; Kinderlosigkeit bringt keinen Vorteil. [...]

(22) Häufig sind, wie bei Betrunkenen üblich, Streitereien; sie werden selten mit Beschimpfungen, öfters mit Totschlag und Verwundungen ausgetragen. Aber auch über die Wiederversöhnung von Feinden, das Knüpfen verwandtschaftlicher Bande und die Wahl von Gefolgsherren, schließlich über Krieg und Frieden beraten sie meistens bei Gelagen, so als ob man zu keiner Zeit für aufrichtige Gedankengänge aufgeschlossener wäre oder sich mehr für wichtige erwärmen könnte. Der weder hinterlistige noch durchtriebene Menschenschlag gibt dann seine geheimsten Empfindungen bei der ausgelassenen Stimmung preis. Also liegen die Gedanken aller aufgedeckt und unverhüllt offen. Am nächsten Tag bespricht man sich nochmals, und die Entscheidung für beide Zeitpunkte ist vernünftig: Sie beraten, während sie sich nicht zu verstellen wissen, und beschließen, wenn sie sich nicht irren können. [...]

(28) Die Treverer und Nervier entwickeln im Hinblick auf den Anspruch, germanischer Herkunft zu sein, geradezu Ehrgeiz, als ob sie sich durch diese ruhmvolle Abstammung von der Trägheit absetzen könnten, die sie den Galliern ähnlich macht. [...]

(37) Unsere Stadt war sechshundertvierzig Jahre alt, als man zum ersten Mal von den Heeren der Kimbern hörte [...]. Wenn wir von diesem Zeitpunkt ab bis zum zweiten Konsulat Kaiser Trajans rechnen, kommen ungefähr zweihundertzehn Jahre zusammen: So lange besiegt man Germanien schon! In diesem so ausgedehnten Zeitraum gab es auf beiden Seiten zahlreiche Niederlagen. Nicht der Samnite, nicht die Punier, nicht Spanien und Gallien, ja nicht einmal die Parther haben uns öfters auf sich aufmerksam gemacht: Denn heftiger als die Gewaltherrschaft des Arsaces ist die Ungebundenheit der Germanen. Was anderes nämlich könnte uns der von Ventidius gedemütigte Orient schon vorzeigen als den Tod des Crassus, wobei er ja selbst den Pacorus verlor? Die Germanen jedoch haben den Carbo und Cassius und Scaurus Aurelius und Servilius Caepio und Maximus Mallius in die Flucht geschlagen oder gefangengenommen und dabei im gleichen Krieg fünf konsularische Heere dem römischen Volk, den Varus aber und mit ihm drei Legionen sogar dem Caesar Augustus entrissen.

Die *Annalen* des Tacitus beschreiben die römische Geschichte vom Tode des Augustus (14 n.Chr.) bis zur Regierungszeit Neros (Kaiser 54-68 n.Chr.) und gehen ausführlich auf die Auseinandersetzungen zwischen Arminius und Germanicus in den Jahren nach der Varusschlacht ein. Aus diesem Werk stammt der schon oben erwähnte Nachruf auf Arminius. Geschrieben in den Jahren 110-120 n.Chr. umfasst der zeitliche Abstand zur Varusschlacht bereits mehrere Generationen. Trotzdem bildet seine Charakterisierung des Cheruskers den wichtigsten Anknüpfungspunkt für die spätere Rezeption.

Tacitus: Annalen 2,88

(1) Ich finde bei Geschichtsschreibern dieser Zeit, die Senatoren waren, die Nachricht, ein Brief des Chattenfürsten Adgandestrius sei im Senat verlesen worden, in dem er den Tod des Arminius versprach, wenn man ihm zur Ausführung des Mordes Gift schicke; darauf habe er die Antwort erhalten, nicht hinterrücks noch heimlich, sondern offen und mit der Waffe in der Hand nehme das römische Volk an seinen Feinden Rache. Mit dieser rühmlichen Haltung stellte sich [der Kaiser] Tiberius den alten Feldherrn an die Seite, die einen Anschlag durch Gift gegen König Pyrrhos abgelehnt und diesem hinterbracht hatten. (2) Indessen hatte Arminius, der beim Abzug der Römer und nach der Vertreibung Marbods nach dem Königsthron strebte, die Freiheitsliebe seiner Landsleute gegen sich, und als er bei einem bewaffneten Überfall mit wechselndem Glück kämpfte, fiel er durch die Hinterlist seiner Verwandten: unstreitig der Befreier Germaniens, der das römische Volk nicht in den ersten Anfängen der Macht, wie andere Könige und Heerführer, sondern in der höchsten Blüte des Reiches herausgefordert hat, in den Schlachten von wechselndem Erfolg begleitet, im Krieg unbesiegt. (3) 37 Jahre währte sein Leben, zwölf seine Macht, und noch heute besingt man ihn bei den Barbarenvölkern; den griechischen Geschichtswerken, die nur die Taten des eigenen Volkes bewundern, ist er unbekannt, und die Römer würdigen ihn nicht besonders, da wir die alte Geschichte hervorheben, ohne uns um die neuere zu kümmern.

Eine letzte Quelle bildet die *Römische Geschichte* des römischen Offiziers Velleius Paterculus. Sein Werk datiert aus dem Jahr 30 n.Chr.; er ist damit ein direkter Zeitzeuge der Varusschlacht. Möglicherweise hat er Arminius sogar persönlich gekannt und mit ihm im Heer gedient. Auch sein Werk ist nicht untendenziös, lange Zeit galt er als Hofschmeichler des Kaisers Tiberius. Allerdings ist seine *Römische Geschichte* für Arminius und die Varusschlacht die einzige erhaltene zeitnahe Quelle.

Velleius Paterculus: Römische Geschichte 2,118f.

(118,1) Die Leute dort sind aber – wer es nicht erfahren hat, wird es kaum glauben – bei all ihrer Wildheit äußerst verschlagen, ein Volk von geborenen Lügnern. Sie erfanden einen Rechtsstreit nach dem andern; bald schleppte einer den anderen vor Gericht, bald bedankten sie sich dafür, daß das römische Recht ihren Händeln ein Ende mache, daß ihr ungeschlachtes Wesen durch diese neue und bisher unbekannte Einrichtung allmählich friedsam werde und, was sie nach ihrer Gewohnheit bisher durch Waffengewalt entschieden hätten, nun durch Recht und Gesetz beigelegt würde. Dadurch wiegten sie Quintilius Varus in höchster Sorglosigkeit, ja, er fühlte sich eher als Stadtprätor, der auf dem römischen Forum Recht spricht, denn als Oberbefehlshaber einer Armee im tiefsten Germanien. (2) Es gab damals einen jungen Mann aus vornehmem Geschlecht, der tüchtig im Kampf und rasch in seinem Denken war, ein beweglicherer Geist, als es die Barbaren gewöhnlich sind. Er hieß Arminius und war der Sohn des Sigimer, eines Fürsten jenes Volkes. In seiner Miene und in seinen Augen spiegelte sich sein feuriger Geist. Im letzten Feldzug hatte er beständig auf unserer Seite gekämpft und hatte mit dem römischen Bürgerrecht auch den Rang eines römischen Ritters erlangt. Nun machte er sich die Indolenz unseres Feldherrn für ein Verbrechen zunutze. Es war kein dummer Gedanke von ihm, daß niemand leichter zu fassen ist als ein Nichtsahnender, und daß das Unheil meistens dann beginnt, wenn man sich ganz sicher fühlt. (3) Erst weihte er nur wenige, dann mehrere in seinen Plan ein. Die Römer könnten vernichtet werden, das war seine Behauptung, mit der er auch überzeugte. Er ließ den Beschlüssen Taten folgen und legte den Zeitpunkt für den Hinterhalt fest. (4) Dies wurde dem Varus von Segestes [dem Schwiegervater des Arminius] hinterbracht, einem loyalen Mann jenes Volkes mit angesehenem Namen. Er forderte Varus auf, die Verschwörer in Ketten zu legen. Aber das Schicksal war schon stärker als die Entschlußkraft des Varus und hatte die Klarheit seines Verstandes völlig verdunkelt. Denn so geht es ja: Wenn ein Gott das Glück eines Menschen vernichten will, dann trübt er meistens seinen Verstand und bewirkt damit – was das Beklagenswerteste daran ist, – daß dieses Unglück auch noch scheinbar verdientermaßen eintrifft und sich Schicksal in Schuld verwandelt. Varus wollte es also nicht glauben und beharrte darauf, die offensichtlichen Freundschaftsbezeugungen der Germanen gegen ihn als Anerkennung seiner Verdienste zu betrachten. Nach diesem ersten Warner blieb für einen zweiten keine Gelegenheit mehr.

(119,1) Den Ablauf dieser schrecklichen Katastrophe – die schwerste Niederlage der Römer gegen auswärtige Feinde seit der des Crassus gegen die Parther – werde ich, wie schon andere es getan haben, in meinem größeren Geschichtswerk ausführlich darzustellen versuchen, hier sei des Ereignisses nur allgemein mit Trauer gedacht. (2) Die tapferste Armee von allen, führend unter den römischen Truppen, was Disziplin, Tapferkeit und Kriegserfahrung angeht, wurde durch die Indolenz des Führers, die betrügerische List des Feindes und die Ungunst des Schicksals in einer Falle gefangen. Weder zum Kämpfen noch zum Ausbrechen bot sich ihnen, so sehnlich sie es auch wünschten, ungehindert Gelegenheit, ja, einige mußten sogar schwer dafür büßen, daß sie als Römer ihre Waffen und ihren Kampfgeist eingesetzt hatten. Eingeschlossen in Wälder und Sümpfe, in einen feindlichen Hinterhalt, wurden sie Mann für Mann abgeschlachtet, und zwar von demselben Feind, den sie ihrerseits stets wie Vieh abgeschlachtet hatten – dessen Leben und Tod von ihrem Zorn oder ihrem Mitleid abhängig gewesen war. (3) Der Führer hatte mehr Mut zum Sterben als zum Kämpfen. Nach dem Beispiel seines Vaters und Großvaters durchbohrte Varus sich selbst mit dem Schwert. (4) Von den beiden Lagerpräfenekten aber gab der eine, L. Eggius, ein heldenhaftes, der andere, Ceionius, ein erbärmliches Beispiel. Der letztere bot, nachdem der größte Teil des Heeres schon umgekommen war, die Übergabe an: Er wollte lieber hingerichtet werden als im Kampf sterben. Numonius Vala aber, ein Legat des Varus, sonst ein ruhiger und bewährter Mann, gab ein abschreckendes Beispiel: Er beraubte die Fußsoldaten ihres Schutzes durch die Reiterei, machte sich mit den Schwadronen auf die Flucht und suchte den Rhein zu erreichen. Jedoch das Schicksal rächte seine Schandtat: Er überlebte seine Kameraden nicht, von denen er desertiert war, sondern fand als Deserteur den Tod. (5) Den halbverkohlten Leichnam des Varus rissen die Feinde in ihrer Rohheit in Stücke. Sie trennten sein Haupt ab und sandten es zu Marbod. Dieser wieder schickte es zu Caesar Augustus, der ihm trotz allem die Ehre eines Familienbegräbnisses gewährte.

Aus den antiken Quellen ist erkennbar, dass der historische Arminius schwer greifbar bleibt. Über seine Motive und Absichten ist wenig bekannt. Von den Nationalisten des 19. Jahrhunderts gerne übernommen wurde das Tacitus-Etikett vom „Befreier Germaniens", das Arminius zur Projektionsfläche für verschiedenste Ideologien machte. Blieben die Texte von Tacitus, Velleius Paterculus und anderen antiken Autoren über die Jahrtausende auch die gleichen, Arminius ging mit der Zeit. Jede Generation im deutschen Nationalismus aktualisierte ihr Arminiusbild passend zur Mode und politischen Situation. Die Entwicklung des Arminiusbildes im Laufe des 19. und 20. Jahrhundert ist sehr vielfältig und komplex, so dass im Folgenden nur ein grober Überblick gegeben werden kann.

Während der Besetzung zahlreicher deutscher Territorien durch Napoleon erlebte der Hermannmythos eine große Blüte. In der Lyrik der „Befreiungskriege" wurde Hermanns Kampf gegen Rom als Parallele zum Widerstand der Deutschen gegen Napoleon gesehen. „So ziehn wir aus zur Hermannsschlacht / und wollen Rache haben!" schrieb beispielsweise der nationalistische Politiker Ernst Moritz Arndt 1812 in seinem Gedicht *Vaterlandslied*.

Hermann war ein Symbol für die Hoffnung auf einen deutschen Nationalstaat, ein einiges Deutschland nach den Jahrhunderten der Vielstaatlichkeit, die zunehmend als unzumutbar empfunden wurde, nicht nur weil er die germanischen Stämme geeinigt hatte, sondern auch weil sein Sieg über die Römer als ein Beleg für die bereits vor Jahrtausenden offenbar gewordene historische Bedeutung einer geeinten deutschen Nation gesehen wurde. Ein Beispiel für ein solches für den Nationalismus typisches nationales Sendungsbewusstsein gibt der Eintrag in einem der bekanntesten Konversationslexika des frühen 19. Jahrhunderts.

Artikel „Herrmann (Hermann, Arminius)", in: Carl von Rotteck/Carl Welcker (Hg.): Staats-Lexikon oder Encyclopädie der Staatswissenschaften: In Verbindung mit vielen der angesehensten Publicisten Deutschlands, Altona 1839, Bd. 7, S. 700 und 702.

Rom hatte die ganze ihm bekannte Welt überwunden und stand auf dem höchsten Gipfel seiner Macht. Zwar nagte schon damals der Wurm der Fäulniß an seinen Wurzeln, und es würde in sich zusammengestürzt sein, auch wenn kein Armin und kein deutsches Volk neben ihm gelebt, oder wenn Rom beide überwältigt hätte. Wohl haben auch Völker des Morgenlandes ihm noch in jener Zeit mit Glück und Muth und glänzendem Erfolge widerstanden – gleichwohl ist kein Stoß, den es jemals erlitten hat, so erschütternd für dasselbe und so wichtig, so vorausbestimmend für den Gang der Weltgeschichte und die innere Entwickelung der Menschheit geworden, als die Siege Armin's des Cheruskers. Auch andere Völker, welche Rom überwunden hatte, wurden frei, als die Ketten ihm aus der Hand fielen; aber sie hatten ihre Eigenthümlichkeit verloren und trugen und tragen bis auf unsere Tage die Mahle der Knechtschaft in ihrer Sprache und ihren Sitten. Das deutsche Volk *war und blieb* frei von Rom, von der Vorsehung bestimmt, *nach* Rom an die Spitze der Menschheit zu treten […].

[W]ährend die Fürsten, von Varus geschmeichelt und gebunden durch ihre Angehörigen in römischer Gewalt, noch in freundlichsten Verkehre mit ihm standen, suchte das gedrückte, mißhandelte Volk nur einen Führer, um das verhasste Joch der treulosen Freunde zu zerbrechen; es fand ihn in Armin. Cherusker, Bruchterer, Chatten und die Bewohner der zwischenliegenden Marken, hier Marsen genannt, vereinigten sich um ihn und vertrauten ihr Heil und ihre Rettung dem Jünglinge.

Kritisch hinterfragt wurde der Hermannsmythos im 19. Jahrhundert nur selten. Heinrich Heine, der mit seiner ambivalenten Haltung gegenüber dem deutschen Nationalismus den Vorwurf der Vaterlandslosigkeit auf sich zog und Zeit seines Lebens in der deutschen Gesellschaft ein Außenseiter blieb, bildete eine Ausnahme. Im Gedichtzyklus *Deutschland. Ein Wintermährchen* nahm er in der für ihn typischen ironischen Weise auch den Kult um Hermann aufs Korn:

Heinrich Heine: Deutschland. Ein Wintermährchen, Hamburg 1844, S. 52f. und 55f.

Das ist der Teutoburger Wald,
Den Tacitus beschrieben,
Das ist der klassische Morast,
Wo Varus steckengeblieben.

Hier schlug ihn der Cheruskerfürst,
Der Hermann, der edle Recke;
Die deutsche Nationalität,
Die siegte in diesem Drecke.

Wenn Hermann nicht die Schlacht gewann,
Mit seinen blonden Horden,
So gäb es deutsche Freiheit nicht mehr,
Wir wären römisch geworden!

In unserem Vaterland herrschten jetzt
Nur römische Sprache und Sitten,
Vestalen gäb' es in München sogar,
Die Schwaben hießen Quiriten! [...]

Gottlob! Der Hermann gewann die Schlacht,
Die Römer wurden vertrieben,
Varus mit seinen Legionen erlag,
Und wir sind Deutsche geblieben!

Wir blieben deutsch, wir sprechen deutsch,
Wie wir es gesprochen haben;
Der Esel heißt Esel, nicht asinus,
Die Schwaben blieben Schwaben. [...]

O Hermann, dir verdanken wir das!
Drum wird dir, wie sich gebühret,
Zu Detmold ein Monument gesetzt;
Hab selber subskribieret.

Seit Ende der Befreiungskriege in Planung, wurde das Hermannsdenkmal, auf das Heinrich Heine hier anspielt, 1875 bei Detmold feierlich eröffnet. Das Denkmal war lange Zeit ein beliebter Ort für nationale Feiern. Die Reden, die zu diesen Anlässen gehalten wurden, sagen viel darüber aus, wie deutscher Nationalismus zu bestimmten Zeiten gedacht wurde und welche Rolle Hermann oder Arminius darin zukam. Die Feiern erstrecken sich über einen Zeitraum von etwa 80 Jahren und spiegeln damit deutschen Nationalismus von der Hoffnung auf ein einiges Deutschland nach den Befreiungskriegen über den nationalen Siegesrausch nach 1871 und das nationale Selbstbewusstsein im Kaiserreich bis zur Frustration nach dem verlorenen Ersten Weltkrieg wider. Immer wieder spielen Gewinn und Verlust von Gebieten an den „Erbfeind" Frankreich eine Rolle.

Vorsitzender des Detmolder Denkmalvereins Kanzleirat Petri zur Feier des Grundsteingewölbes 1841, in: Hermann der Cherusker und sein Denkmal. Zum Gedenken an die 50jährige Wiederkehr der Einweihung des Hermannsdenkmals auf der Grotenburg am 16. August 1875, Detmold 1925, S. 271-278.

Siebenhundertundfünfzig Jahre hatte Rom die Welt geknechtet. Karthago lag in Trümmern. Griechenlands Musen waren verstummt. Das Reich der großen Alexander war die Beute römischer Prokonsuln. [...] Doppelt und dreifach schwer lastete auf den überwundenen Völkern das Joch der landgierigen Stadt, da diese selbst abgefallen war von der alten reinen Sitte, und mit dem Schwerte der Legionen zugleich das Verderben eines entarteten Geschlechts einherzog. Niemand aber wagte zu widerstehen diesen kampfgeübten Legionen, welche die weltbeherrschende Stadt aussandte.

Da ging an zweien Enden der Welt das zwiefache Gestirn auf, welches fortan den Völkern der Erde leuchten sollte statt der untergehenden Sonne Roms. Dort an Syriens Küste das eine, hier in Teutoburgs Wäldern das andere. [...] Denn hier in diesen Bergen, welche noch heute ihre Häupter stolz emporheben über der Ebene, war es, wo es aufging das Gestirn unseres Volkes, um hinein zu leuchten in die Nacht des Verderbens, und sie zu tilgen für ewige Zeiten.

Von dem höchsten Gipfel ihrer Macht sandte auch hierher die siegesstolze Weltherrscherin die Bande der Schmach, mit welchen sie die Völker der Erde umschlungen hielt; hierher, an den stillen heimatlichen Herd eines jugendlichen Volkes, das, fern von der Bühne der Welt, der eigenen, unverfälschten, schlichten und gerechten Sitte pflegte, noch kaum bewußt der Kraft und des tiefen Sinnes, die in ihm wohnten, und noch nicht ahnend die Bestimmung, für die es von dem Lenker der Welten aufbewahrt war. [...]

Und um den Kern germanischer Bildung und Gesittung haben sich im freien Verbande gelagert die übrigen Völker der Erde. Auch sie wurden frei durch den Teutoburger Sieg, der das Weltreich und seine Tyrannei stürzte, und der zum ersten Male lehrte, daß auch das Volk dem Volke gegenüber Rechte hat, die nicht ungestraft verletzt werden. Völker und Völker sehen wir seitdem im freien, friedlichen Verkehre miteinander, ein jedes sein eigentümliches Wesen entfalten, und alle sich wechselseitig dem Ziele entgegen tragen, das dem Menschen gesteckt ist. [...]

Nicht bloß verkünden wird dies Bild, verkünden die Größe unseres Volkes. Auch fragen wird es. Fragen vor allem, wer die sind, die sich rühmen, eines solchen Stammes Sprößlinge zu sein, wer die sind, die das Vermächtnis der Jahrhunderte auf ihre Schultern nehmen. [...] Ob noch in ihnen lebt und wirkt die alte Liebe, der kein Opfer zu groß ist, die das Eigenste und Beste dahingibt für Volk und Vaterland. Ob sie neben der Achtung fremder Sitte, fremden Rechtes, fremder Freiheit ungekränkt zu bewahren und zu schützen wissen die eigene Sitte, das eigene Recht, die eigene Freiheit. [...] Ob sie treu bewahrt und gepflegt haben die *deutsche Eintracht*. Das sind die ernsten und schweren Fragen, welche dies Bild erheben wird. Wehe, wenn die Antwort gegen uns spräche. Wir hätten uns selbst gerichtet. [...]

Freudiger Mut belebt uns bei dem Blick von dieser Höhe in die Vergangenheit, freudiger Mut zugleich bei dem Blick in die Gegenwart ringsumher. Sehen wir nicht ringsumher das gesamte weite Vaterland im Schmucke der Waffen, und der Künste des Friedens stark durch den Bund, der die Fürsten und Volksstämme vereint, und geachtet im Reigen der Völker. Sehen wir nicht überall ein frisches, lebendiges Streben für Sitte, Verkehr, Wissenschaft, Kunst und bürgerliche Ordnung.

Rede des Geheimen Regierungsrats Preuß zur Einweihungsfeier 1875, zitiert nach: Veddeler, Peter: Nationale Feiern am Hermannsdenkmal in früherer Zeit, in: Engelbert, Günther (Hg.): Ein Jahrhundert Hermannsdenkmal 1875-1975, Detmold 1975, S. 172.

Wir stehen wieder da, geehrt und gefürchtet im Rate der Völker, ihnen nicht bloß ein Volk der Denker und Dichter, sondern nun auch wehrbereit und waffengewaltig, ein Volk der selbstbewußten Tatkraft – und empfinden wird deren Wucht ein Jeder, der es wagen sollte, uns ferner zu stören in dem Werke des Friedens, das wir nun vorhaben, in dem Bemühen, auszubauen und lebensvoll zu gestalten unser neuerstandenes Reich, das jetzt unter Kaiser Wilhelms ruhmreichem Scepter, nicht mehr geschieden durch des Mainstroms Grenze, sondern reichend von den Alpen bis zum Meere und darüber hinaus, seinen schützenden Arm ausbreitend über jeden Deutschen auf dem Erdenrund, frei im Innern und kraftvoll nach Außen, fest verbunden ist durch das starke Band der im gemeinsamen opfervollen Kampfe erprobten Einigkeit der deutschen Stämme und ihrer Fürsten. Ja, die Träume unserer Jugend, sie haben sich verwirklicht, die Wünsche und Hoffnungen unseres Mannesalters, sie sind in Erfüllung gegangen – wir sind wieder ein Volk und wollen es bleiben mit Gottes Hilfe von nun an immerdar.

Rede des Berliner Historikers Hans Delbrück zur 1900 Jahrfeier der Varusschlacht von 1909, zitiert nach: ebd., S. 175f.

Deutsche Jugend, Männer und Frauen! Mit allem, was deutsch spricht und denkt, fühlen wir uns in diesem Augenblick in unserem Volkstum zu einer höheren Einheit verbunden. Aber nicht nur mit den Zeitgenossen verbindet uns diese höhere Einheit, sondern ebenso sehr mit den Geschlechtern der Vergangenheit. Ein Volk ist nicht nur um so größer und reicher, je mehr und je bessere einzelne Persönlichkeiten es in der Gegenwart zählt, sondern auch je mehr Generationen von Vorfahren es überschaut, Taten von ihnen erzählen, Gestaltungen in der Erinnerung nacherleben kann. Der Reichtum seiner Geschichte ist vielleicht das kostbarste Stück in der Schatzkammer eines Volkes, so kostbar, daß selbst in den Tagen des Niederganges und einer ärmlichen Gegenwart ein Volk immer noch davon sich nähren und sein Selbstbewußtsein erhalten kann. Es sagt noch nicht genug jenes schöne Wort: „Wohl dem, der seiner Väter gern gedenkt." Es sagt noch nicht genug, denn für ein Volk ist es noch viel mehr als eine wohltuende Empfindung, wenn es seiner Väter gedenkt: es ist ein unentbehrlicher Teil seines Bewußtseins, eines der Elemente seines geistigen Daseins. Unserm Volke aber ist es gegeben, vor andern auf eine besonders reiche Geschichte zurückblicken zu können, deshalb weil sie ununterbrochen von den Urwäldern und ihrer barbarischen Wildheit sich von Stufe zu Stufe verfolgen läßt bis zu den höchsten Gipfeln der Kultur...

Der deutschnationale Reichstagsabgeordnete Treviranus zur 50-Jahr-Feier von 1925, zitiert nach: ebd., S. 178f.

Kameraden! „In jugendlicher Frische steht Hermann, im Siegesbewußtsein das freie Schwert in kräftiger Faust hoch erhoben, zum gewaltigen Schlage bereit, das Sinnbild unserer ewig jungen Kraft, hoch durch ein deutsches Bauwerk emporgetragen und über dem Gipfel des schönsten Berges, weit hinausschauend ins freie Vaterland!" So konnte E. v. Bandel, der gläubige, zähe Schöpfer des Standbildes und Denkmals, in dessen Schatten wir heute wie Tausende zuvor uns drängen zur Herzensstärkung, begeistert ausrufen in den Weihetagen 1875. Das waren Tage in strahlender Ruhmessonne, das Reich fest gefügt, das Volk geeint.

Und heute bei der Wiederkehr dieser Tage? Die alten, lieben schwarz-weiß-roten Fahnen flattern im gleichen Sonnenlicht, jedoch unter ihnen Straßburgs Banner umflort. Wir neigen uns in Trauer. Altdeutsche Lande bleiben deutsch auch in Feindeshand. Aber zerrissen ist das stolze Bismarckreich, in deutschem Lande und auch an den Grenzen lauern die Gegner. Zerbrochen das freie Schwert, das Rückgrat entmarkt. Zermürbt das Volk, vom Hunger und Hader zerfressen, bereit zu verfluchen, was es vordem geehrt. [...] Und dennoch! Hermanns Schwert reißt den Blick aufwärts ... Er soll nicht umsonst mahnen. Denn sein Standbild kündet nicht nur von Sieg und Kraft, nein, auch von Bruderzwist und

Vetternneid ... Dieses Erbübel der Zwietracht hat auf dem Schicksalsweg unser Volk nie verlassen. Immer wieder gab Bruderhaß dem Feind den Sieg [...] Gegensätze der Parteien können das Staatsleben beschwingen, wenn vaterländisches Wollen sie beseelt. Bannt aber den Unfrieden, wenn es um Land und Volk gegen das Übelwollen ringsum, gegen den Geist der Nation geht ... Waffenlos stehen wir unter feindlichem Gebot. Aber sind wir wehrlos? Beileibe nicht. [...] Uns eint im Gleichschlag des Herzens der unerschütterliche Glaube an unseres Volkes Auferstehen. Schließt die Reihen immer fester. In Sonne und Freud, in Glauben und Hoffen: Das Reich muß uns doch bleiben. Im Leben und im Sterben: Es lebe unser heiliges, unteilbares deutsches Vaterland. Du mußt bleiben, Land, wir vergehen!

Wie vielseitig sich die Hermannfigur verwenden ließ, untermalt auch die Karikatur aus dem *Kladderadatsch* anlässlich der Einweihung des Hermannsdenkmals (siehe Abbildung 3). Die 1870er Jahre standen in Deutschland im Zeichen des scharfen antikatholischen Kurses Bismarcks und der protestantischen Nationalliberalen, dem sog. „Kulturkampf". Von preußisch-protestantischer Seite aus hielt man den Katholiken unter anderem mangelndes Nationalbewusstsein vor, da sie sich einem Kirchenoberhaupt in Rom unterstellten.

In den 1890er Jahren exportierten deutsche Siedler „ihren" Arminius sogar nach Übersee: In New Ulm im amerikanischen Bundesstaat Minnesota wurde ein Nachbau des Denkmals errichtet, inklusive einer gut 10 Meter hohen Bronzestatue des Germanenfürsten. Das Bauwerk gilt heute vielen deutschstämmigen Amerikanern als Gedenkstätte für ihr kulturelles Erbe und für die Verdienste ihrer Vorväter um den Aufbau der USA. Der bewaffnete Arminius wird dabei zum Inbegriff der wehrhaften Demokratie – oder wie die offiziellen Werbematerialien der Stadt New Ulm es formulieren: „Eternal vigilance is the price of liberty."

Während des „Dritten Reiches" erlebte der Nationalismus eine neue Wendung. Erstaunlicherweise war Hermann kein Lieblingsgermane der Nationalsozialisten und wurde für die Propaganda nicht zentral gesteuert instrumentalisiert. Das mag zum einen an Hitlers Vorliebe für die (hoch-)mittelalterlichen deutschen Kaiser gelegen haben, zum anderen an Hermanns Ruf als Freiheitskämpfer und seiner Verbindung zur liberalen Nationalbewegung des 19. Jahrhunderts. Trotzdem erfuhr Arminius weiterhin eine begeisterte Rezeption. Besonders im Jugendroman wurde er als Kämpfer für deutsche Tugenden und Vorbild für jeden deutschen Jungen herausgestellt, so zum Beispiel im Roman *Arminius-Sigurfrid*, aus dessen Nachwort hier ein Auszug abgedruckt ist. Der Roman war erstmals 1925 veröffentlicht worden. Im Nachwort der Ausgabe von 1935 biedert sich der Autor nun den Nationalsozialisten an. Über Paul Albrecht selbst gibt es wenige Informationen: Geboren 1863 in Ribnitz war er als Eisenbahnbeamter tätig und schrieb nebenberuflich mehrere Romane. Sein Sterbedatum ist unbekannt.

Der Roman *Arminius-Sigurfrid* setzt Arminius mit Siegfried, dem Helden des Nibelungenliedes gleich. Ein solcher Versuch wurde schon während der Befreiungskriege gemacht. Die Theorie beruht auf der Sehnsucht, die Überlieferungslücke des Mittelalters schließen und damit beweisen zu können, dass es immer schon ein deutsches Volk mit einem uralten antiken Nationalhelden gegeben hat. Gleichzeitig würde man mit dem Nibelungenlied eine germanische Quelle vorliegen haben und somit den römischen Fremdbeschreibungen eine „deutsche" Version der Heldensaga entgegensetzen können. Die Idee „Arminius=Siegfried" taucht nach wie vor gelegentlich in der Forschung auf, ohne dass ein wirklicher Beweis zu erwarten wäre.

> **Albrecht, Paul: Arminius-Sigurfrid**. Ein Roman des Deutschen Volkes, Berlin 1935, S. 326f.
>
> Ein neues Blatt der Weltgeschichte ist aufgeschlagen. Die Überschrift lautet: ‚Das Dritte Reich'. Unser Tun und Lassen wird auf der ersten Seite geschrieben stehen. Wenn wir unsere Sendung recht begreifen, dann haben wir wieder da anzufangen, wo das Erste Reich begonnen hat, das Gebäude germanischer Größe aufzubauen und artfremde Bausteine herauszureißen. Aber nicht das Reich Karls des Großen meine ich mit diesem Ersten Reiche. Dieses hätte man so nennen mögen, wenn Widukind und seine Bauern die Oberhand behalten hätten. Das Erste Reich von germanischem Blut und Geist ist in Wirklichkeit der Staatenbund des Arminius. Ohne sein Heldenleben, ohne seine politischen und kriegerischen Großtaten wären wir Deutschen heute Kinder romanischer Kultur. Ein Volk, das der Ahnen Herkunft nicht ehrt, ist der Enkel Zukunft nicht wert. [...] Daß Armin und Siegfried dieselbe Gestalt in Geschichte und Sage waren, diese Erkenntnis ist eine Götterdämmerung, die in deutschen Forscherkreisen sich mehr und mehr Bahn bricht.

Stärker als die Figur Arminius vereinnahmten die Nationalsozialisten die Germanenmythologie für sich. Nicht nur wurde alles Germanische mystifiziert, sondern nun gewannen die Germanen auch im Kontext der von den Nationalsozialisten als Wissenschaft betrachteten und geförderten „Rassenkunde" an Bedeutung. Tatsächlich war die Rassenkunde der 1930er Jahre eine Pseudowissenschaft, die eine überlegene germanisch-arische Rasse postulierte und „Rassenhygiene" forderte.

Dieses Gedankengut griff auch auf andere Wissenschaftsbereiche über: In einer zeitgenössischen Übersetzung von Tacitus' *Germania* kommentierte der Herausgeber Eugen Fehrle – damals Professor für Volkskunde in Heidelberg – in diesem Sinne die „Beobachtungen" der antiken Germanen.

> **Fehrle, Eugen (Hg.): Tacitus. Germania**, München 1929, S. 58 und 63f.
>
> T. hält die Germanen für alteingesessen in ihrem Lande und für rasserein. Woher hätten die Zuwanderer kommen sollen? Doch T. bleibt nicht bei dieser Begründung durch die Unmöglichkeit des Gegenteils, sondern führt Tatsachenbeweise an: (a) Die Germanen haben alte Gesänge von Stammesgottheiten, wenn auch ihre Gesamtname jung ist [...] (b) Berichten über Zuwanderung griechischer Helden (Hercules, Ulixes) ist kein Glaube beizumessen. [...] Also sind die Germanen ureingesessen und rasserein. Dies bestätigen körperliche Merkmale und Eigenschaften. [...]
>
> Die Angaben des T. sind nach dem heutigen Stand der Rassenforschung nur in beschränktem Sinne richtig. Von einer Reinrassigkeit der Germanen kann man auch für die Zeit lange vor T. nicht mehr reden. Aber die Merkmale der nordischen Rasse [...] überwogen sehr stark und fielen den Römern, namentlich im Gegensatz zu ihrem eigenen Volke auf als besonderes Kennzeichen der Germanen. Daß die Römer auch andere Menschentypen in Ger-

manien beobachtet hatten, zeigt das dritte Bild [...]. Das 4. Bild lehrt, wie Römer und Germanen rassemäßig verschieden dargestellt sind.

Selbstverständlich dürfen wir bei T. nicht die Rassenkenntnisse voraussetzen, die wir heute von einem Forscher verlangen. Er hat die Hauptmerkmale unseres Volkes herausgegriffen, wie wir es etwa tun, wenn wir als Laien über Italiener oder Franzosen reden.

Zehn Jahre später erschien Fehrles Kommentar in seiner dritten Auflage und enthielt in einigen Punkten deutliche Umwertungen, die sich vorrangig auf die veränderten „Erkenntnisse" der Rassenkunde im nationalsozialistischen Deutschland zurückführen lassen.

Fehrle, Eugen (Hg.): Tacitus. Germania, München/Berlin ³1939, S. 58f. und 64f.

Die Germanen hatten damals keinen einheitlichen Staat, aber sie waren eine Volksgemeinschaft, die nach Rasse, Sitte, Sprache und Abstammungsbewußtsein ein organisches Ganzes bildete. Die Versuche des Arminius, dies Volk in einem Staat zusammenzufassen, scheiterten. Doch die innere Verbundenheit der germanischen Stämme war so groß, daß auch die Römer sie als ein zusammengehörendes Ganzes empfanden, nicht nur als neben einander stehende Volksgruppen. [...]

T. hält die Germanen für alteingesessen in ihrem Lande und für rasserein. Woher hätten die Zuwanderer kommen sollen? Doch T. bleibt nicht bei dieser Begründung durch die Unmöglichkeit des Gegenteils, sondern führt Tatsachenbeweise an: (a) Die Germanen haben alte Gesänge von Stammesgottheiten, wenn auch ihre Gesamtname jung ist [...] (b) Berichten über Zuwanderung griechischer Helden (Hercules, Ulixes) ist kein Glaube beizumessen. [...] Also sind die Germanen ureingesessen und rasserein. Dies bestätigen körperliche Merkmale und Eigenschaften. [...]

Die Angaben des T. sind nach dem heutigen Stand der Rassenforschung im wesentlichen richtig. Die Germanen waren damals vorwiegend zusammengesetzt aus zwei blonden, helläugigen Rassen, der nordischen und der fälischen, die man auch als Teile *einer* Rasse ansehen kann. [...]

Selbstverständlich dürfen wir bei T. nicht die Rassenkenntnisse voraussetzen, die wir heute von einem Forscher verlangen. Er hat aber die Hauptmerkmale unseres Volkes herausgegriffen. [...] Der starke trotzige Blick der Germanen war von den Galliern und Römern gefürchtet. [...]

H.F.R Günther bezeichnet in seiner ‚Rassenkunde' S. 76 f. diese *aciesoculorum* als eine Eigenart der nordischen Rasse. [...] Keineswegs hat das nordische Auge immer diese Schärfe. Aber in der Erregung steigert sich sein entschlossener durchdringender Blick zur Zornwut.

Fehrles Übersetzung und Kommentar erschienen 1959 in Heidelberg in einer „entschärften" Neuauflage. Direkte Verweise auf nunmehr anrüchige Studien wurden gestrichen, während der Text ansonsten erstaunlich wenige Änderungen erhielt. Statt von „Rassemerkmalen" war nun von „nordischen Schönheitsidealen" zu lesen. Die Zitate aus der rassekundlichen

Forschung wichen teilweise sehr bemüht wirkenden Verweisen auf antike und mittelalterliche Texte oder auf „Allgemeinwissen".

Auch wenn Arminius aus dem Nationalsozialismus weitgehend ideologisch unbelastet hervorging, so war die Glanzzeit seines Mythos doch ein für allemal vorüber. Als Germanenfürst haftete ihm der Verdacht des Völkischen an, was ihm seine Gesellschaftsfähigkeit nahm. Die Annäherung zwischen Deutschland und Frankreich nach dem Krieg trug das Ihre zu Hermanns zunehmender Unpopularität bei. Erst mit den breit vermarkteten Funden von Kalkriese rückte Hermann wieder ins Bewusstsein der Öffentlichkeit. Allerdings ging es hierbei nicht darum, den „Mythos Arminius" zu reanimieren, sondern Geschichte bzw. Archäologie als massentauglichen Event zu inszenieren.

So bleibt vom Mythos heute vor allem das Denkmal im Teutoburger Wald. Hermann steht immer noch auf seinem altgermanischen Berg und reckt das Schwert gen Himmel. Alle paar Jahre trägt er das Trikot des Bielefelder Fußballvereins, der sich nach ihm benannt hat. Die nationale Identifikationsfigur von einst ist zum regionalen Maskottchen geworden – einem Maskottchen mit einer bewegten Geschichte.

Literatur

Ausbüttel, Frank: Germanische Herrscher. Von Arminius bis Theoderich, Darmstadt 2007.

Bemmann, Klaus: Arminius und die Deutschen, Essen 2002.

Dörner, Andreas: Politischer Mythos und symbolische Politik. Der Hermannsmythos: zur Entstehung des Nationalbewusstseins der Deutschen, Hamburg 1996.

Doyé, Werner: Arminius, in: François, Etienne/Schulze, Hagen (Hg.): Deutsche Erinnerungsorte, München 2001, S. 587-602.

Goetz, Hans Werner/Welwei, Karl-Wilhelm (Hg.): Altes Germanien. Auszüge aus den antiken Quellen über die Germanen und ihre Beziehungen zum römischen Reich, Darmstadt 1995.

von See, Klaus: Barbar, Germane, Arier. Die Suche nach der Identität der Deutschen, Heidelberg 1994.

Wiegels, Rainer (Hg.): Die Varusschlacht. Wendepunkt der Geschichte?, Stuttgart 2007.

Wolters, Reinhard: Die Schlacht im Teutoburger Wald. Arminius, Varus und das römische Germanien, München 2008.

Arbeitsfragen

Wie wird Arminius in den römischen Quellen dargestellt und welche Werte werden mit ihm assoziiert?

Welche Rollen werden Arminius zu verschiedenen Zeiten zugedacht?

Welche Symbole/Metaphern werden mit Arminius verbunden?

Wie werden zeitgeschichtliche Ereignisse in der Umformung des Mythos reflektiert?

Welche Aspekte der Arminiusgeschichte werden in den Quellen zu welchen Zeiten besonders betont?

Abb. 3: Karikatur aus dem *Kladderadatsch* vom August 1875

Abb. 4: Karikatur Wilhelms II. aus dem *Nebelspalter* vom Oktober 1900

4 Ludwig Quidde und der *Caligula* – Antikenrezeption im Wilhelminismus

Jonas Kristoff Schlünzen

Caligula regierte Rom 37 bis 41 n.Chr. und galt schon in der Antike als Paradebeispiel eines wahnsinnigen Gewaltherrschers. Eigentlich Gaius (Iulius) Caesar Augustus Germanicus genannt, erhielt er von den Soldaten schon in Kinderjahren den Beinamen „das Stiefelchen", was ihm auch dauerhaft anhaften sollte. Als Sohn des überaus geachteten Feldherrn Germanicus war er die große Zukunftshoffnung für alle, die vom Regime seines betagten Vorgängers Tiberius enttäuscht gewesen waren. Nach einem viel versprechenden Beginn brachte er jedoch durch seine autoritäre Herrschaft und seinen exzentrischen Lebensstil vor allem die römische Oberschicht gegen sich auf, die seine vielfältigen Verfehlungen für die Nachwelt festhielt. Positive Einschätzungen – beim Heer und beim einfachen Volk blieb er lange sehr populär – sind dagegen nur momenthaft überliefert. Insgesamt ist die Quellenlage zu diesem Herrscher vergleichsweise schlecht und beruht überwiegend auf einer Biographie des Autors Sueton aus dem 2. Jahrhundert n.Chr. Spätere Autoren griffen zumeist auf dessen Darstellung zurück und verfestigten Caligulas Ruf als Inbegriff des wahnsinnigen Despoten. Neben seinen Sex- und Gewalteskapaden bestanden die Kritikpunkte vor allem im fehlenden militärischen und politischen Sachverstand des Kaisers, seinem arroganten Auftreten, seiner Verschwendungssucht und seiner anmaßenden Religionspolitik.

Dieses negative Urteil hielt sich bis in die Neuzeit und ermöglichte es dem Historiker und Pazifisten Ludwig Quidde (1858-1941), durch die Gleichsetzung der beiden Herrscher versteckte Kritik an Wilhelm II. (deutscher Kaiser 1888–1918) zu üben. Dieser ist besonders für seine Großmachtsphantasien und den durch ihn forcierten Militarismus, aber auch für seinen Hang zur Selbstdarstellung und seine politische Unfähigkeit bekannt. Quiddes Caligula-Schrift wurde auch im Ausland vielfach rezipiert und übte auf die zeitgenössische Diskussion um die nationale Identifikationsfigur Wilhelm II. nicht unerheblichen Einfluss aus. Durch den Skandal um und die Beschäftigung mit dem Pamphlet wurde Kritik am kaiserlichen Regierungsstil öffentlich thematisiert, da auch Verteidiger der Monarchie nun ihre Position begründen mussten und die Verehrung für und die Unantastbarkeit des Kaisers nicht mehr selbstverständlich waren. Für Ludwig Quidde selbst bedeutete die Publikation des Werks den wissenschaftlichen Ruin. Sein fortgesetztes pazifistisches Engagement brachte ihm jedoch 1927 sogar den Friedensnobelpreis ein, auch wenn in der Wahrnehmung der Nachwelt die enorme Wirkung seines *Caligula* als Angriff auf den deutschen Nationalismus seine weiteren Tätigkeiten in den Hintergrund gedrängt hat.

Über das Leben des Schriftstellers und Verwaltungsbeamten Sueton (ca. 70–130/140 n.Chr.) sind nur wenige Einzelheiten bekannt. Er stammte aus einer ritterständischen Familie, deren Mitglieder bereits einige Ämter im kaiserlichen Dienst bekleidet hatten. Sueton selbst wurde von Plinius dem Jüngeren gefördert und war auf dem Höhepunkt seiner Karriere Leiter der Kanzlei des Kaisers Hadrian. Nachdem er dieses Amt aufgrund einer Hofintrige verloren hatte, zog er sich ins Privatleben zurück und widmete sich seiner schriftstellerischen Tätigkeit. Um 122 n.Chr. erschienen seine *Acht Bücher über das Leben der zwölf*

Kaiser, eine Sammlung von Einzelbiographien römischer Alleinherrscher von Iulius Caesar bis Domitian. Jede der Biographien folgte demselben Schema und behandelte Herkunft, Jugend, politische und militärische Karriere, Privatleben, Omen vor Geburt und Ableben sowie den Tod, das Begräbnis und das Testament des jeweiligen Herrschers. Bis zur Herrschaftsübernahme verfuhr Sueton in der Regel chronologisch, danach ist die Darstellung nach Themenfeldern gegliedert. Großen Stellenwert nehmen dabei die Tugenden bzw. Verfehlungen des jeweiligen Kaisers ein. Sueton wollte mit seinen Schriften nicht zuletzt seine Zeitgenossen unterhalten, was er im Fall des Caligula durch die Bedienung ihrer Sensationslust an schockierenden Details erreichte. Die Grundlagen seiner Biographien bildeten Funde aus dem kaiserlichen Archiv, aber ebenso andere Geschichtswerke und oftmals auch populäre Anekdoten. Caligula galt wegen seiner offenen Aktionen gegen den Senat in der literarisch tätigen Oberschicht längst als Musterbild des Tyrannen und entsprechend urteilten auch die Standesgenossen Suetons über diesen Kaiser. Im Folgenden wurde bewusst die 1857 publizierte Übersetzung durch Adolf Stahr gewählt. Noch bis weit ins 20. Jahrhundert wurde seine Übertragung immer wieder nachgedruckt und soll hier helfen, die sprachlichen Ähnlichkeiten zwischen Quiddes Text und seiner Vorlage in der populärsten zeitgenössischen Ausgabe deutlich werden zu lassen.

Sueton: Caligula

(11) Dennoch konnte er seinen natürlichen Hang zur Grausamkeit und Wüstheit schon damals nicht so im Zaume halten, daß er nicht ein eifriger Zuschauer bei Folterung und Hinrichtung der zum Tode Verurtheilten gewesen, Orte der Schlemmerei und Unzucht, vermummt durch falsches Haar und ein langes Gewand, fleißig besucht, und an theatralischen Ballett- und Gesangkünsten den lebhaftesten Antheil genommen hätte, welches letztere ihm Tiberius gern nachsah, weil er den Versuch machen wollte, ob dadurch nicht vielleicht seine wilde Sinnesart gemildert werden könnte. [...]

(13) Seine Thronbesteigung erfüllte einen sehnlichen Wunsch des römischen Volks, oder ich kann wohl sagen des menschlichen Geschlechts, da er nicht nur einem Theile der Provinzialen und Soldaten, weil ihn die meisten als Kind gekannt hatten, sondern auch der gesammten Bevölkerung Roms, wegen des Andenkens an seinen Vater Germanicus und des Mitleids mit seinem fast ganz vertilgten Hause, als der ersehnteste Fürst erschien. [...]

(14) Und als er nun in Rom eingezogen war, wurde sofort der letzte Wille des Tiberius, der seinen zweiten, noch im Knabenalter stehenden Enkel testamentarisch dem Caligula zum Miterben gegeben hatte, umgestoßen, und ihm einstimmig vom Senate und dem gewaltsam in die Kurie eindringenden Volke die vollständige Regierungsgewalt übertragen. So groß war die allgemeine Freude, daß in den nächsten, nicht einmal vollen drei Monaten über hundertsechzigtausend Opferthiere geschlachtet worden sein sollen. Als er dann wenige Tage später auf die nächstgelegenen Inseln Kampaniens ging, wurden Gelübde für seine glückliche Rückkehr gethan, indem man selbst die geringste Veranlassung benutzte, um die eifrige Besorgniß für sein Wohlergehen an den Tag zu legen. [...]

(15) Doch auch Caligula selbst that fortwährend alles Mögliche, um solche Liebe der Menschen für ihn noch zu steigern. Nachdem er dem Tiberius unter strömenden Thränen die öffentliche Leichenrede gehalten und ihn prächtig bestattet hatte, eilte er sofort, trotz des stürmischen Wetters, um seine fromme Liebe desto heller leuchten zu lassen, nach

Pandataria und den Ponzasinseln, um die Asche seiner Mutter und seines Bruders von dort nach Rom zu bringen. Er betrat ihre Grabstätten mit frommer Verehrung, und barg die Reste mit eigner Hand in den Aschenkrügen. Mit gleichem theatralischen Gepränge führte er dieselben auf seinem Zweiruderer, von dessen Hintertheil die Feldherrnfahne wehte, nach Ostia hinüber, und von da nach Rom den Tiberstrom aufwärts, und ließ sie durch die glänzendsten Mitglieder des Ritterstandes um Mittagszeit bei zahlreich versammeltem Volke auf zwei Tragbahren in das Mausoleum bringen. [...]

(22) Soweit vom Fürsten; nun muß ich vom Ungeheuer erzählen. Er hatte bereits mehrere Beinamen angenommen – er ließ sich nämlich der „Fromme", der „Lagersohn", der „Armeevater", der „beste und größte Cäsar" nennen – als er mehrere Könige, die, um ihm aufzuwarten, nach Rom gekommen waren, über Tafel in seinem Palaste über den Adel ihrer Abkunft streiten hörte. Sofort rief er auf griechisch mit Homers Worten aus: „*Einer* sei Herrscher! *Einer* König!" Und nicht viel fehlte, daß er sofort das Diadem anlegte, und die äußeren Zeichen des Prinzipats (d. i. der Fürstengewalt) in aller Form mit denen des Königthums vertauschte. Als man ihm aber bemerklich machte, daß er ja bereits hoch über allen Fürsten sowohl als Königen stehe, nahm er daraus Veranlassung, sich göttliche Majestät beizulegen. [...] Sogar einen eigenen Tempel stiftete er seiner Gottheit nebst Priestern und spitzfindig ausgeklügelten Opferungen. In dem Tempel stand sein goldnes Porträtstandbild von natürlicher Größe, das täglich mit einem gleichen Anzuge bekleidet wurde, wie er selbst ihn trug. [...]

(24) Mit allen seinen Schwestern lebte er in unzüchtigem Verkehr, und ließ sie öffentlich an der Tafel eine um die andere neben sich unterhalb (zur Linken) Platz nehmen, während seine Gattin oberhalb (zu seiner Rechten) lag. Die eine derselben, die Drusilla, soll er als junges Mädchen, während er selbst noch das Knabenkleid trug, geschändet haben. [...] Er setzte sie sogar, als er krank wurde, zur Erbin seines Vermögens und des Reichs ein. [...] Auch schwor er [nach ihrem Tod] im ganzen Verlaufe seines späteren Lebens bei den wichtigsten Fällen, ja selbst wenn er zum Volke, oder zu den Soldaten sprach, nie anders als: „bei der Gottheit der Drusilla!" [...]

(26) Senatoren, welche die höchsten Ehrenstellen bekleidet hatten, ließ er in der Toga mehrere tausend Schritte neben seinem Wagen herlaufen, oder, wenn er tafelte, hinter seinem Polster oder zu seinen Füßen wie Sklaven im linnenen Schurz aufwarten; andere, die er heimlich hatte umbringen lassen, ließ er dessen ungeachtet, als ob sie noch am Leben wären, weiter einladen, und trat dann nach einigen Tagen mit der Lüge vor: sie hätten durch Selbstmord geendet. Die Konsuln, welche versäumt hatten, seinen Geburtstag durch ein Edikt anzusagen, entsetzte er ihres Amtes, und drei Tage lang war so der Staat ohne seine höchsten Behörden. [...] Mit gleicher Übermüthigkeit und Vergewaltigung behandelte er die übrigen Stände. Als einmal das Geräusch der Leute, welche schon um Mitternacht die Freiplätze im Cirkus besetzten, seine Ruhe störte, ließ er sie sämmtlich mit Knitteln fortjagen. Es erstickten bei dem Gedränge zwanzig und mehr römische Ritter, und ebenso viele edle Frauen, nebst einer ungezählten Menge andrer Personen geringeren Standes. [...]

(29) Die Unmenschlichkeit seiner Handlungen erhöhte er noch durch die grause Wildheit seiner Reden. [...] Seiner Großmutter Antonia, die ihm Vorstellungen machte, gab er, als sei es noch nicht genug, daß er denselben nicht Folge leistete, zur Antwort: „Bedenke, daß mit Alles und gegen Alle zu thun erlaubt ist!" [...] So oft er alle zehn Tage die Liste der

hinzurichtenden Gefangenen unterschrieb, pflegte er zu sagen: „Er bringe seine Rechnung in's Reine." Als er einmal eine Anzahl Gallier und Griechen zu einer und derselben Zeit verurtheilt hatte, rühmte er sich wiederholentlich: „Er habe Gallogräcien unterworfen!" [...]

(30) Als einmal aus Verwechselung des Namens ein andrer als der von ihm bestimmte hingerichtet worden war, sagte er: „Auch der hat dasselbe verdient". Häufig citirte er prahlend jenen bekannten Ausspruch des tragischen Dichters [Attius]: „Laßt sie hassen, wenn sie nur fürchten!" Häufig fuhr er gegen sämmtliche Senatoren auf gleiche Weise los. [...] Im Grimm über das Publikum, das einmal beim Wettrennen eine andere Partei als er begünstigte, rief er aus: „O wenn doch das römische Volk nur *einen* Hals hätte!" [...]

(31) Er pflegte sich sogar offen zu beklagen über die Ungunst seiner Zeit, daß dieselbe durch keine großen öffentlichen Unglücksfälle ausgezeichnet würde. Augustus' Regierung sei durch die Niederlage des Varus, die des Tiberius durch den Einsturz der Schaubühne bei Fidenä denkwürdig geworden; die seine drohe in Vergessenheit zu gerathen durch das überall herrschende Wohlergehen. [...]

(34) Ebenso neidisch und boshaft als übermüthig und grausam wüthete er fast gegen die Menschen aller Zeiten. Die Statuen berühmter Männer [...] ließ er umstürzen und so verstümmeln, daß man später nicht im Stande gewesen ist, sie mit den richtigen Inschriften wiederherzustellen. Auch verbot er, künftig irgend einem Lebenden eine Statue oder eine Büste zu setzen, ohne ihn vorher gefragt und seine Genehmigung erhalten zu haben. [...]

(37) An üppigen Aufwande übertraf er das Genie aller Verschwender. Er ersann ganz neue Arten von Bädern und die unsinnigsten Gerichte und Mahlzeiten, badete z.B. in warmen oder kalten wohlriechenden Essenzen, trank die kostbarsten in Essig aufgelösten Perlen, setzte seinen Tischgästen Brod und Speisen von Gold vor, wobei sein beständiges Wort war: „Man müsse entweder ein sparsamer Hausvater sein, oder ein Cäsar!" [...] Auch ließ er Liburnische Jachten bauen, an denen die Hintertheile mit edlen Steinen besetzt waren, die Segel in bunten Farben schillerten, und in deren weiten Räumen nicht nur warme Bäder, Portiken und Speisesäle, sondern auch die mannigfachsten Weinstöcke und Fruchtbäume sich befanden. Auf diesen Schiffen lag er vom frühen Nachmittage an bei Tafel und fuhr unter Chortänzen und Musik die Küsten Kampaniens entlang. In den Bauten von Luftschlössern und Villen war sein sehnlichstes Verlangen stets darauf gerichtet, mit Hintansetzung aller gesunden Vernunft vor allen Dingen das möglich zu machen, was als durchaus unmöglich bezeichnet wurde. [...] So hatte er unermessene Schätze und die ganzen zweitausend siebenhundert Millionen [seines Vorgängers] Tiberius Cäsars, ehe noch ein Jahr um war, durchgebracht. [...]

(43) Mit Kriegsdienst und Kriegswesen machte er nur einmal einen Versuch, und auch diesen nicht aus überlegtem Entschlusse, sondern die Sache ging so zu. Als er einmal, um den Fluß und Hain des [umbrischen Flussgottes] Clitumnus zu besuchen, nach Mevania gegangen war, und man ihn dort daran erinnerte, daß es Zeit sei, seine batavische Leibwache, die er bei sich hatte, neu zu rekrutiren, ergriff ihn das heftige Gelüst, einen Feldzug nach Germanien zu unternehmen. Sofort wurden ohne Verzug Legionen und Hülfstruppen von überallher zusamengezogen, überall die strengsten Aushebungen angestellt, ungeheure Kriegsvorräthe, dergleichen man früher nie gesehen, zusammengebracht und der Zug angetreten, bei dem er zuweilen mit so reißender Schnelligkeit vorwärts ging, daß die Kohorten der Leibgarde, was nie zuvor Brauch gewesen war, sich gezwungen sahen,

die Feldzeichen auf Saumthiere zu packen, und so nachzumarschiren; zuweilen wieder so langsam und bequem, daß er sich in einem Octophor [einer Achtersänfte für Frauen] tragen ließ, und die Bevölkerung der zunächstliegenden Städte zwang, die Heerstraßen zu fegen und den Staub mit Wasser zu besprengen.

(44) Kaum hatte er das Lager erreicht, als er, um sich als eifrigen und strengen Feldherren zu zeigen, alle Legaten, welche die Hülfsvölker aus den verschiedenen Standquartieren etwas zu spät herbeigeführt hatten, schimpflich verabschiedete. Noch strenger verfuhr er bei der Musterung des Heeres, indem er viele Centurionen, die schon nahezu ausgedient hatten, einigen sogar, denen dazu nur noch wenige Tage fehlten, ihre ersten Hauptmannstellen nahm, indem er vorgab, sie seien zu alt oder zu hinfällig. [...] Obschon sein ganzer Kriegserfolg bloß darin bestand, daß Adminius, der von seinem Vater verjagte Sohn des Britannenkönigs Cinobellinus, mit einer geringen Mannschaft als Überläufer sich in seinen Schutz begeben hatte, so sandte er dennoch, als wenn sich ihm die ganze Insel ergeben hätte, einen prahlerischen Bericht nach Rom, indem er zugleich die Überbringer desselben anwies: direkt auf's Forum bis zur Senatskurie zu fahren, und den Bericht nur im Tempel des [Kriegsgottes] Mars und in voller Versammlung des Senats und der Konsuln zu überreichen.

(45) Bald darauf, als es an Gelegenheit zum Kriege fehlte, gab er den Befehl, daß sich einige Germanen seiner Leibwache über den Rhein setzen und sich am jenseitigen Ufer verbergen sollten, worauf man ihm dann nach dem Frühmahle so geräuschvoll als möglich die Meldung machen solle: der Feind sei da. Sobald dies geschehen war, sprengte er in Begleitung seiner Freunde und eines Theils der berittenen Leibwache in den naheliegenden Wald, wo er Bäume, deren Zweige er abhauen ließ, als Trophäen aufputzte, und als er bei Einbruch der Nacht zurückkehrte, schalt er die Zurückgebliebenen aus, daß sie ihm aus Furcht und Feigheit nicht gefolgt wären, während er seine Gefährten und Theilnehmer an dem Siege mit Kronen neuer Art und Benennung beschenkte. [...]

(46) Zuguterletzt, gleichsam als wolle er den Krieg mit einem Hauptschlage beendigen, ließ er das Heer in Schlachtordnung am Ufer des Meeres aufmarschiren, die Ballisten und Kriegsmaschinen auffahren, und während Keiner wußte, oder auch nur eine Ahnung davon hatte, was er beginnen wolle, gab er plötzlich den Befehl: sie sollten Muscheln auflesen, und Helme und Kleider damit anfüllen, denn das seien, wie er sich ausdrückte, „die Spolien [Beutestücke] des Oceans, die er dem Kapitol und Palatium schulde." [...]

(47) Jetzt wandte er seine Gedanken auf die Ausstattung seines Triumphes, wozu er sich außer den Gefangenen und Überläufern auch aus ganz Gallien die hochgewachsensten und, wie er sich selbst mit einem griechischen Worte ausdrückte, „triumphwürdigsten" Leute, unter ihnen auch einige Gallische Häuptlinge, aussuchte und für das Gepränge des Festzugs aufbewahrte. Diese zwang er, nicht nur sich das Haar goldgelb zu färben und lang wachsen zu lassen, sondern auch die deutsche Sprache zu erlernen und barbarische Namen anzunehmen. [...]

(50) Caligula war von hohem Wuchs, bleicher Farbe und enormem Körperumfange, doch waren Hals und Schenkel sehr dünn, Augen und Schläfe tief eingefallen, die Stirn breit und finster. [...] Sein Angesicht, das schon von Natur erschreckend und widerwärtig war, suchte er mit Fleiß noch wilder zu machen, indem er vor dem Spiegel sich auf alle mögliche furchtbare Grimassen und Verzerrungen einstudirte. Gesund war er weder am Leibe noch an der Seele. [...]

(51) Wohl nicht ohne Grund möchte ich es auf diese seine Geisteskrankheit zurückführen, daß in demselben Menschen die beiden so völlig entgegengesetzten Fehler vorhanden waren: höchstes Selbstvertrauen und dagegen übertriebene Furchtsamkeit. [...]

(52) In Kleidung und Beschuhung und sonstiger Tracht ging er weder wie ein Römer, noch wie ein Bürger, ja nicht einmal wie ein Mann, und zuweilen mit einem Worte überhaupt nicht wie ein Mensch gekleidet einher. [...] Den Triumphalischen Ornat trug er schon *vor* seinem Feldzuge beständig, zuweilen auch den Panzer Alexanders des Großen, den er aus dessen Begräbnißstätte hatte nehmen lassen.

(53) Was Bildung und Wissenschaft anlangt, so trieb er griechische und römische Literatur und Wissenschaft nur sehr wenig, außerordentlich eifrig dagegen die Beredtsamkeit, in welcher er überaus fertig und gewandt sich erwies, zumal, wenn es galt, gegen Jemanden angreifend aufzutreten. [...] Zur Anhörung solcher Reden wurde dann auch der Ritterstand durch öffentlichen Anschlag eines Edikts eingeladen.

Suetons Kaiserbiographien waren enorm populär und wurden noch im Mittelalter als literarisches Vorbild geschätzt und imitiert. Auf diesem Weg blieb auch die Erzählung von Caligula als Muster des schlechten Herrschers über die Jahrhunderte hinweg präsent. In der modernen Forschung steht einer Kritik am sensationsfreudigen Autor die Anerkennung seiner literarischen Leistung und der gebotenen Detailfülle gegenüber. Sueton hatte mit seinen sehr direkten Erzählungen den Nerv der Zeit getroffen, und nicht zuletzt deswegen überlebte sein Werk als eine der zentralen Schriften der frühen Kaiserzeit und wurde immer wieder aufs Neue rezipiert. So konnte auch Ludwig Quidde, als er gut 1800 Jahre später sein Pamphlet verfasste, darauf bauen, dass Caligula als Persönlichkeitstyp bekannt war und so seine Analogie ihre volle Wirkung erzielte.

Der Historiker und liberale Politiker Ludwig Quidde engagierte sich im Deutschen Reich gegen Militarismus und für bürgerliche Freiheit. Schon 1892 hatte er öffentlich Kritik am Kaiser geübt, nachdem dieser eine Neuausrichtung des Geschichtsunterrichts veranlasst hatte. Wilhelm hatte 1891 gefordert, aus den Schülern „nationale junge Deutsche" zu machen und „nicht junge Griechen und Römer". Ein neuer „vaterländischer Geschichtsunterricht" sollte eine deutliche Akzentverschiebung von der Antike auf die neuere deutsche Geschichte vornehmen, was ein Jahr später auch in einer Lehrplanrevision umgesetzt wurde. Quidde griff diese kaiserlichen Vorgaben in einer Fachzeitschrift scharf an. Vielleicht war es eine bewusste Ironie seinerseits, dass er nur zwei Jahre später auf einen antiken Stoff zurückgriff, um eine Generalkritik an Wilhelm II. auszusprechen. Quiddes wichtigstes Werk *Caligula – Eine Studie über römischen Cäsarenwahnsinn*, welches vordergründig den römischen Herrscher behandelte, in Wirklichkeit aber als Satire auf Kaiser Wilhelm II. gemeint war und das meistgedruckte politische Pamphlet des Kaiserreiches wurde, erschien 1894. Ähnliche Aufmerksamkeit erfuhr die Studie im Ausland: Sie wurde nicht nur in zahlreichen Zeitungen zwischen New York und Moskau besprochen, sondern auch innerhalb kurzer Zeit in verschiedene Sprachen übersetzt. Als Kritik am deutschen Kaiser wirkte sie im Ausland gleichzeitig als Kritik am deutschen Nationalismus.

Ludwig Quidde: Caligula – Eine Studie über römischen Cäsarenwahnsinn (1894),
Berlin [31]1926, S. 4-20.

Zur Regierung gelangt, war der junge Kaiser für alle zunächst eine unbekannte, noch rätselhafte Erscheinung. Wohl hatte man gewiß in den letzten Jahren allerhand Mutmaßungen über ihn verbreitet, Günstiges und Ungünstiges; man rühmte, so dürfen wir annehmen, aus wie hartem Holze dieser Jüngling geschnitzt sein müsse, der sich unter so schwierigen Verhältnissen zu behaupten gewußt hatte, man fürchtete vielleicht seinen Eigenwillen, die Neigung zum Mißbrauch einer so großen Gewalt, die Einwirkung unreifer persönlicher Ideen, man wußte auch allerhand von einer früh hervorgetretenen Brutalität zu erzählen; vor allem aber überwog gewiß die Auffassung, daß seine jungen Jahre fremden Einflüssen leicht zugänglich sein würden; man durfte darauf rechnen, daß zunächst die Regierungsgewalt des allmächtigen Garde-Präfekten noch gesteigert werden würde; war doch der junge Kaiser, wie alle Welt behauptete, diesem ganz besonders verpflichtet!

Von vielen dieser Dinge, die man erwarten und fürchten mußte, geschah nun so ziemlich das Gegenteil. Der leitende Staatsmann scheint sehr bald in Ungnade gefallen zu sein, sein Einfluß trat ganz zurück, der Kaiser nahm selbst die Zügel der Regierung in die Hand und begann sogleich sein eigenes Regiment. [...]

Aber schon in diesen ersten Anfängen des Caligula, während der Jubel eines leicht zum Beifall begeisterten Volkes ihn umgab, werden vorsichtige Beobachter sich sorgende Gedanken gemacht haben. Es war das berauschende Gefühl der Macht, das Bewußtsein, nun plötzlich an erster Stelle zu stehen, der Wunsch, etwas Großes zu wirken, und vor allem der Trieb, in der Weltgeschichte zu glänzen, was den Caligula zeitweilig über sich selbst hinaufhob. Ihn packte in dieser so außerordentlichen Veränderung seines Lebens der Ehrgeiz, sich nun durch etwas hervorzutun, was ihm im Grunde fremd war, durch Freisinn und Pflege des Gemeinwohls. Zugleich aber zeigten sich gar bald bedenkliche Eigenschaften. Es fehlte das feste Fundament einer in inneren Kämpfen gewonnenen ausgeglichenen Lebensanschauung; die Haupttriebfeder seiner Handlungen war nicht der Wunsch, Gutes zu schaffen, sondern der Ehrgeiz, als Förderer populärer Bestrebungen bewundert zu werden und als großer Mann auf die Nachwelt zu kommen; der durchgehende Charakterzug seiner Maßregeln war eine nervöse Hast, die unaufhörlich von einer Aufgabe zur andern eilte, sprunghaft und oft widerspruchsvoll, und dazu eine höchst gefährliche Sucht, alles selbst auszuführen.

Die Kaltstellung des Macro, von der wir schon sprachen, ist wesentlich unter diesem Gesichtspunkt zu beurteilen. Zwar scheint es, daß die Beziehungen zwischen den beiden Männern nicht ganz oder doch nicht für immer abgebrochen wurden; denn Macro kam in die Lage, dem jungen Kaiser Rat zu erteilen, ihm Mäßigung und Besonnenheit anzuempfehlen. Doch bekam ihm seine Warnerrolle schlecht; er erregte nur den höchsten Zorn des Kaisers, der sich dann in blutigem Wüten gegen ihn und seine Familie wandte. Die dankvergessene Behandlung des Macro wird unter den Umständen, die die Popularität des Caligula erschüttert haben, besonders namhaft gemacht.

Die Zurückdrängung des Mannes, der zunächst zur Leitung der Staatsgeschäfte berufen gewesen wäre, erwies sich bald als ein Vorgang, der nicht etwa in einem Gegensatz der beiden Persönlichkeiten, sondern in der ganzen Art Caligulas seinen Grund hatte. Von hochgestellten Männern, die unter ihm wirklich einflußreich gewesen waren, hören wir gar nichts. Der Kaiser konnte keine selbständige Kraft neben sich ertragen – er wollte sein eigener Minister sein, und nicht nur das: auf jedem Gebiete auch selbständig eingreifen. Dazu aber fehlte es seiner im Grunde beschränkten Natur, auch ehe dieselbe zu Schlimmerem ausartete, an Kenntnissen und an Talent, an Ruhe und Selbstzucht.

Bald trat sehr viel Ärgeres hervor. Sein rücksichtsloser Eigenwille, die überraschenden Reformideen, die plötzlichen und grausamen Maßregelungen hochgestiegener Männer mögen als Äußerungen einer kräftigen Herrschernatur noch den Beifall großer Massen entfesselt haben, als Einsichtigere dahinter schon ein schreckliches Gespenst lauern sahen: den Wahnsinn. Man hat sich gewöhnt, von Cäsarenwahnsinn als einer besonderen Form geistiger Erkrankung zu sprechen, und dem Leser wird die packende Szene aus Gustav Freytags „Verlorener Handschrift" in Erinnerung sein, wo der weltfremde Professor ahnungslos dem geisteskranken Fürsten aus Tacitus das Bild seines Lebens entwickelt. Die Züge der Krankheit: Größenwahn, gesteigert bis zur Selbstvergötterung, Mißachtung jeder gesetzlichen Schranke und aller Rechte fremder Individualitäten, ziel- und sinnlose brutale Grausamkeit, sie finden sich auch bei anderen Geisteskranken; das Unterscheidende liegt nur darin, daß die Herrscherstellung den Keimen solcher Anlagen einen besonders fruchtbaren Boden bereitet und sie zu einer sonst kaum möglichen ungehinderten Entwicklung kommen läßt, die sich zugleich in einem Umfange, der sonst ganz ausgeschlossen ist, in grausige Taten umsetzen kann.

Der spezifische Cäsarenwahnsinn ist das Produkt von Zuständen, die nur gedeihen können bei der moralischen Degeneration monarchisch gesinnter Völker oder doch der höher stehenden Klassen, aus denen sich die nähere Umgebung der Herrscher zusammensetzt. Der Eindruck einer scheinbar unbegrenzten Macht läßt den Monarchen alle Schranken der Rechtsordnung vergessen; die theoretische Begründung dieser Macht als eines göttlichen Rechtes verrückt die Ideen des Armen, der wirklich daran glaubt, in unheilvoller Weise; die Formen der höfischen Etikette – und noch mehr die darüber hinausgehende unterwürfige Verehrung aller derer, die sich an den Herrscher herandrängen – bringen ihm vollends die Vorstellung bei, ein über alle Menschen durch die Natur selbst erhobenes Wesen zu sein; aus Beobachtungen, die er bei seiner Umgebung machen kann, erwächst ihm zugleich die Ansicht, daß es ein verächtlicher, gemeiner Haufen ist, der ihn umgibt. Kommt dann noch hinzu, daß nicht nur die höfische Umgebung, sondern auch die Masse des Volkes korrumpiert ist, daß der Herrscher, er mag beginnen, was er will, keinen mannhaften offenen Widerstand findet, daß die Opposition, wenn sie sich einmal hervorwagt, zum mindesten ängstlich den Schein aufrecht erhält, die Person des Herrschers und dessen Anschauungen nicht bekämpfen zu wollen, ist gar dieser korrumpierte Geist, der das Vergehen der Majestätsbeleidigung erfunden hat und in der Versagung der Ehrfurcht eine strafbare Beleidigung des Herrschers erblickt, in die Gesetzgebung und in die Rechtsprechung eingezogen: so ist es ja wirklich zu verwundern, wenn ein so absoluter Monarch bei gesunden Sinnen bleibt. So waren in dem schon so verrotteten römischen Staatsleben Vorbedingungen für die Entwicklung des Cäsarenwahnsinns reichlich gegeben. [...]

Das Bild des Cäsarenwahnsinns, das uns Caligula darbietet, ist geradezu typisch. Fast alle Erscheinungen, die wir sonst bei verschiedenen Herrschern antreffen, sind in ihm vereinigt, und wenn wir die scheinbar gesunden Anfänge mit der schauerlich raschen Steigerung zu den äußersten Exzessen zusammenhalten, so gewinnen wir auch ein Bild von der Entwicklung der Krankheit. Eine Erscheinung, die an sich noch nicht krankhaft zu sein braucht, in der sich aber, wenn man sie mit den übrigen Symptomen zusammenhält, der

Größenwahn schon früh bei Caligula ankündigt, ist die ungemessene Prunk- und Verschwendungssucht, ein Charakterzug fast aller Fürsten, die das gesunde Urteil über die Grenzen ihrer eigenen Stellung verlieren, von orientalischen Despoten bis auf gewisse Träger der Tiara, bis auf die beiden französichen Ludwige und ihre deutschen Nachahmer, eine Reihe, die in dem unglücklichen Bayernkönig vorläufig ihren letzten berühmten Vertreter gefunden hat. Nach kurzer Zeit war nicht nur der sehr bedeutende Schatz, den der sparsame alte Kaiser hinterlassen hatte, verbraucht, sondern man mußte auch zu sehr bedenklichen Mitteln greifen, um die Einnahmen zu steigern und die Schulden zu decken. Die eben abgeschafften Steuern wurden wieder eingeführt, neue, zum Teil sehr drückenden oder schimpflichen Charakters, kamen hinzu, die Justiz wurde mißbraucht, um dem Schatz Strafen und konfiszierte Vermögen zuzuführen, und schließlich ward der Grundsatz proklamiert, daß das Vermögen der Untertanen zur Verfügung des Fürsten sei.

Prunk- und Verschwendungssucht haben sich natürlich bei Caligula auf den verschiedensten Gebieten betätigt, bei Festen, Mahlzeiten und Geschenken, in Kleidung und Wohnung und allem, was sonst zum Leben gehört, besonders auch in der Einrichtung seiner Paläste und Villen und der mit unsinnigem Luxus ausgestatteten kaiserlichen Jachten, am allerhervorstechendsten aber in riesenhaften Bauten und Bauprojekten. Auch das ist ein den überspannten Herrscheridgeen eigentümlicher Zug – man denke nur an die soeben schon berührten Beispiele; man kann ihn sich übrigens leicht genug verständlich machen, wenn man die Ruhmsucht der Cäsaren und ihren Wunsch, vor der Nachwelt zu glänzen, im Auge behält. [...]

Wahnwitzige Prunk- und Verschwendungssucht tritt in diesem berühmt gewordenen Unternehmen recht kraß hervor, zugleich aber noch eine andere ganz eigentümliche Richtung, die der krankhafte Größenwahn und das Prunkbedürfnis der Fürsten zu nehmen pflegt: der Heißhunger nach militärischen Triumphen. Das Grausige und das Lächerliche grenzen gerade hier hart aneinander. Wenn einerseits die Vorliebe für prunk- und ruhmsüchtige Aktionen und für kriegerisches Schaugepränge zu den schauerlichsten Folgen, zu wahren Völkermetzeleien führt, so schlägt sie andererseits, wenn der Schein an Stelle schrecklicher Wirklichkeit tritt, gar leicht ins Komisch-Kindische um. Bei Caligula tritt diese letztere Seite der Sache besonders scharf hervor. Die Zeitverhältnisse waren nicht danach angetan, Kriege zu führen und kriegerische Triumphe zu gewinnen. Die Grenzen waren beruhigt, auf weitere Ausdehnung des Reiches hatte man verzichtet. Caligulas echtcäsarisch-krankhafte Sucht, auch auf militärischem Gebiete zu glänzen, warf sich deshalb auf spielerische Manöver und auf einen theatralischen Schein. [...]

Der junge Kaiser scheint eine ganz besondere, an sich sympathische, nur auch wieder ins Krankhafte verzerrte Vorliebe für die See gehabt zu haben. Wir erwähnten schon die besonders prunkhafte Ausstattung seiner Jachten. Wiederholt hören wir, daß er kleine und große Seereisen unternahm, und auch in der Schönheit des Sturmes scheint er das Meer aufgesucht zu haben. Für seine Umgebung muß diese Passion recht unbequem gewesen sein; denn er scheint rücksichtslos verlangt zu haben, daß alle seine Vorliebe teilten, und dem armen Silanus, der einmal bei stürmischem Wetter zurückgeblieben war, ist seine Furcht vor Seekrankheit zum Verderben geworden, da Caligula, damals schon ganz in blindem Mißtrauen blutig wütend, andere Motive dahinter vermutete. [...]

Es kommt bei diesem komödiantischen Zuge des Cäsarenwahnsinns wohl zweierlei zusammen, erstens eine krankhaft-phantastische Anlage, gleichsam die stehengebliebene

Neigung des Kindes, seine Phantasiegebilde mit der realen Welt zu verschmelzen, eine Neigung, die sich unter Verhältnissen am besten halten kann, wo an Stelle einfacher Natürlichkeit schon viel verschrobenes Komödienspiel, so viel Fiktion herrschend sind wie an einem Kaiserhofe, und dann zweitens das Bedürfnis, überall und auf jedem Gebiete zu glänzen, ein Bedürfnis, das ebenfalls durch die eigenartige Stellung des absoluten Herrschers krankhaft genährt wird. In der Reihe von Herrschertypen, bei denen von eigentlicher Geisteskrankheit nicht die Rede ist, beggenen wir deshalb ja so oft Persönlichkeiten, die sich andauernd auf gewissen Gebieten jämmerlich bloßstellen, zum Teil weil ihre Stellung der Zwang und der Trieb liegt, überall hervorzutreten, zum Teil weil die Umgebung sie in dem Glauben erhält, daß sie etwas Geniales und gewaltig Imponierendes leisten, auch wo die mildesten aufrichtigen Beurteiler bedenklich den Kopf schütteln. [...]

Ein Gebiet, auf dem Caligula mit Vorliebe zu glänzen suchte, war die Beredsamkeit; er sprach gern und viel öffentlich, und es wird uns berichtet, daß er auch ein gewisses Talent dafür besaß, daß insbesondere ihm die Kunst, zu verletzen und zu schmähen, eigen war. [...] Am berühmtesten geworden ist sein Lieblingszitat aus einem Tragiker; „Oderint, dum metuant", d.h. mögen sie hassen, wenn sie nur fürchten, wohl die zugespitzteste Äußerung seiner cäsaristischen Auffassung der Beziehungen zwischen Regenten und Volk. Die Freude an rücksichtsloser Gewalttätigkeit, die sich in dem häufigen Gebrauch dieses Wortes gleichsam als obersten Leitmotives seiner Regierungspraxis ausspricht, beherrschte seine Stellung zu allen Verhältnissen des öffentlichen Lebens. Sehen wir zunächst selbst von positiver Grausamkeit noch ab, so ist es ja typisch für diese Art von Cäsaren, daß fast ihr vornehmstes Interesse, wie bei Caligula, darin besteht, jedermann ihre Macht fühlen zu lassen, daß sie nichts mehr aufbringt als die Empfindung, Grenzen dieser Macht anzutreffen, und daß sie als wirksamstes Mittel, um jeden Widerstand ihrer Untertanen im Keime zu ersticken, die Verbreitung von Furcht und Schrecken betrachten. [...]

Sicherlich hat Caligula auf ähnliche Weise auch im eigentlichen Staatsleben mit den Stellen der Zivilverwaltung und des Heeres gewirtschaftet. Gerade an diesem Punkte empfindet man es besonders schmerzlich, daß die uns erhaltene Darstellung des Tacitus beim Regierungsantritt des Caligula abbricht. Er würde gewiß mit unnachahmlicher Kunst geschildert haben, wie dieser Charakterzug zersetzend auf die ganze Staatsverwaltung eingewirkt hat. [...] Es fällt aber nicht schwer, sich vorzustellen, wie die Mißachtung jeder Sachkenntnis und jeder auf Fachbildung beruhenden Autorität, von kaum bemerkbaren Anfängen an, sich dazu fortentwickelt hat. [...]

Über der wild durcheinandergeworfenen, verhöhnten und mit Füßen getretenen servilen Masse des Volkes und aller Stände glaubte der Kaiser selbst zu thronen, in unnahbarer göttlicher Majestät, die für ihn selbst ungeschmälert aufrecht stehen blieb, wenn er auch gelegentlich den Purzelbaum zum Zirkus hinunterschlug. Denn das ist wesentlich für diese Gattung von Cäsaren, sie glauben an ihr eigenes Recht, sie meinen eine Mission zu haben, fühlen sich in einem besonderen Verhältnis zur Gottheit stehend, halten sich für die Auserwählten derselben und beanspruchen schließlich für sich selbst göttliche Verehrung. [...]

Wenn wir darauf jetzt vom sichern Port zurückblicken, dann dürfen wir trotz allem wohl sagen, daß wir doch heute, wo die materielle Kultur und der Luxus der oberen Klassen sich wieder mit den Zuständen der römischen Kaiserzeit vergleichen lassen, politisch ein schönes Stück weiter gekommen sind – freilich liegen auch mehr als 1800 Jahre dazwischen –; denn etwas, was diesem Cäsarentum und dieser Herrschaft des Cäsarenwahnsinns ähnlich wäre, ist unter den heutigen Verhältnissen so völlig unmöglich, daß uns die ganze Schilderung wie ein kaum glaubliches Phantasiegemälde oder wie eine übertriebene Satire römischer Schriftsteller auf das zeitgenössische Cäsarentum anmuten wird, während sie nach dem heutigen Stande unserer Quellenforschung in allen wesentlichen Zügen trockene historische Wahrheit ist.

Die Karikatur „Ein sonderbarer Schwärmer" aus der Oktoberausgabe 1900 des Schweizer Satiremagazins *Nebelspalter* (siehe Abb. 4) hatte die Eröffnung der Saalburg, eines restaurierten römischen Kastells in Südhessen, durch Wilhelm II. zum Anlaß. Sie porträtiert den Kaiser als römischen Imperator, der als Weltenherrscher von Deutschland aus den Oberbefehl über gallische, slawische und englische Legionen hält. Hierin zeigt sich, dass die Bezugnahme auf die Antike sowohl unter Herrschern als auch ihren Kritikern verbreitet war.

1918 wurde Wilhelm II. aufgrund des verlorenen Krieges und der darauf folgenden Novemberrevolution zur Abdankung gezwungen und mit der Weimarer Republik hielt die Demokratie im Deutschen Reich Einzug. So konnte Ludwig Quidde 1926 den *Caligula* um seine *Erinnerungen* an seine persönlichen Konflikte mit der Monarchie ergänzen, da er nun keine staatliche Verfolgung mehr zu befürchten hatte, und gab damit Einblicke in die Entstehung und Intention des Werkes.

Ludwig Quidde: Erinnerungen – Im Kampf gegen Cäsarismus und Byzantinismus im Kaiserlichen Deutschland (1926), in: ders.: Caligula – Eine Studie über römischen Cäsarenwahnsinn, Berlin ³¹1926, S. 23 und 54.

Als ich im Jahr 1889 in Königsberg aus irgendeinem Anlaß in Hertzbergs „Geschichte des römischen Kaiserreiches" (Onckens Weltgeschichte in Einzeldarstellungen) die Seiten las, die von Gajus Caesar Caligula handeln, fielen mir sehr überraschende Parallelen zu Tagesereignissen und zu Beobachtungen an dem im Vorjahr zur Regierung gelangten jungen Kaiser Wilhelm auf. Damals wurde die Idee zum Caligula geboren. Es lag mir zunächst ganz fern, selbst das Thema zu behandeln; ich machte vielmehr einen Freund, der dichterische Neigungen hatte, auf das Thema zu einem satirischen Drama aufmerksam. Die Erinnerung aber blieb bei mir und wurde in den nächsten Jahren immer aufs neue angeregt. – Es war ja die Zeit, in der der Kaiser durch Extravaganzen fortwährend entweder den Spott oder die Entrüstung, bald dieser, bald jener Kreise, oft ganz Deutschlands, herausforderte. Mehr und mehr gewöhnte ich mich daran, seine Handlungen und Reden als Zeichen geistiger Abnormität zu betrachten. [...]

Was ich mit dem Caligula. gewollt und gemeint habe, kann ich heute ja ohne Rücksicht auf den Staatsanwalt aussprechen. [...] Was ich bezweckte, war etwas sehr Ernsthaftes: das deutsche Volk zu warnen vor den Gefahren, die in der unberechenbaren, einer konsequenten Politik unfähigen und oft an die Grenze geistiger Abnormität streifenden Persönlichkeit des Kaisers lagen, gleichzeitig den Byzantinismus, die Charakterlosigkeit und den Servilismus zu bekämpfen, mit dem nicht nur (wie wir heute nach Veröffentlichung der Memoirenwerke noch viel besser wissen als damals) die nächste Umgebung des Kaisers, sondern große Teile der Bevölkerung das Selbstbewußtsein und die tolle Überhebung des Monarchen förmlich züchteten und seine Unberechenbarkeit erst zu einer das Leben des Reiches bedrohenden Gefahr machten.

Ich habe die in die Augen fallenden Ähnlichkeiten mit den Berichten römischer Schriftsteller über Caligula benutzt, um dem Leser klarzumachen, wie bedenklich bezeichnend diese Züge im Charakter und in der Handlungsweise des Kaisers seien, Züge, über die man im Publikum sich wunderte, sich ärgerte, lachte, spottete, auch entrüstete, ohne sich aber klarzumachen, wie ernst man sie doch als Symptome einer dem Ernst des öffentlichen Lebens nicht gewachsenen Persönlichkeit an so hoher Stelle zu nehmen habe.

Als die Nationalsozialisten in Deutschland an die Macht kamen, emigrierte Ludwig Quidde in die Schweiz. 1935 wurde er unter einem Vorwand aus der Historischen Kommission entfernt; 1940, ein Jahr vor seinem Tod, entzog man ihm die deutsche Staatsbürgerschaft. Im Nachkriegsdeutschland geriet Quidde trotz seines großen internationalen Rufes bald in Vergessenheit.

Literatur

Barrett, Anthony A.: Caligula. The Corruption of Power, London/New York 2000.

Holl, Karl/Kloft, Hans/Fesser, Gerd: Caligula – Wilhelm II. und der Cäsarenwahnsinn. Antikenrezeption und wilhelminische Politik am Beispiel des „Caligula" von Ludwig Quidde, Bremen 2001.

Kohlrausch, Martin: Der Monarch im Skandal. Die Logik der Massenmedien und die Transformation der wilhelminischen Monarchie, Berlin 2005.

Kohlrausch, Martin (Hg.): Samt und Stahl. Kaiser Wilhelm II. im Urteil seiner Zeitgenossen, Berlin 2006.

Rebentisch, Jost: Die vielen Gesichter des Kaisers. Wilhelm II. in der deutschen und britischen Karikatur (1888-1918) (Quellen und Forschungen zur Brandenburgischen und Preußischen Geschichte 20), Berlin 2000.

Röhl, John: Wilhelm II., Bd. 1: Die Jugend des Kaisers 1859-1888, München ²2001; Bd. 2: Der Aufbau der Persönlichen Monarchie 1888-1900, München 2001.

Wehler, Hans-Ulrich (Hg.): Ludwig Quidde: Caligula. Schriften über Militarismus und Pazifismus, Frankfurt 1977.

Winterling, Aloys: Caligula. Eine Biographie; München ³2004.

Arbeitsfragen

Was sind die Kritikpunkte an Caligula und Wilhelm II.?

Welches Gesamtbild wird von den Persönlichkeiten der beiden Herrscher gezeichnet?

Worin bestehen Parallelen zwischen ihnen und in welchen Bereichen zieht Quidde Verbindungen?

Wodurch zeichnet sich der Cäsarenwahnsinn aus?

Worin unterscheiden sich die Darstellungsabsichten von Sueton und Quidde?

5 Der Perserkriegsmythos – Griechischer Unabhängigkeitskrieg und der Philhellenismus

Ines Weber

Als im März 1821 die griechische Freiheitsbewegung auf der Peloponnes erste Erfolge erzielte, schien die geplante Befreiung Griechenlands von der vierhundertjährigen osmanischen Herrschaft zum Greifen nah. In den 20er Jahren des 19. Jahrhunderts wurde der Wunsch der Griechen nach einer Loslösung vom Osmanischen Reich immer lauter, bis er schließlich in der *Megali Idea*, der „Großen Idee", zusammengefasst wurde: Alle Griechen auf dem Balkan sollten sich zu einem gemeinsamen souveränen Staat vereinen. Die Identität dieses neuen Staates gründete nicht zuletzt auf der Abgrenzung gegenüber dem Osmanischen Reich.

Hierbei wurde ein antikes Ereignis als historisches Exempel bemüht, das in den Augen etlicher Zeitgenossen große Parallelen zum griechischen Unabhängigkeitskampf aufwies: Im 5. Jahrhundert vor Christus kam es zwischen Griechen und Persern zu den berühmten Perserkriegen, die uns detailliert von dem Geschichtsschreiber Herodot (ca. 485-424 v.Chr.) überliefert sind. Innere Unruhen brachten die griechischen Handelsstädte Ioniens zum Aufstand gegen die persische Oberhoheit. Die überlegenen Perser schlugen den sich schnell ausbreitenden Aufstand nieder. Die unterstützende Einmischung einiger griechischer Poleis des Festlandes, allen voran Athen, führte zu einer Strafexpedition des persischen Großkönigs Dareios I. Durch einen Zusammenschluss der griechischen Poleis und strategisch gelungene Kampfhandlungen erlangten die Griechen gegenüber dem weitaus größeren Heer der Perser den Sieg. Auch die Feldzüge unter Xerxes I., Herrscher über Persien nach dem Tod seines Vaters Dareios 486 v.Chr., konnten von den Griechen zurückgeschlagen werden. Herodot leistete der Mythenbildung – das „kleine" Griechenland widersetzt sich dem großen Perserreich – weiter Vorschub. In vergleichbarer Weise wurden die antiken Perserkriege als Analogie zu den Unabhängigkeitsbewegungen in den 1820er Jahren eingesetzt und die Abwehrkämpfer von einst zum Vorbild der griechischen Revolution erklärt.

Über Herodot wissen wir, dass er aus Halikarnassos (heute das türkische Bodrum), einer Stadt an der kleinasiatischen Südwestküste, stammte. Zur Zeit der Perserkriege kämpfte Halikarnassos auf persischer Seite. Um 457 v.Chr. soll Herodot aufgrund einer Verschwörung gegen die persische Herrschaft ins Exil nach Samos geschickt worden sein. Nach seiner Rückkehr etwa sieben Jahre später, startete er eine ausgedehnte Reise, deren einzelne Stationen nicht bekannt sind. Diese ermöglichte es ihm, allerhand Wissen über die griechische Welt und den Nahen Osten zu sammeln. Es muss jedoch festgehalten werden, dass die von Herodot verwendeten Informationen oft von zweifelhafter Natur sind, auch wenn er sich in gewisser Weise bemüht hat, seine Erzählungen zu überprüfen. Trotz seiner erklärten Absicht, auch die ruhmvollen Taten der Perser zu würdigen und zu erwähnen, darf nicht vergessen werden, dass Herodot vornehmlich aus griechischer Warte argumentierte. Besonders nah stand er Athen, wo er zum Kreis des Perikles gehörte und mit öffentlichen Lesungen finanziell sehr erfolgreich war.

Im folgenden Abschnitt berichtet Herodot von einem Gespräch zwischen Xerxes und Demaratos, einem seiner Befehlshaber. Demaratos, selbst in Griechenland geboren, wagt es, Xerxes vom Kampfesmut der Griechen zu berichten. Dem Leser muss klar sein, dass es sich bei diesem Gespräch um eine literarische Fiktion handelt. Der Grieche Herodot dürfte keine wirklichen Einblicke in die strategischen Gespräche des persischen Großkönigs mit seinen Beratern gehabt haben. Herodot will allem Anschein nach durch die Gegenüberstellung mit einem Griechen den Charakter des Großkönigs veranschaulichen.

Herodot: Historien 7

(101.1) Als er, nachdem er auch diese abgefahren, das Schiff verlassen hatte, ließ er Demaratos, den Sohn des Ariston, der ebenfalls an dem Zuge teilnahm, zu sich rufen und stellte folgende Frage an ihn: „Demaratos! Jetzt will ich eine Frage an dich richten. Du bist Hellene und stammst, wie ich von dir und anderen Hellenen weiß, die ich gesprochen habe, aus einer Stadt, die nicht zu den geringsten und schwächsten gehört. (2) Sage mir jetzt, ob die Hellenen wagen werden, sich mir entgegenzustellen. Denn ich meine: selbst wenn ganz Hellas und alle anderen Völker des Westens sich versammelten, wären sie doch nicht imstande, meinen Angriff auszuhalten, da sie ja nicht einig sind. (3) Aber ich will jetzt von dir erfahren, was du darüber denkst." So fragte Xerxes. Demaratos erwiderte: „König, soll ich dir die Wahrheit sagen oder schmeicheln?" Xerxes befahl ihm, die Wahrheit zu sagen. Er werde ihm darum nicht weniger geneigt sein als vordem.

(102.1) Als Demaratos das hörte, sprach er: „König! Da du mir also befiehlst, streng bei der Wahrheit zu bleiben und nichts zu sagen, was nicht jeder ohne zu lügen wiederholen kann, wisse, daß in Hellas von jeher Armut wohnt, dann aber Tatkraft eingeführt worden ist, herbeigeholt von der Weisheit und strengen Gesetzen. Und mit Hilfe der Tatkraft erwehrt sich Hellas der Armut und der Tyrannei. (2) Alle Hellenenstämme lobe ich, die dort mit den Doriern im Lande wohnen, aber nicht von allen gilt, was ich dir sagen will, sondern nur von den Lakedaimoniern. Erstens werden die Lakedaimonier nie dein Anerbieten annehmen, das Hellas in Sklaverei bringen will; zweitens werden sie dir im Kampf entgegentreten, auch wenn alle anderen Hellenen zu dir übergehen. (3) Was ihre Zahl betrifft, so frage nicht, ob sie auch stark genug dazu sind. Sie werden kämpfen, gleichviel, ob tausend Mann ausziehen oder weniger oder mehr."

(103.1) Da lachte Xerxes und sagte: „Demaratos, was sagst du! Tausend Mann sollten es mit einem solchen Heer aufnehmen? Du nanntest dich König dieser Leute, so sprich: Möchtest du jetzt gleich einmal gegen zehn Männer kämpfen? Wenn euer ganzes Volk wirklich so ist, wie du es beschreibst, so müßtest du als König nach euren Gesetzen sogar doppelt soviel Gegner auf dich nehmen. (2) Wenn jeder Spartiate zehn Männern meines Heeres gewachsen ist, so kann ich fordern, daß du es mit zwanzig aufnimmst. Dann will ich auch glauben, daß du die Wahrheit sprichst. Wenn aber Leute von der Art und Größe wie du und die anderen Hellenen, die mich besuchen, sich dessen rühmen, so sind doch solche Reden offenbar nur Prahlerei. (3) Erwäge doch nur, was möglich und wahrscheinlich ist! Wie sollen tausend oder zehntausend oder fünfzigtausend Menschen, die darüber hinaus alle gleichermaßen frei sind und nicht dem Befehl eines Einzigen gehorchen, diesem gewaltigen Heere standhalten können! Es kommen ja, wenn sie fünftausend Mann stark sind, mehr als tausend auf einen Einzigen. (4) Ja, wenn sie wie bei uns in Persien einen einzigen Herrn hätten, würden sie vielleicht aus Furcht vor ihm sich tapferer zeigen, als sie sind, und unter Geißelhieben auch einen überlegenen Feind angreifen. Aber wenn alles in ihrem Belieben steht, tun sie ganz gewiß nichts dergleichen. Nein, auch wenn die Hellenen ebenso stark wären wie die Truppen der Perser, würden sie schon einen schweren Stand gegen sie haben. (5) Was du von den Hellenen sagst, das gibt es bloß bei uns Persern, freilich nur selten. Mancher meiner Lanzenträger nimmt es leicht mit drei Hellenen zugleich auf. Du kennst sie nur nicht, darum schwatzest du solchen Unsinn!"

(104.1) Darauf sagte Demaratos: „König! Ich wußte es von Anfang an, daß meine Worte dir nicht gefallen würden, wenn ich die Wahrheit sagte. Aber da du mich zwangst, ganz aufrichtig zu sein, sagte ich, wie es sich mit den Spartiaten verhält. (2) Du weißt doch selbst am besten, wie zärtlich ich jene liebe, die mir meine Ehre und meine Würde, meine väterlichen Rechte genommen und aus mir einen heimatlosen Flüchtling gemacht haben. Aber dein Vater hat mich bei sich aufgenommen und mir Lebensunterhalt und Wohnung gegeben. Kein Verständiger wird soviel Freundlichkeit zurückweisen, sondern wird sich dankbar dafür erweisen. (3) – Ich möchte nicht mit zehn Männern kämpfen, auch nicht mit zweien, ja wenn es nicht nötig ist, kämpfe ich nicht einmal mit einem. Muß es aber sein, oder lockt mich ein hoher Siegespreis, so würde ich am liebsten mit einem von jenen Kriegern kämpfen, die es, wie du sagst, mit drei Hellenen zugleich aufnehmen. (4) Und so steht es mit den Lakedaimoniern: im Einzelkampf halten sie sich so wacker wie jedes andere Volk, aber im Massenkampf sind sie allen Völkern überlegen. Wenn sie auch frei sind, sind sie doch nicht ganz frei. Ihr Herr ist das Gesetz, das fürchten sie weit mehr als dein Volk dich. (5) Sie gehorchen seinem Befehl, und sein Befehl ist immer derselbe: keiner Heeresmacht je zu weichen, sondern fest in der Schlachtreihe zu stehen und zu siegen oder zu sterben. Scheinen dir diese Worte törichtes Geschwätz, so will ich nichts weiter sagen, denn nur auf deinen Befehl habe ich gesprochen. Möge dir alles nach Wunsche gehen, König!"

(105) Das war des Demaratos Antwort. Aber Xerxes lachte und grollte ihm gar nicht, sondern entließ ihn in Gnaden. Nach dieser Unterredung setzte er Maskames, den Sohn des Megadostes, über Doriskos zum Statthalter ein – den von Dareios eingesetzten setzte er ab – und zog mit dem Heere durch Thrakien weiter gen Hellas.

Eine vergleichbare Fehleinschätzung stellt Herodot bereits für die berühmte Schlacht von Marathon (490 v.Chr.) heraus, bei der die Griechen als Sieger vom Feld gehen konnten. Als Vergeltung für den Ionischen Aufstand war Dareios I. ins griechische Festland eingefallen. Die eroberten Gebiete, wie etwa Thrakien und Makedonien, sollten dem persischen Großreich einverleibt werden. Unter dem Befehl des medischen Feldherrn Datis segelte die persische Flotte nach einigen Siegen nach Marathon, um dort den Kampf mit den Athenern aufzunehmen.

Herodot: Historien 6

(112.1) Als die Aufstellung vollendet war und das Opfer günstig ausfiel, stürmten die Athener auf das Zeichen zur Schlacht hin gegen die Barbaren vor. Die Entfernung zwischen den Heeren betrug nicht weniger als acht Stadien [rund 1,5 km]. (2) Die Perser sahen die Athener im Laufschritt nahen und rüsteten sich, sie zu empfangen. Sie hielten es für ein ganz tolles selbstmörderisches Beginnen, als sie die kleine Schar heranstürmen sahen, die weder durch Reiterei noch durch Bogenschützen gedeckt wurde. (3) Aber während die Barbaren solche Gedanken hegten, kamen schon die Haufen der Athener heran; der Kampf begann, und sie hielten sich wacker. Die Athener waren die ersten unter allen hellenischen Stämmen, soweit wir wissen, die den Feind im Laufschritt angriffen, sie waren auch die ersten, die dem Anblick medischer Kleidung und medisch gekleideter Krieger standhielten. Bis dahin fürchteten sich die Hellenen, wenn sie nur den Namen der Meder hörten.

(113.1) Der Kampf bei Marathon währte lange. In der Mitte des Heeres siegten die Barbaren; dort stand der persische Stamm selber und der Stamm der Saken. Dort blieben also die Barbaren Sieger, durchbrachen die Reihen der Feinde und verfolgten sie landeinwärts. Auf beiden Flügeln siegten jedoch die Athener und Plataier. (2) Sie ließen ihre geschlagenen Gegner fliehen und wandten sich gemeinsam gegen die, welche die Mitte durchbrochen hatten. Auch hier siegten die Athener. Dann folgten sie den flüchtigen Persern und trieben sie unter Gemetzel an den Meeresstrand. Dort riefen sie nach Feuerbränden und griffen die Schiffe an. [...]

(117) In dieser Schlacht bei Marathon fielen rund sechstausendvierhundert Barbaren und einhundertzweiundneunzig Athener. Das waren die Verluste auf beiden Seiten.

Bemerkenswert war laut Herodot auch das Kampfverhalten der Perser bei der Schlacht von Plataiai 479 v.Chr. Nach dem Sieg der Griechen in der Seeschlacht von Salamis ein Jahr zuvor, hatte sich Xerxes in sein Reich zurückgezogen. Sein Feldherr Mardonios war mit dem Landheer zurückgeblieben und wählte nun die Ebene um Plataiai zum Ort der letzten großen Auseinandersetzung mit den griechischen Verbänden:

Herodot: Historien 9

(58.1) Als Mardonios erfuhr, daß die Hellenen während der Nacht abgezogen seien, und das Feld leer sah, rief er Thorax von Larisa und seine Brüder Eurypylos und Thrasydeios zu sich und sagte: (2) „Söhne des Aleuas, was sagt ihr zu dem leeren Felde dort? Ihr seid doch Nachbarn der Lakedaimonier und behauptetet, sie flöhen nie, sondern seien die größten Helden. Und jetzt habt ihr sie erst die Stellung wechseln sehen, und nun sehen wir alle, daß sie in der letzten Nacht gar davongelaufen sind. Da zeigt sich, daß sie unter den Hellenen nur darum etwas bedeuten, weil die anderen Hellenen ebenso feige sind wie sie selber, während es jetzt galt, sich mit dem wahrhaft tapfersten Volk im Kampfe zu messen. (3) Euch verzeihe ich gern euren Irrtum, denn ihr kennt die Perser noch nicht und lobt die, die ihr kennt. Um so mehr wundere ich mich, wie Artabazos die Lakedaimonier fürchten und in seiner Furcht den feigen Rat geben kann, daß wir das Lager abbrechen und uns in der Stadt Theben belagern lassen sollten. Das soll dem König nicht verschwiegen bleiben. Davon wird später einmal zu reden sein! (4) Jetzt aber sollen die Lakedaimonier nicht ihren Willen haben; wir müssen sie verfolgen, bis wir sie erreicht und für alles, was sie den Persern antaten, gezüchtigt haben!"

(59.1) Nach diesen Worten überschritt er eiligst den Asopos und zog mit den Persern den, wie er meinte, entfliehenden Hellenen nach. Er wandte sich nur gegen die Lakedaimonier und Tegeaten; die ins Tal gestiegenen Athener konnte er vor den Hügeln nicht sehen. (2) Als die Führer der übrigen Heeresabteilungen der Barbaren sahen, daß die Perser sich an die Verfolgung der Hellenen machten, gaben auch sie sofort das Aufbruchszeichen und liefen den Hellenen nach, so schnell jeder nur konnte, ohne die Ordnung zu bewahren und sich im Gliede zu halten. Also ging es mit Geschrei und Getümmel davon, um die Hellenen zu fangen.

(60.1) Pausanias aber hatte, als der Angriff der Reiterei erfolgte, einen reitenden Boten an die Athener geschickt und ihnen sagen lassen: „Athener! Jetzt wo die Entscheidung bevorsteht, ob Hellas frei oder geknechtet sein soll, sind wir beide, wir Lakedaimonier und ihr Athener, von den Bundesgenossen, die in der Nacht entflohen sind, im Stiche gelassen worden. (2) Was wir tun müssen, ist klar: einander beistehen und uns wehren, wie wir nur können. Hätte sich die Reiterei auf euch geworfen, so wäre es an uns und den Tegeaten, die allein mit uns Hellas treugeblieben sind, euch zu Hilfe zu kommen. Da sie sich aber insgesamt gegen uns gewandt hat, ist es billig, daß ihr der am schwersten bedrängten Heeresabteilung Hilfe bringt. (3) Und ist es euch unmöglich, selber zu kommen, so sind wir euch dankbar, wenn ihr wenigstens die Bogenschützen schickt. Keiner hat, wie ihr wißt, in diesem Kriege so viel Eifer gezeigt wie ihr; so werdet ihr auch diese Bitte erfüllen."

(61.1) Als das die Athener hörten, machten sie sich auf den Weg, um nach Kräften zu helfen. Aber schon unterwegs wurden sie von den gegenüberstehenden Hellenen im Lager des Königs angegriffen, so daß sie nicht zu den Lakedaimoniern gelangen konnten. Die Gegner machten ihnen genug zu schaffen. (2) So mußten die Lakedaimonier und Tegeaten sich allein – jene waren mit den Leichtbewaffneten fünfzigtausend Mann stark, diese, die sich durchaus nicht von den Lakedaimoniern trennen wollten, dreitausend Mann – zum Kampfe mit Mardonios und seinem Heere rüsten. (3) Sie opferten, erhielten aber kein günstiges Opfer, und es fielen währenddessen viele Leute, und noch mehr wurden verwundet. Die Perser schufen sich nämlich aus ihren Schilden eine Brustwehr und warfen solche Mengen von Geschossen, daß die Spartiaten ins Gedränge kamen und Pausanias, da das Opfer nicht günstig war, nach dem Heraion bei Plataiai hinüberblickte und zu der Göttin betete, sie möchte doch Spartas Hoffnungen nicht zuschanden werden lassen.

(62.1) Während er so betete, waren die Tegeaten schon gegen die Barbaren vorgerückt, und gleich nach dem Gebet des Pausanias fiel auch das Opfer der Lakedaimonier günstig aus. Da schritten auch sie den Persern entgegen, die zu schießen aufhörten und sich zur Wehr setzten. (2) Der Kampf entbrannte zuerst um die Brustwehren. Als diese gefallen waren, kam es zu einem heftigen und langen Kampfe an dem Demeterheiligtum, bis das eigentliche Handgemenge begann; denn die Barbaren faßten die Speere und zerbrachen sie. (3) An Entschlossenheit und Körperkraft standen die Perser nicht zurück; nur fehlte es ihnen an einer Rüstung und an Geschicklichkeit. Sie konnten sich an Klugheit nicht mit ihren Gegnern messen. Einzeln oder in Haufen bis zu zehn Mann und darüber stürzten sie sich auf die Spartiaten und wurden niedergehauen.

(63.1) Wo Mardonios selber stand, der von einem Schimmel herab, umgeben von den tausend tapfersten Persern, kämpfte, setzten sie den Lakedaimoniern am härtesten zu. Und solange Mardonios am Leben war, hielten die Perser stand und erlegten in tapferer Gegenwehr viele Lakedaimonier. (2) Als aber Mardonios getötet war, als auch die Kerntruppe, die ihn umgab, fiel, da machten die übrigen kehrt und räumten das Feld. Sie waren eben dadurch vor allem im Nachteil, daß sie nicht mit einer Rüstung bekleidet waren. Ohne Rüstung mußten sie gegen Hopliten kämpfen. [...]

(65.1) Als die Perser bei Plataiai von den Lakedaimoniern in die Flucht geschlagen waren, flohen sie ohne Ordnung in ihr Lager und weiter in die Schanzen, die sie im Gebiet Thebens errichtet hatten, zurück. (2) Mich wundert, daß in der Schlacht, die doch in der Nähe des Demeterhaines stattfand, kein einziger Perser den Tempelbezirk betreten oder in ihm sein Leben ausgehaucht hat, während ringsumher, auf ungeweihtem Boden, so viele gefallen sind. Ich meine – wenn man sich über göttliche Dinge Meinungen bilden darf –, die Göttin hat sie selber ferngehalten, weil die Perser ihren Tempel in Eleusis verbrannt hatten. Das war die Schlacht bei Plataiai!

Nach der Niederlage von Plataiai zog das persische Heer endgültig ab und setzte nie mehr einen Fuß auf griechischen Boden. Die Auseinandersetzungen kamen aber noch nicht zum Ende. Der Zusammenschluss der Griechen, der sogenannte Hellenenbund, hatte zur Aufgabe, die Ionier vor Vergeltungsversuchen der Perser zu schützen. In der Folgezeit gelang es den Athenern, sich unter dem Deckmantel der außenpolitischen Sicherung in eine bestimmende Rolle für weite Teile Griechenlands zu bringen. Der Konflikt, der weiterhin zwischen den beiden mächtigen Poleis Athen und Sparta bestand, eskalierte schließlich im Peloponnesischen Krieg (431 v.Chr. bis 404 v.Chr.).

Die Perser konnten ihren Status als Großreich auch nach den Auseinandersetzungen mit den Griechen weiterhin für sich beanspruchen. Erst die Makedonenkönige Philipp II. und Alexander der Große sollten daran etwas ändern. Der Mythos der Perserkriege aber war geboren und selbst die Griechen der Antike rühmten sich der Taten ihrer Vorfahren bei den berühmten Schlachten. Besonders um die Tapferkeit des Spartanerkönigs Leonidas (vgl. Kapitel II.6), der sich und seine 300 Spartiaten im aussichtslosen Kampf für sein Volk opferte, rankten sich schon in antiker Zeit die Legenden.

Die Rückbesinnung auf die Antike war der Grundtenor der Befreiungsmythen im Verlauf der griechischen Unabhängigkeitsbestrebungen des 19. Jahrhunderts. Es galt, an die griechische Tapferkeit zu appellieren. Der griechische Gelehrte und Schriftsteller, Adamantios Korais (1748-1833) rief die Söhne Griechenlands 1821 auf, sich an ihr Erbe zu erinnern und für Griechenland in den Kampf zu ziehen:

Adamantios Korai: Vom alten und neuen Hellas. Worte an die griechische Nation, gesprochen von Adamantios Korai. Zugleich als Einleitungsschrift zur Politik des Aristoteles, Leipzig 1823, S. 106/107.

O ihr Jünglinge der Nation, die ihr mit der Jahreszeit des Frühlings seid verglichen worden, weil die Blüthe eures Alters in Wahrheit dem blumigen Frühling ähnlich ist. Aber die Blüthen versprechen auch Früchte, und diese fordert, diese erwartet von euch euer Vaterland, das von dem wilden Thyrannen verwüstet worden. [...] Ehre und Ruhm allen den Jünglingen, die bis jetzt für die Freiheit des Vaterlandes herbeieilten und sich nicht fürchteten, ihre Adern vom Blute zu leeren, um alle die Blutströme der Unschuldigen zu rächen, die der boßhafte, weibische Thyrann von Griechenland vergossen hat und noch täglich vergießt! Ehre und Ruhm müsse auch euch zu Theil werden, o ihr Jünglinge, die ihr jetzt die heroischen Großthaten der Edlen nachahmt, die eben so sind, wie ihr, und sie auch noch künftig nachahmen werdet, indem ihr Thaten vollbringt, die deshalb noch ruhmvoller sind, als die Großthaten von Marathon und Salamis, weil jene zwar aus dem freien Griechenland Despoten vertrieben, die von außen her kamen, um es zu unterjochen, ihr aber fechtet, um Barbaren zu vertreiben, die schon seit vielen Jahren fest darin eingewurzelt sind und Griechenlands Eingeweide zerfressen. [...] zum Ziel der neuen Kämpfe müßt ihr die Erhaltung der Freiheit machen.

Die griechische Unabhängigkeitsbewegung fand in zahlreichen Ländern Europas Beifall. Sie wurde zum Symbol der nationalen Selbstbestimmung und verkörperte damit für viele liberale Europäer auch republikanische Ziele, wie sie sie selbst in ihren eigenen Nationen anstrebten. Die Regierungen vieler europäischer Nationen waren darauf bedacht, revolutionäre Unruhen, wie sie in Frankreich ausgebrochen waren, auf alle Fälle zu verhindern. In Preußen etwa wurde daher eine starke Repressionspolitik ausgeübt. Trotzdem konnte der Wunsch nach einer egalitären nationalstaatlichen Verfassung nicht unterdrückt werden. Zahlreiche Gelehrte, Professoren und Studenten begrüßten das griechische Aufbegehren gegen das Osmanische Reich und sahen in ihrer Unterstützung der Griechen eine Möglichkeit, aktiv für eine Freiheitsbewegung einzutreten, auch wenn dies im eigenen Land nicht möglich war. Die sogenannten Philhellenen verfassten unzählige Schriften, Gedichte, Reiseberichte und Erzählungen, um Griechenland zu preisen und zu seiner Unterstützung aufzufordern. Dabei wurden immer wieder Bezüge zu den antiken Vorbildern hergestellt.

Als erster prominenter deutscher Fürsprecher zum griechischen Unabhängigkeitskrieg meldete sich der Leipziger Philosophieprofessor Wilhelm Traugott Krug (1770-1842) zu Ostern des Jahres 1821 zu Wort.

Wilhelm Traugott Trug: Griechenlands Wiedergeburt. Ein Programm zum Auferstehungsfeste, Leipzig ²1821, S. 22-26.

Und die Griechen sollen Rebellen sein, weil sie einer, sowohl in ihrem Ursprung als in ihrem Gebrauche rechtswidrigen, Herrschaft sich entziehen, weil sie ihr ursprüngliches Eigenthum von einem anmaßlichen Mitbesitzer zurückfordern, weil sie jene Freiheit und Selbständigkeit [...] wieder erringen wollte? Gewiß nicht! Jeder Rechtlichgesinnte, [...] wenn er [auch] nichts wußte von der vormaligen Herrlichkeit und Größe des hellenistischen Volkes, nichts von dessen unsterblichen Verdiensten und Wissenschaft und Kunst, wenn er nie eines von dessen noch übrigen Werken geschaut und genossen, nie daran seinen Geist erlabt und gebildet hätte, müßte dennoch sich des neuen Aufschwunges dieses alten und hochberühmten Volkes freuen, [...] müßte denjenigen selbst für einen Barbaren erklären, der die pestilenzialen und brutalen Barbaren der Türken, den Griechen entgegen, in Schutz nehmen wollte. [...]

Glück auf also, ihr wackeren Hellenen! Glück auf! Gedenket der großen Tage von Marathon, Thermophylä und Plataä! So rufen euch nicht nur eure Altvordern in Elysium zu; auch das ganze christliche Europa wünscht euch Glück zu eurem großen Unternehmen und freut sich der über euer Land aufgehenden Morgenröthe.

Die Stimmen, die für die griechische Sache laut wurden, versäumten es nicht, die vielen Gegensätze aufzuzeigen, für die der Kampf zwischen Griechenland und dem Osmanischen Reich stehe. Wie in der Antike stellte der Kampf des 19. Jahrhunderts in ihren Augen einen

Kampf zwischen Zivilisation und Barbarei da, zwischen Freiheit und Despotismus. Schließlich sah sich auch das Christentum von den ungläubigen Barbaren bedroht.

Dieses Motiv wurde ebenfalls von den Philhellenen als Argument der Unterstützung angeführt, so etwa von Friedrich Gottlieb Nagel (1782-1847) in seinem Beitrag zu den Geschehnissen in Griechenland. Der Prediger und Doktor der Philosophie hatte als Freiwilliger im preußischen Heer 1815 gedient und sprach sich für eine Unterstützung der deutschen Fürsten für die griechische Freiheitsbewegung aus, obgleich er durch seine Ansichten eher dem konservativen Spektrum zuzuordnen war.

Friedrich G. Nagel: Werden die türkischen Schlachtbänke noch lange von Griechischem Blute rauchen? Oder soll der Erbfeind des Kreuzes die Christenheit noch länger höhnen? Ein Wort zu seiner Zeit, Braunschweig 1821, S. 8-18.

Ein Schwarm asiatischer Horden, seit Jahrhunderten an wilden Streitereien und Plünderungen gewöhnt, wie sie die Geschichte morgenländischer Eroberer, eines Attila und Tamerlan, kennen lehrt, durch den Wahn fanatischer Schwärmerei empört wider die Christenheit, und durch die Kreuzzüge zu räuberischen Unternehmungen wider die Begehrer des Kreuzes angelockt, setzt 1338 nach Europa über. Es wankt der Thron des morgenländischen Kaiserreichs und Griechenland seit der Trennung vom abendländischen Römerreiche von den Hunnen, Mongolen und Tartaren durch endlose Erpressungen erschöpft, zittert in seiner Ohnmacht. [...]

Erst nach und nach hat sich jener asiatische Volksstamm auch in Europa immer weiter ausgebreitet, nach und nach erst in den westlichen und südlichen Ländern Griechenlands seinen gefürchteten Halbmond angepflanzt, noch in viel späteren Zeiten hat er mit den europäischen Mächten um die nahegelegenen schönen Grenzprovinzen gerungen, und Landestheile des vormaligen Hellas, welche ihre Selbstständigkeit verloren hatten, und ein Spiel mächtiger Nachbarstaaten geworden waren, an sich gebracht. [...] Und so hat denn das griechische Volk nun beinahe seit fünf Jahrhunderten unter türkischer Geissel geblutet [...]. So wie die Türken noch dieselben rohen, asiatischen Barbaren sind, die vor fünfhundert Jahren zuerst die europäischen Küsten betraten, und europäische Sitten und Bildung meiden: so betrauern die Griechen noch heuten ihren Verlust der Freiheit [...]. So stehen die Jünglinge mit nassem Auge und blutendem Herzen noch heute an den Gräbern ihrer großen Voreltern, an den Trümmen [sic!] ihrer herrlichen Vorzeit, auf den Feldern von Marathon, an den Küsten von Salamis und Mykale, an den Pässen von Thermophylä; so sind die Nachkömmlinge der Hellenen Europäer geblieben bis auf den heutigen Tag, uns verwandt an Sitte, Gebrauch und Religion.

Einer der bekanntesten deutschen Philhellenen war der Dichter Wilhelm Müller, der von Beginn der Kampfhandlungen bis zu seinem Tod 1827 mehrere Gedichtsammlungen unter dem Titel *Lieder der Griechen* verfasste. Gepriesen wurde von ihm die Tapferkeit der antiken Griechen, die sie bei den großen Schlachten von Marathon und Salamis unter Beweis gestellt hätten und die nun, im Angesicht des türkischen Feindes, bei den Nachkommen der Griechen erneut zum Ausdruck kommen sollte. Müller wurde vor allem durch seine gesellschaftskritischen Gedichte bekannt. Sein Einsatz für die Unabhängigkeitsbewegung der Griechen brachte ihm den Beinamen „Griechen-Müller" ein.

Wilhelm Müller: Lied vor der Schlacht, aus: Gedichte. Herausgegeben und mit einer Biographie Müller's begleitet von Gustav Schwab, zweites Bändchen, Leipzig 1837, S. 252-255.

Wer für die Freiheit kämpft und fällt, des Ruhm wird blühend stehn,
So lange frei die Winde noch durch freie Lüfte wehn,
So lange frei der Bäume Laub noch rauscht im grünen Wald,
So lang' des Stromes Woge noch frei nach dem Meere wallt,
So lang' des Adlers Fittig frei noch durch die Wolken fleugt,
So lang' ein freier Odem noch aus freiem Herzen steigt.

Wer für die Freiheit kämpft und fällt, des Ruhm wird blühend stehn,
So lange freie Geister noch durch Erd' und Himmel gehen.
Durch Erd' und Himmel schwebt er noch, der Helden Schattenreihn,
Und rauscht um uns in stiller Nacht, in hellem Sonnenschein,
Im Sturm, der stolze Tannen bricht, und in dem Lüftchen auch,
Das durch das Gras auf Gräbern spielt mit seinem leisen Hauch.

In ferner Enkel Hause noch um alle Wiegen kreist
Auf Hellas heldenreicher Flur der freien Ahnen Geist;
Der haucht in Wunderträumen schon den zarten Säugling an,
Und weiht in seinem ersten Schlaf das Kind zu einem Mann.
Den Jüngling lockt sein Ruf hinaus mit nie gefühlter Luft
Zur Stätte, wo ein Freier fiel; da greift er in die Brust
Dem Zitternden, und Schauer ziehn ihm durch das tiefe Herz,
Er weiß nicht, ob es Wonne sei, ob es der erste Schmerz.
Herab, du heilge Geisterschar, schwell' unsre Fahnen auf,
Beflügle unsrer Herzen Schlag und unsrer Füße Lauf!

Wir ziehen nach der Freiheit aus, die Waffen in der Hand,
Wir ziehen aus auf Kampf und Tod für Gott, für's Vaterland.
Ihr seid mit uns, ihr rauscht um uns, eu'r Geisterodem zieht
Mit zauberischen Tönen hin durch unser Jubellied.
Ihr seid mit uns, ihr schwebt daher, ihr aus Thermopylä,
Ihr aus dem grünen Marathon, ihr von der blauen See
Am Wolkenfelsen Mykale, am Salaminerstrand,
Ihr all' aus Wald, Feld, Berg und Thal im weiten Griechenland!

Wer für die Freiheit kämpft und fällt, des Ruhm wird blühend stehn,
So lange frei die Winde noch durch freie Lüfte wehn,
So lange frei der Bäume Laub noch rauscht im grünen Wald,
So lang' des Stromes Woge noch frei nach dem Meere wallt,
So lang' des Adlers Fittig frei noch durch die Wolken fleugt,
So lang' ein freier Odem noch aus freiem Herzen steigt.

Nicht nur die Deutschen zeigten sich für Griechenland begeistert. Besonders der britische Poet und Schriftsteller Lord George Gordon Byron (1788-1824) setzte sich stark für die Griechen ein und übernahm 1823 sogar das Kommando über eine griechische Truppe. Ähnlich wie Goethe, mit dem er in Briefkontakt stand, schrieb er Gedichte über die griechische Sagen- und Götterwelt, in denen er die griechische Antike pries. Über Nacht berühmt wurde Lord Byron mit seinem Versepos *Childe Herold's Pilgrimage*, das er in den Jahren 1812-1818 verfasste. Die Erzählung, die viele autobiografische Züge enthält, berichtet von einem jungen Mann, der sich auf Reisen begibt, um in fremden Ländern Zerstreuung zu finden. Sein Weg führt ihn schließlich auch nach Griechenland. Im zweiten Canto lässt Byron den Geist der Perserkriege aufleben:

George Gordon Byron: Childe Harold's Pilgrimage – Canto the second, aus: Childe Harold's Pilgrimage. A Romaunt, New York 1869, S.116ff.

(88) Where'er we tread 'tis haunted, holy ground;
No earth of thine is lost in vulgar mould,
But one vast realm of Wonder spreads around,
And all the Muse's tales seem truly told,
Till the sense aches with gazing to behold
The scenes our earliest dreams have dwelt upon;
Each hill and dale, each deepening glen and wold
Defies the power which crushed thy temples gone:
Age shakes Athenæ's tower, but spares gray Marathon.

(89) The Sun, the soil – but not the slave, the same; –
Unchanged in all except its foreign Lord,
Preserves alike its bounds and boundless fame
The Battle-field, where Persia's victim horde
First bowed beneath the brunt of Hellas' sword,
As on the morn to distant Glory dear,
When Marathon became a magic word;
Which uttered, to the hearer's eye appear
The camp, the host, the fight, the Conqueror's career,

(90) The flying Mede, his shaftless broken bow –
The fiery Greek, his red pursuing spear;
Mountains above – Earth's, Ocean's plain below –
Death in the front, Destruction in the rear!
Such was the scene – what now remaineth here?
What sacred Trophy marks the hallowed ground,
Recording Freedom's smile and Asia's tear?
The rifled urn, the violated mound,
The dust thy courser's hoof, rude stranger! spurns around.

(91) Yet to the remnants of thy Splendour past
Shall pilgrims, pensive, but unwearied, throng;
Long shall the voyager, with th' Ionian blast,
Hail the bright clime of Battle and of Song:
Long shall thine annals and immortal tongue
Fill with thy fame the youth of many a shore;
Boast of the agéd! lesson of the young!
Which Sages venerate and Bards adore,
As Pallas and the Muse unveil their awful lore.

(92) The parted bosom clings to wonted home,
If aught that's kindred cheer the welcome hearth;
He that is lonely – hither let him roam,
And gaze complacent on congenial earth.
Greece is no lightsome land of social mirth:
But he whom Sadness sootheth may abide,
And scarce regret the region of his birth,
When wandering slow by Delphi's sacred side,
Or gazing o'er the plains where Greek and Persian died.

Der griechische Unabhängigkeitskrieg fand in der Gründung eines souveränen griechischen Nationalstaates 1829 sein Ende. Mit dem Frieden von Adrianopel erlangte das südliche Griechenland seine Unabhängigkeit. 1832 bestieg der jüngste Sohn des Bayernkönigs Ludwig I. unter dem Namen Otto I. den Thron Griechenlands.

Zweiundzwanzig Jahre später wurde der deutsche Maler Wilhelm von Kaulbach beauftragt, ein Gemälde der Seeschlacht von Salamis zu erstellen (siehe Abbildung 5). Das Bild war für die Historische Galerie des Maximilianeums gedacht. 1868 hatte Kaulbach das 62 auf 105 Zentimeter große Gemälde vollendet, zur Eröffnung des Maximilianeums 1874 wurde es der Öffentlichkeit zugänglich gemacht.

Die Seeschlacht bei Salamis (480 v.Chr.) brachte den Griechen bei ihren kämpferischen Auseinandersetzungen mit den Persern den entscheidenden Sieg, wie uns Herodot (8,83-97) überliefert. Kaulbach arbeitete in seine Darstellung der Salamisschlacht viele Facetten ein. Die kämpferische Überlegenheit der Griechen in ihren weitaus kleineren Booten wurde von ihm im Bildhintergrund illustriert. Kaulbach ging es darum, die Gegensätze zwischen Persern und Griechen zu verdeutlichen. So ist je eine Bildseite des Gemäldes den Persern, die andere den Griechen gewidmet. Während auf der griechischen Seite Themistokles den Sieg für sich und die Griechen erkennt, zeigt sich der persische Großkönig Xerxes erzürnt über die bevorstehende Niederlage. Kaulbach verarbeitete in seinem Werk viele Einzelepisoden aus der Erzählung der Salamisschlacht, und so entwickelt sein Gemälde eine ganz eigene Erzählstruktur der Ereignisse. Unverkennbar ist auch der Kontrast der Kulturen: Während auf der rechten Bildhälfte die griechischen Frauen ihren Männern zujubeln, sind auf persischer Seite die vielen halb entblößten Haremsfrauen des Großkönigs zu sehen, die versuchen, sich und ihre zahlreichen Juwelen zu retten.

Das Verhältnis zwischen Griechen und Türken ist bis in die neueste Zeit sehr angespannt. Im sogenannten Zypernkonflikt wurden erneut nationale Streitigkeiten zwischen beiden Ländern ausgetragen. Die im Mittelmeer liegende Insel Zypern erlangte 1960 ihre Unabhängigkeit von Großbritannien. In der Folgezeit kam es zwischen den Griechen und den Türken Zyperns immer wieder zu heftigen Unruhen. Diese endeten durch türkisches Intervenieren schließlich in der Ausrufung der Türkischen Republik Nordzypern, die bislang nur von der Türkei diplomatisch anerkannt worden ist. Eine Wiederherstellung der Einheit Zyperns scheint derzeit nicht in Sicht.

Literatur

Brewer, David: The Flame of Freedom. The Greek war of Independence 1821-1833, London 2001.

Dihle, Albrecht: Die Griechen und die Fremden, München 1994.

Ekschmitt, Werner: Der Aufstieg Athens. Die Zeit der Perserkriege, München 1978.

Evans, James Allan: The Beginnings of History. Herodotus and the Persian Wars, Campbellville 2006.

Giannakopoulos, Angelos: Die Identitäten Griechenland und der Türkei. Wechselseitige Bedingtheit ihrer Entstehung, in: KAS-Auslandsinformationen 5, 2005, S. 23-31.

Hall, Jonathan M.: Hellenicity. Between Ethnicity and Culture, Chicago 2002.

Löbker, Friedgar: Antike Topoi und Reminiszenzen in der deutschen Philhellenenliteratur zur Zeit des griechischen Unabhängigkeitskrieges (1821-1829). Untersuchungen zur Antikenrezeption, Münster 1998.

Margaritis, George: Griechenland. Wiedergeburt aus dem Geist der Antike, in: Flacke, Monika (Hg.): Mythen der Nationen, Berlin 1998, S. 152-173.

Merchand, Suzanne L.: Down from Olympus. Archaeology and Philhellenism in Germany, 1750-1970, New Jersey 1996.

Arbeitsfragen

Welche Eigenschaften werden den Persern und Griechen bei Herodot zugesprochen? Welche Gegensätze können dabei gezeichnet werden?

Mit welchen Argumenten versuchten die Philhellenen die griechische Freiheitsbewegung zu unterstützen?

Welche Gründe sprachen für eine Hinwendung zu den antiken Ursprüngen bei der Mythenbildung der Griechen im 19. Jahrhundert?

Welche Absichten mögen die Philhellenen, wie etwa Wilhelm Müller mit seinen Preisliedern, bei der Verfassung ihrer Schriften verfolgt haben?

Inwieweit kann das Gemälde von Wilhelm von Kaulbach für die damalige Zeit als gesellschaftskritisch angesehen werden?

Abb. 5: Gemälde Die Seeschlacht bei Salamis von Wilhelm von Kaulbach

MAJOR DR. WILHELM EHMER:

DER SCHILD VOR EUROPA

VON DEN GEISTIGEN GRUNDLAGEN DES DEUTSCHEN SOLDATENTUMS

Einen zweiten Winter lang berannten Stalins Heere die europäische Ostfront in einer Schlacht von wahrhaft kontinentalem Ausmaß und kontinentaler Bedeutung. Dabei haben die Soldaten der 6. deutschen Armee zusammen mit einem kroatischen Regiment und zwei rumänischen Divisionen Stalingrad bis zum letzten Mann verteidigt, mehrere sowjetische Armeen bindend und so die Errichtung einer neuen strategisch günstigeren Front erkämpfend. Wie sie dieses Opfer brachten, das ist nur aus einer soldatischen Haltung zu erklären, deren Grundlage ein zeitgenössischer Soldat und Philosoph hier zu deuten unternimmt

Die Materialschlachten der letzten beiden Jahre des Weltkrieges 1914/18 hatten weitgehend zu der Ansicht geführt, als habe der Einzelkämpfer, als eigenwillig auf dem Schlachtfeld auftretendes Wesen ein für allemal seine Rolle ausgespielt. An seine Stelle sei das Material getreten, die Technik, die alles niederwalzende Kriegsmaschine. Diese Anschauung wurde von vielen militärischen Schriftstellern vertreten, vor allem von französischen, englischen und amerikanischen Theoretikern; sie fand ihren Niederschlag aber auch in dem Verhalten der Generalstäbe. Zwei Beispiele: Bei der Entwaffnung der deutschen Armee achtete man 1918 vor allem darauf, daß sie keine schweren Waffen mehr besaß: keine schweren Geschütze, keine Panzer, und auch keine Flugzeuge, denn diese Waffen waren ja die Hauptträger der Materialschlachten gewesen, und deshalb glaubte man, Deutschland mit dem anderen durch dieses Verbot wehrlos zu machen. Das zweite Beispiel ist die Maginot-Linie: Wenn in Zukunft das Material kriegsentscheidend war, so brauchte man nur einen ungeheuerlichen Materialwall aufzurichten, um für alle Zeiten unüberwindlich zu sein.

Es wäre interessant, einmal zu untersuchen, ob sich auch die Deutschen jener „materialistischen" Anschauung angeschlossen hätten, wenn sie durch Versailles nicht zu einem Verzicht auf die wichtigsten Waffen gezwungen worden wären. Wir möchten bezweifeln, daß die deutschen Theoretiker und Praktiker in diesem Falle den Vorrang des Kriegsmaterials vor dem Kämpfer anerkannt haben würden, dazu waren die geistigen Grundlagen des deutschen Soldatentums in der Nation selber seit jeher zu tief fundiert. Und hatte nicht gerade die Tatsache, daß der deutsche Einzelkämpfer so lange der Materialüberlegenheit einer Gegner getrotzt hatte, den Beweis dafür erbracht, daß der entschlossene, todesmutige Mensch dem blinden Material überlegen ist?

Das Soldatische als Schicksal

Durch die Versailler Bestimmungen wurde Deutschland gezwungen, sich bei seiner Armee auf jene Kraft zu besinnen, die ihm kein Diktat verbieten konnte: auf den Geist. Wo die äußeren Mittel fehlten, mobilisierte man die inneren, wo man in der Verwendung des Materials beschränkt war, erschloß man die reich sprudelnde Quelle der Idee.

Mochten die „Sieger" des großen Krieges sich in ein ungeheures Panzerkleid hüllen und sich hinter ausgeklügelten und waffenstarrenden Festungswällen verschanzen, die kleine Reichswehr mit ihren bescheidenen 100 000 Mann wurde zum Hüter der großen geistigen Tradition deutschen Soldatentums und entwickelte diese Tradition gleichzeitig weiter, indem sie aus den Erfahrungen des Weltkrieges die nötigen Folgerungen zog. Man zerbrach oder verzweifelte nicht an den Schwierigkeiten der Situation, sondern rief alle Tugenden soldatischer Haltung wach: Charakterstärke, Willenskraft, Erfindungsgabe und den Mut, Grundlagen, auf denen seit jeher das deutsche Soldatentum aufgebaut ist.

Dem Menschen, der sich auf kargem Boden unter harten Lebensbedingungen seine Existenz erkämpfen und sichern muß, ist das Soldatische der Ausdruck einer notwendigen Haltung. Die beiden deutschen Stämme, die zuerst ein echtes Soldatentum entwickelten, hatten Aufgaben kämpferischen Charakters zu lösen: die Preußen mußten ihrem von der Natur stiefmütterlich behandelten Lande die Basis für eine bescheidene Existenz als Volk abringen — dazu hatten sie sich gegen günstiger gestellte, starke Nachbarn zu sichern — und die Österreicher waren als Bewohner der Grenzmark gegen den Südosten zur soldatischen Kraftentfaltung gezwungen. In beiden Fällen ist es also nicht die Laune eines Despoten gewesen, die ein Heer aufgestellt und soldatische Gedankengänge ausgeprägt hätte, sondern das geschichtliche Schicksal, die Natur selber, hat an der Wiege des preußischen wie der alten österreichischen Armee Pate gestanden. Beide sind, nachdem sie im ersten Weltkrieg erneut unvergänglichen Ruhm an ihre Fahnen geheftet haben, auf verschiedenen Wegen organisch in der jungen nationalsozialistischen Wehrmacht aufgegangen.

Der preußische Generalfeldmarschall Hellmuth von Moltke, der erste Chef des Generalstabes, hat die soldatischen Tugenden einmal kurz genannt: „Mut und Entsagung, Pflichttreue und Opferwilligkeit mit Einsetzung des Lebens." Wenden wir diese Begriffe auf das zivile Leben an, wie es sich im modernen Liberalismus ent-

Das Gleichnis in der Geschichte: Leonidas, Feldherr der Spartaner

Er verteidigte die Pforte Griechenlands, den Engpaß bei den Thermopylen, im Jahre 480 vor der Zeitrechnung gegen den Einbruch der Perser bis zum letzten Mann. Genährt vom Geist solchen Opfermutes erwuchs schon drei Jahre später der attische Seebund, das erste große politische Bündnis der Griechen. Die Persergefahr ist endgültig überwunden, Athen blüht auf. Die Geburtsstunde der europäischen Kultur ist da. Das Opfer ist fruchtbar geworden.

WANDERER, KOMMST DU NACH SPARTA, VERKÜNDIGE DORTEN, DU HABEST UNS HIER LIEGEN GESEHN, WIE DAS GESETZ ES BEFAHL

Inschrift auf dem Nationaldenkmal, das die Griechen Leonidas und seinen Soldaten errichteten

Abb. 6: *SIGNAL* vom März 1943

6 Thermopylae und das Opfer der 300
– Antikenrezeption und nationaler Opfermythos

Christian Boedtger

Eine der bekanntesten Überlieferungen aus dem antiken Griechenland ist sicherlich die Schlacht an den Thermopylen 480 v.Chr. Leonidas, König aus Sparta, stellte sich dort mit 300 seiner Kämpfer und wenigen Verbündeten einem übermächtigen Eroberungsheer des persischen Königs Xerxes entgegen. Das kleine griechische Aufgebot wurde vernichtend geschlagen. Etwas weniger bekannt dürften dagegen die vielfältigen Änderungen sein, die diese Überlieferung in ihrer Rezeptionsgeschichte erfahren hat. So wurde die Darstellung der Schlacht im Laufe der Jahrhunderte den Ansichten der jeweiligen Zeit angepasst, aus ihrem historischen Kontext gelöst und als eigenständiges Exempel verwendet. Die Schlacht wurde dadurch nicht mehr als ein Teil der Perserkriege gesehen, innerhalb derer sie einen bestimmten Stellenwert hatte, sondern als ein Kampfgeschehen mit ganz eigenen Qualitäten. Das Verhalten der Spartaner, die trotz des weit überlegenen Gegners und der aussichtslosen Lage nicht flüchteten, sondern bis zum Tod kämpften, erfuhr dabei eine neue Sinngebung.

Nachdem die Thermopylenschlacht im Mittelalter weitgehend in Vergessenheit geraten war, wurde sie durch die Antikenbegeisterung in der Neuzeit wieder bekannter und fand im 19. Jahrhundert über die höhere Schulbildung in vielen europäischen Ländern Eingang in das kulturelle Gedächtnis. Besonders in Deutschland wurde sie bald dem patriotischen Gedankengut eingegliedert: Die ihr entnommene Haltung, auch in einer hoffnungslosen Lage nicht zu weichen, sondern bis zum Untergang zu kämpfen, wurde zum militärischen Vorbild einer jungen Nation, die sich zusehends von Feinden umzingelt sah. Die Schlacht bei den Thermopylen wurde so in den Dienst des Nationalismus gestellt, welcher der Nation als Schicksalsgemeinschaft die Berechtigung einräumte, jederzeit Opfer zu ihrer Verteidigung fordern zu dürfen. Nach dem verlorenen Weltkrieg 1914-18 hielt die Thermopylenschlacht endgültig zur Legendenbildung her. Nicht mehr der Ausgang des Krieges war wichtig, sondern das „heldenhafte Opfer" der eigenen Soldaten. Unter Verweis auf das antike Vorbild wurde eine moralische Überlegenheit konstruiert, die man der militärischen Niederlage entgegensetzen konnte.

Die Nationalsozialisten nutzten das Vorbild Thermopylenschlacht bei der Niederlage von Stalingrad Ende Januar 1943 und förderten damit die frühzeitige Mythisierung der Schlacht von Stalingrad selbst. Göring nahm den Vergleich beider Schlachten in einer Rundfunkrede vor, in der er das Ziel verfolgte, die deutsche Bevölkerung auf die sich unmittelbar abzeichnende Niederlage so vorzubereiten, dass der Krieg und die nationalsozialistische Führung insgesamt nicht in Frage gestellt würden. Der Vergleich der Schlacht von Stalingrad mit der bei den Thermopylen machte es dabei möglich, den sich abzeichnenden Totalverlust der 6. Armee kurzum zum „Opfer für den Endsieg" und Stalingrad zum Begriff eines „heldenhaften Abwehrkampfes gegen den Bolschewismus" zu verklären. Das „Opfer von Stalingrad" konnte so auch genutzt werden, um der deutschen Bevölkerung weitere Kriegsanstrengungen bis hin zum „totalen Krieg" abzuverlangen. In der Propaganda für das besetzte Ausland hingegen wurde Stalingrad mit der Schlacht bei den Thermopylen verglichen, um den deutschen Angriffskrieg im Osten in einen europäischen Rahmen zu setzen: Die Wehrmacht wurde zum Verteidiger der „europäischen Kultur" gegen „den Bolschewismus".

Herodots *Historien*, aus denen der nachfolgende Quellenauszug stammt, sind geprägt von der griechischen Weltsicht ihrer Entstehungszeit im 5. Jahrhundert v.Chr. Die für die Griechen so bedrohlichen Auseinandersetzungen mit dem benachbarten Perserreich, die in den Kriegen des frühen 5. Jahrhunderts v.Chr. ihren Höhepunkt fanden, haben deshalb einen zentralen Stellenwert (zu den Perserkriegen vgl. Kapitel II.5). Zwar ist Herodot kein Augenzeuge der Perserkriege. Als Spätgeborener, er lebte etwa von 485-424 v.Chr., war er vor allem auf die mündliche Überlieferung angewiesen. Sein großes Verdienst ist es jedoch, diese vielfältigen Informationen gegliedert und aufgeschrieben zu haben. Es kommt dabei vor, dass Herodot teils abweichende, teils sich sogar widersprechende Überlieferungen bestehen lässt, ohne sich für die Richtigkeit der einen oder anderen Version zu entscheiden: „Doch ist meine Pflicht, alles, was ich höre, zu berichten, freilich nicht, alles Berichtete zu glauben. Dies gilt für mein ganzes Geschichtswerk." (Historien 7,152).

Die *Historien* behandeln jedoch nicht nur Geschichte, sondern berichten auch als Geschichte und lassen Novellen, Erzählungen und Anekdoten viel Raum. Sie sind damit zunächst vor allem Literatur. Deshalb finden sich bei den historischen Schilderungen auch literarische Techniken wieder, durch die die Grenzen von Erzählung und Darstellung verwischt werden. Dem Leser wird nicht ganz so sehr die eigene Urteilsfindung anhand der vorgebrachten Fakten überlassen, wie Herodot es suggeriert. Die Technik der Parallelerzählung, bei der die Vorgänge auf persischer und griechischer Seite im Wechsel dargestellt werden, bis die beiden Mächte aufeinander treffen, dient daher nicht nur dem Spannungsaufbau der Erzählung. Sie eröffnet auch die Möglichkeit, die Unterschiede der Kontrahenten und ihrer Kampfmotive vorzustellen; eine Gegenüberstellung, bei der die Perser tendenziell schlecht abschneiden, die Griechen dafür umso besser. Es ist aber eine Umdeutung der Rezeptionsgeschichte, dass die *Historien* die Perserkriege gleichsam als Initialzündung einer griechischen Nation beschrieben. Im Gegenteil: Herodot schildert auch die Zerstrittenheit der Poleis untereinander und legt dar, dass es für viele Stadtstaaten durchaus eine Option war, den Persern Heeresfolge und Tribute zu leisten. Dennoch ist das Griechentum vor allem mit den positiv konnotierten Werten politischer Freiheit, Gesetz, Recht und Ordnung im weitesten Sinne verbunden. Damit ist bei Herodot bereits die Grundlage für die in der späteren Rezeption sehr viel stärker zugespitzte Antithese von Griechen und „Barbaren" gelegt. Bei den Griechen ist es vor allem Athen, das Herodot als Verteidiger der Freiheit und Demokratie sieht. Hier wird deutlich, dass die *Historien* bereits unter dem Eindruck der persischen Niederlage entstanden sind: Nur durch die starke athenische Flotte sei es möglich gewesen, den persischen Angriff abzuwehren, erst durch die entschiedene athenische Verteidigungsbereitschaft zur „Erhaltung der hellenischen Freiheit" sei es zum Hellenenbund gekommen. Diese Vorwegnahme des späteren Sieges gegen die Perser verschafft der Schlacht bei den Thermopylen ihren hohen moralischen Stellenwert.

Herodot: Historien 7

(139) Ich muß daher offen meine Meinung sagen und darf die Wahrheit nicht verschweigen, so unangenehm sie den meisten hellenischen Städten klingen mag: hätte auch Athen den Angreifer gefürchtet, hätten die Athener ihre Stadt verlassen oder hätten sie sich samt

ihrer Stadt dem Xerxes ergeben, so hätte kein Hellene gewagt, dem König zur See entgegenzutreten. Und hätte Xerxes zur See keinen Gegner gefunden, so wären die Dinge an Land folgendermaßen gegangen. Die Peloponnesier konnten soviel Mauerzinnen, wie sie wollten, auf dem Isthmos errichten, die Lakedaimonier wären trotzdem von allen Bundesgenossen, Stadt um Stadt, im Stich gelassen worden, nicht aus freien Stücken, sondern aus Not, denn die persische Flotte hätte eine Stadt nach der anderen genommen. Und von allen verlassen, wären sie dann den Heldentod gestorben. Vielleicht hätten sie sich auch mit Xerxes verständigt, nachdem sie den Abfall aller anderen hellenischen Städte gesehen. In beiden Fällen wäre jedenfalls Hellas unter das persische Joch gekommen; denn ich kann nicht einsehen, welchen Nutzen die Mauer über den Isthmos haben sollte, wenn der König das Meer beherrscht. Daher ist es nur die reine Wahrheit, wenn man die Athener die Retter von Hellas nennt. Der Lauf der Dinge hing allein davon ab, wie die Athener entschieden. Dadurch, daß ihre Wahl auf die Erhaltung der hellenischen Freiheit fiel, weckten sie ganz Hellas zum Widerstand, soweit es nicht medisch [hier: persisch] gesinnt war, und ihnen ist nächst den Göttern die Zurückweisung des persischen Angriffs zu verdanken. [...]

(219) Der Wahrsager Megistias war der erste gewesen, der, nach Untersuchung der Opfertiere, den Hellenen in Thermopylai ihren Tod am nächsten Morgen vorausgesagt hatte. Dann kamen Überläufer und verrieten den Umzingelungsmarsch der Perser. Das geschah noch während der Nacht. Endlich, als der Tag graute, kamen auch die Späher von den Bergen herabgelaufen. Da hielten denn die Hellenen Rat, und ihre Meinungen teilten sich. Die einen sagten, man dürfe den Platz nicht aufgeben; die anderen widersprachen. Darauf trennte sich das Heer. Ein Teil zog ab und zerstreute sich, indem jeder in seine Stadt heimkehrte, die anderen, und mit ihnen Leonidas, entschlossen sich zu bleiben.

(220) Man erzählt auch, daß Leonidas selber die fremden Truppen weggeschickt habe, um sie vor dem Tode zu bewahren. Ihm selber und seinen Spartiaten zieme es nicht, den Platz aufzugeben, zu dessen Verteidigung sie ausgesandt worden. Diesen Bericht halte ich selber entschieden für richtig: Leonidas merkte, daß die Bundesgenossen nur ungern, nicht mit Freuden die Gefahr teilen wollten, darum ließ er sie abziehen. Er selber aber fand es unehrenhaft, davonzugehen. Harrte er aus, so war ihm hoher Ruhm gewiß, und Spartas Blüte war dadurch noch nicht vernichtet. Denn es war den Spartiaten schon zu Anfang des Krieges, als sie das Orakel befragten, von der Pythia [Seherin] geweissagt worden: entweder würde Lakedaimon von den Barbaren zerstört werden oder ihr König würde fallen. [...] Hieran, glaube ich, hat Leonidas gedacht, und weil die Spartiaten allein den Ruhm haben sollten, hat er die Bundesgenossen fortgeschickt. Das glaube ich eher, als daß Streitigkeiten entstanden und die Bundesgenossen ohne Ordnung abgezogen seien. [...]

(222) Die Bundesgenossen zogen also ab und taten, wie Leonidas befahl; nur die Thespiaier und Thebaner harrten mit den Lakedaimoniern aus, die Thebaner ungern und ganz gegen ihren Willen – Leonidas hielt sie als Geiseln fest –, die Thespiaier gern und mit Freuden; sie weigerten sich, davonzugehen und Leonidas und die Seinen zu verlassen. Sie blieben und fielen mit den Spartiaten. Ihr Führer hieß Demophilos, Sohn des Diadromas.

(223) Xerxes brachte der aufgehenden Sonne Trankopfer dar, wartete die Vormittagsstunden ab und rückte dann heran. So hatte ihm Epialtes [ein griechischer Verräter] geraten; denn der Abstieg vom Gebirge ist kürzer und geht weit schneller vonstatten als der Weg um die Berge herum und der Aufstieg. Die Scharen des Xerxes kamen heran, und die Hel-

lenen unter Leonidas schritten jetzt, wo sie zum Sterben in den Kampf zogen, viel weiter in die Öffnung des Passes hinaus als zu Anfang. Denn an den vorhergehenden Tagen hatten, während die einen die Mauerschanzen verteidigten, die anderen in dem Engpaß selber gekämpft, in den sie immer wieder zurückwichen. Jetzt kam es außerhalb des Passes zum Handgemenge, und es fiel eine große Menge der Barbaren. Hinter den Reihen standen die Führer mit Peitschen in den Händen und trieben die Leute Mann für Mann durch Geißelhiebe vorwärts. Viele gerieten auch ins Meer und ertranken, weit mehr aber wurden von den Ihrigen zertreten. Niemand kümmerte sich um die Sterbenden. Die Hellenen wußten ja, daß ihnen durch die über die Berge Kommenden der Tod gewiß war; so warfen sie sich mit ihrer ganzen Kraft auf die Barbaren und hieben in blinder Wut um sich.

(224) Schon waren den meisten ihre Speere zerbrochen; da griffen sie die Perser mit dem Schwerte an. Und in dem Ringen fiel Leonidas als ein Held und mit ihm andere berühmte Spartiaten, aber auch viele unberühmte, deren Namen ich – denn sie verdienen den Nachruhm – erfahren habe. [...]

(225) [...] Über der Leiche des Leonidas entbrannte ein heftiger Kampf zwischen Persern und Lakedaimoniern, bis die tapferen Hellenen den Leichnam an sich rissen und die Gegner viermal zur Flucht zwangen. Während dieser Kämpfe erschien endlich Epialtes mit den Persern. Als die Hellenen ihre Ankunft erfuhren, änderten sie ihre Kampfesweise. Sie wichen in den Engpaß zurück, traten hinter die Mauer und setzten sich auf einem Hügel fest. Nur die Thebaner hielten sich fern. Dieser Hügel liegt an der Stelle des Passes, wo jetzt der steinerne Löwe zum Andenken an Leonidas steht. Hier wurden sie, mit Dolchen sich wehrend, soweit sie noch Dolche hatten, oder mit Händen und Zähnen kämpfend, unter den Geschossen der Barbaren begraben, die teils ihnen nachgeeilt waren und die Schutzwehr der Mauer einrissen, teils sich im Kreise um sie herumdrängten, so daß Feinde auf allen Seiten standen.

(226) Von allen diesen tapferen Lakedaimoniern und Thespiaiern soll der Spartiate Dienekes am heldenmütigsten gekämpft haben. Bevor die Schlacht begann, heißt es, hat ihm ein Mann aus Trachis erzählt, wenn die Meder ihre Geschosse aussendeten, verdunkelten sie die Sonne; so ungeheuer sei die Menge ihrer Pfeile. Dienekes aber erschrak keineswegs über die Menge der Perser, sondern antwortete unbekümmert, der Freund aus Trachis bringe ihm lauter gute Nachrichten; wenn die Perser die Sonne verdunkelten, könne man im Schatten kämpfen und leide nicht unter der Sonne. Diese und ähnliche denkwürdige Worte soll der Lakedaimonier Dienekes gesprochen haben. [...]

(228) An der Stelle, wo sie gefallen, wurden sie begraben. Für die, welche gefallen waren, bevor noch Leonidas die Bundesgenossen fortschickte, ist ein Stein errichtet mit der Inschrift: „Drei Millionen Feinde bekämpften an dieser Stelle | Viermal tausend Mann Peloponnesisches Volk." Diese Inschrift gilt für das ganze Heer. Die Spartiaten haben noch eine besondere Inschrift: „Wanderer, kommst du nach Sparta, verkündige dorten, du habest | Uns hier liegen gesehen, wie das Gesetz es befahl." Das ist die Inschrift für die Lakedaimonier. Eine andere gilt dem Wahrsager: „Sieh des stolzen Megistias Grab hier, welchen die Perser | Einst in den Tod gesandt hier am thessalischen Strom; | Seher war er und schaute voraus in das sichre Verderben, | Dennoch blieb und verließ Spartas König er nicht."

Neben Herodot war bis ins 19. Jahrhundert, als das Werk in der modernen Quellenkritik in Ungnade fiel, Diodor eine der wesentlichen Überlieferungen zur Thermopylenschlacht. Diodor hat deren Rezeption mit seiner vierzigbändigen Weltgeschichte maßgeblich beeinflusst. Seine *Bibliothek* wurde im 1. Jahrhundert v.Chr. verfasst, das Werk endet mit dem Beginn des Gallischen Krieges 60/59 v.Chr. bzw. der Eroberung Britanniens 54 v.Chr. und verbindet die griechisch-orientalische mit der jüngeren römischen Geschichte. Über Diodor ist nicht viel bekannt: Er war griechischer Universalhistoriker, stammte von Sizilien, lebte einige Jahre in Ägypten und später längere Zeit in Rom. Für die Abfassung der Thermopylenschlacht konnte Diodor nicht nur auf Herodot, sondern auch auf andere Autoren zurückgreifen, die das Thema verwendet hatten, darunter besonders Ephoros von Kyme, einen griechischen Geschichtsschreiber des 4. Jahrhunderts.

Bei Diodor wird die Überlieferung erweitert und die Haltung der Spartaner, lieber die Gesetze des Staates als das eigene Leben bewahren zu wollen, seinen vorwiegend römischen Lesern zum Vorbild empfohlen. Damit stellt er Staat und Gemeinschaft über das Individuum, eine für die spätrömische, krisengeschüttelte Republik nur allzu naheliegende Ansicht. Diodors Geschichtsauffassung, nach der die Vergangenheit zum moralischen Nutzen der Leser dienen soll, lässt so Geschichte zur Vorlage dafür werden, was als gut und was als böse zu gelten habe. Daher verzichtet Diodor auch auf eine allzu differenzierte Beschreibung der Griechen oder der Perser und bedient sich lieber der, auch moralischen, Gegenüberstellung der Gegner.

Diodor: Bibliothek 11

(7.1) Und nun entbrannte eine grimmige Schlacht; denn die Barbaren hatten den König zum Zeugen ihrer Tapferkeit, die Griechen aber gedachten ihrer Freiheit und wurden von Leonidas zum Kampfe angestachelt, da mußte der Kampf staunenswerte Formen annehmen. (2) Dicht gedrängt standen ja die Streiter nebeneinander, und die Streiche fielen im Nahkampf, dazu waren die Reihen fest geschlossen, so daß die Schlacht lange Zeit unentschieden blieb. Doch da die Griechen an Tapferkeit und an Größe ihrer Schilde überlegen waren, mußten die Meder schrittweise zurückweichen; fanden doch viele von ihnen den Tod, und nicht wenige wurden verwundet. […] (4) Schließlich mußte Xerxes feststellen, daß der gesamte Bereich um die Pässe mit Leichen übersät war und die Barbaren der griechischen Heldenstärke nicht mehr standzuhalten vermochten. Nun schickte er seine ausgesuchten Perser, die sogenannten Unsterblichen vor, die ob ihrer Ruhmestaten unter ihren Mitkämpfern an erster Stelle zu stehen schienen. Als aber auch sie nach kurzem Widerstande fliehen mußten, gingen schließlich mit Einbruch der Dunkelheit die Kämpfe zu Ende; auf Seiten der Barbaren hatte es hohe Verluste gegeben, während bei den Griechen nur wenige gefallen waren.

(8.1) Da die Schlacht für Xerxes einen solch unerwarteten Ausgang genommen hatte, ließ er am Tage darauf aus allen Völkern jene Männer, die ob ihrer Tapferkeit und ihres Wagemuts in einem besonderen Rufe standen, aussuchen und ihnen nach zahlreichen Mahnungen verkünden, daß er sie bei einem erfolgreichen Sturm auf den Paß mit reichen Gaben beschenken wolle, bei Flucht aber der Tod ihnen als gebührende Strafe drohe. (2) Sie warfen sich denn auch zu einer riesigen Masse geballt und mit voller Wucht auf die Griechen, doch die Streiter um Leonidas schlossen nun ihre Reihen eng zusammen und führten wie zu einer Mauer formiert den weiteren Kampf mit leidenschaftlichem Einsatz. Und so weit ging ihre Gier, daß die Gruppen, die sich in der Schlacht gewöhnlich ablösen, dies nicht zuließen, sondern in ihrem ununterbrochenen Ausharren inmitten der Drangsale schließlich die Überlegenheit gewannen und eine Menge auserlesener Barbaren zu Boden streckten. (3) Einen vollen Tag hielten sie so im gegenseitigen Wettstreit unter Gefahren aus; dabei nahmen sich die älteren Krieger ein Vorbild an der blühenden Kraft der Jugend, während diese es den Erfahrungen und Ruhmestaten der Älteren gleichtun wollte. [...] (4) Und schon wollte der König im Glauben, daß niemand mehr zu streiten wagen werde, die Hoffnung aufgeben, als sich ein Trachinier, der dort zu Hause war und das Berggelände kannte, bei ihm einfand. Der trat vor Xerxes hin und versprach, auf einem schmalen und jähen Steig die Perser zu geleiten, so daß die bei ihm befindlichen Männer hinter Leonidas und seine Leuten gelangten und diese, auf solche Weise eingekesselt, leicht vernichtet werden könnten. [...]

(9.1) Sowie die Griechen die Kunde vernommen hatten, traten sie um Mitternacht zusammen und berieten sich über die drohenden Gefahren. Einige meinten, man müsse die Pässe sogleich räumen und sich zu den Bundesgenossen in Sicherheit bringen; denn diejenigen, die an Ort und Stelle blieben, könnten sich nicht mehr retten. Der Spartanerkönig Leonidas hingegen wollte, ehrgeizig wie er war, sich und seinen Spartanern großen Ruhm verschaffen und befahl daher allen anderen Griechen abzuziehen und sich in Sicherheit zu bringen, damit sie in den verbleibenden Schlachten Seite an Seite mit den anderen Griechen kämpfen könnten. Die Lakedaimonier jedoch müßten, wie er sagte, zurückbleiben und dürften den Schutz der Pässe nicht aufgeben; es zieme sich nämlich für die Führer Griechenlands, im Kampf um den höchsten Preis bereitwillig in den Tod zu gehen. (2) Und während sich nun all die anderen rasch entfernten, vollbrachte Leonidas mit seinen Landsleuten zusammen heroische und staunenswerte Taten; denn obschon die Lakedaimonier nur eine kleine Schar bildeten – lediglich die Thespier behielt er bei sich – und er insgesamt über nicht mehr als 500 Mann verfügte, war er entschlossen, den Tod für Griechenland auf sich zu nehmen. (3) Hierauf umgingen die von dem Trachiner geführten Perser das schwierige Gelände und kesselten Leonidas und die Seinen plötzlich zwischen zwei Fronten ein; die Griechen aber dachten nicht mehr an ihre eigene Sicherheit, wählten an deren Stelle den Ruhm und forderten einstimmig von ihrem Befehlshaber, er solle sie, ehe noch die Perser von der Umzingelung durch die Ihren Kenntnis erhielten, gegen die Feinde führen. [...]

(11.1) Wer aber möchte nicht ihre Glanzleistungen bewundern? Die Leistungen der Männer, die einmütig den ihnen von Griechenland bestimmten Posten nicht aufgaben, vielmehr entschlossen ihr Leben für die allgemeine Rettung der Griechen opferten und lieber einen Tod in Ehren als ein Leben in Schande wählten. Auch daß tiefe Bestürzung die Perser überkam, dürfte wohl keiner bezweifeln. (2) Denn welcher Barbar hätte verstehen können, was da geschehen war? Wer hätte erwartet, daß eine Schar von nur 500 Mann an Zahl es wagen werde, den einhundert Myriaden entgegenzutreten! Wer von den Spätergeborenen möchte daher nicht der Tapferkeit jener Männer nacheifern, welche unter dem Druck einer furchtbaren Zwangslage zwar körperlich unterlagen, seelisch aber nicht besiegt wurden? Als einzige, von denen die Geschichte erzählt, sind sie durch ihre Niederlage noch berühmter geworden als jene anderen, die glänzenste Siege davongetragen haben. Denn wackere Männer sind nicht nach dem Ergebnis ihrer Taten, vielmehr nach ihrer Absicht zu beurteilen. (3) Waltet doch in dem einen Falle das Schicksal, während im anderen das Wollen erwiesen wird. Und wer möchte Männer höher als jene schätzen, die, nicht einmal dem tausendsten Teil ihrer Feinde gleich, den Mut besaßen, den unglaublichen Massen ihre Tapferkeit entgegenzustellen? Dabei konnten sie nicht damit rechnen, so viele Myriaden zu besiegen, sie glaubten vielmehr, an Heldenmut all ihre Vorgänger zu übertreffen, und meinten, daß sie die augenblickliche Schlacht zwar gegen die Barbaren durchzufechten hätten, doch der wahre Wettkampf und der Entscheid um den Siegpreis in der Auseinandersetzung mit sämtlichen ob ihres Heldensinns bewunderten Streitern bestünde. (4) Denn als einzige von denen, über die wir seit unvordenklichen Zeiten Kenntnis haben, wollten sie lieber die Gesetze ihres Staates als ihr eigenes Leben bewahren, nicht unwillig darüber, daß ihnen größte Gefahren drohten, vielmehr erachteten sie es als erflehenswerteste Gnade, wenn Menschen, die Tugend üben, bei Kämpfen solcher Art überhaupt mitwirken dürfen. (5) Mit besserem Rechte dürfte man diese Männer für die Begründer der allgemeinen griechischen Freiheit halten als jene, die aus den späteren Schlachten gegen Xerxes siegreich hervorgingen; denn eingedenk dieser Leistungen, fühlten sich die Barbaren zutiefst bestürzt, die Griechen aber angespornt, es deren großartigem Heldentum gleichzutun.

Im Deutschland des 19. Jahrhunderts blieb die Thermopylenschlacht vor allem über den Latein- und Griechischunterricht Teil des kulturellen Gedächtnisses. Damit war ihre Rezeption nicht nur, aber vor allem auf die Angehörigen höherer Bildungsschichten beschränkt. Auch das Interesse an der Analyse antiker Schlachten in Gelehrtenkreisen trug zu einem gewissen Teil zum Bekanntheitsgrad der Schlacht bei. Damit und durch die Verschränkung der höheren Bildungsschichten mit der militärischen Führung fanden die Thermopylen als Vorbild ihren Eingang in die Armee und wurden so besonders im Ersten Weltkrieg häufig als Vergleich oder Verweis bemüht.

Eine besonders bemerkenswerte Rezeption erlangte die Schlacht im Zweiten Weltkrieg durch Hermann Göring. Mit dem nicht mehr zu verhindernden Verlust der 6. Armee bei Stalingrad Ende Januar 1943 war die NS-Propaganda in die Lage gekommen, eine eindeutige und heftige Niederlage im Kriegsgeschehen eingestehen zu müssen, nachdem über Jahre ein Nimbus der Unbesiegbarkeit der Wehrmacht aufgebaut worden war. Das Pikante an der Lage war, dass Hitler erst einige Monate zuvor begonnen hatte, persönlich mehr und mehr in die militärischen Entscheidungen einzugreifen, und daher in direkten Zusammenhang mit der Niederlage gebracht werden konnte. Die Niederlage drohte durch die enge Verquickung der Staatsführung mit dem Militärapparat daher auch zu einem Politikum zu werden. Die militärischen Entscheidungen, die seit Sommer 1942 zunehmend den ideologischen Ansprüchen des „Führers" untergeordnet wurden, führten zu eklatanten Fehleinschätzungen, so dass die 6. Armee ab November 1942 bei Stalingrad von sowjetischen Verbänden eingekesselt wurde und nicht mehr befreit werden konnte. Der Propaganda und der Führung blieb nichts anderes übrig, als die Bevölkerung auf den Verlust der 6. Armee vorzubereiten. Aus Anlass des 10. Jahrestages der „Machtergreifung" hielt Reichsmarschall Hermann Göring am 30. Januar 1943, also unmittelbar vor dem Fall von Stalingrad, im Reichsrundfunk eine Rede an die Wehrmacht, in der er den Zweck der nationalsozialistischen Herrschaft mit einem „Kampfauftrag für Deutschland" angab und darin den Soldaten eine besondere Rolle zusprach. Göring nutzte mit der Rede aber vor allem die Gelegenheit, die Wehrmacht und die deutsche Bevölkerung gleichsam offiziell auf die absehbare Niederlage in Stalingrad einzustimmen. Obwohl die Bevölkerung von offizieller Seite über die

Lage in Stalingrad im Unklaren gelassen wurde, war die Empörung über den Zynismus der Rede so groß, dass Teile davon für den späteren Abdruck abgewandelt werden mussten. Besonders die Anwendung des Epigramms noch vor der Niederlage „Kommst du nach Deutschland, so berichte, du habest uns in Stalingrad liegen sehen" führte vielfach zu der durchaus berechtigten Ansicht, die Soldaten wären bereits ihrem Schicksal überlassen worden – ein Eindruck, den die Propaganda tunlichst zu vermeiden suchte.

Reichsmarschall Görings Appell an die Wehrmacht, in: Völkischer Beobachter Nr. 33 vom 2.2.1943 (Berliner Ausgabe), S. 3f.

Aus all diesen gigantischen Kämpfen ragt nun gleich einem Monument der Kampf um Stalingrad heraus. Es wird der größte Heroenkampf unserer Geschichte bleiben. [...] Ein solcher Kampf tobt heute dort, und noch in tausend Jahren wird jeder Deutsche mit heiligem Schauer von diesem Kampf in Ehrfurcht sprechen und sich erinnern, daß dort trotz allem Deutschlands Sieg entschieden worden ist. Europa beginnt jetzt vielleicht zu verstehen, was dieser Kampf bedeutet. Europa und nicht zuletzt die Staaten, die heute in einem neutralen Wohlleben noch dahindämmern, lernen nun begreifen, daß diese Männer, die todesmutig dort noch bis zum letzten Widerstand leisten, nicht allein Deutschland, sondern die ganze europäische Kultur vor der bolschewistischen Vernichtung retten. [...]

Aber, meine jungen Soldaten, um so stolzer und freudiger muß das Herz in eurer Brust jetzt schlagen, einem solchen Volk, einer solchen Wehrmacht angehören zu dürfen. Und es ist schon ein wunderbares Gefühl, das über einen kommt, wenn man weiß: Hier stehe ich in meinem Volk, das heute der Garant dafür ist, daß Deutschland und Europa bestehen können. Das europäische Schicksal liegt in unserer Hand und damit auch Deutschlands Freiheit, seine Kultur und seine Zukunft. Das ist der höchste Sinn dieses Opfers, das zu jeder Stunde und an jedem Ort ebenfalls von euch, meine Kameraden, gefordert werden kann. Denke jeder von euch an die Kämpfer von Stalingrad, dann wird er hart und eisern werden. Vergeßt nicht, daß zu den vornehmsten Grundtugenden des ganzen Soldatentums neben Kameradschaft und Pflichttreue vor allem die Opferbereitschaft gehört. Es hat immer kühne Männer gegeben, die sich geopfert haben, um etwas Größeres für die anderen zu erreichen. [...]

Meine Soldaten, die meisten von euch werden von einem ähnlichen Beispiel der großen gewaltigen Geschichte Europas gehört haben. Wenn auch damals die Zahlen klein waren, so gibt es letzten Endes doch keinen Unterschied der Tat als solcher. Vor 2½ Jahrtausenden stand in einem kleinen Engpaß in Griechenland ein unendlich tapferer und kühner Mann mit dreihundert seiner Männer, stand Leonidas mit dreihundert Spartiaten, aus einem Stamm, der wegen seiner Tapferkeit und Kühnheit bekannt war. Eine überwältigende Mehrheit griff diese kleine Schar immer wieder aufs neue an. Der Himmel verdunkelte von der Zahl der Pfeile, die abgeschossen wurden. Auch damals war es ein Ansturm von Horden, der sich hier am nordischen Menschen brach. Eine gewaltige Zahl von Kämpfern stand Xerxes zur Verfügung, aber die dreihundert Männer wichen und wankten nicht, sie kämpften und kämpften einen aussichtslosen Kampf, aussichtslos aber nicht in seiner Bedeutung. Schließlich fiel der letzte Mann. In diesem Engpaß steht nun ein Satz: „Wanderer, kommst du nach Sparta, so berichte, du habest uns hier liegen sehen, wie das Gesetz es befahl!" Es waren dreihundert Männer, meine Kameraden, Jahrtausende sind vergangen, und heute gilt jener Kampf und jenes Opfer dort noch so heroisch, immer noch als

Beispiel höchsten Soldatentums. Und es wird einmal in der Geschichte unserer Tage heißen: Kommst du nach Deutschland, so berichte, du habest uns in Stalingrad kämpfen sehen, wie das Gesetz, das Gesetz für die Sicherheit unseres Volkes es befohlen hat.

Und dieses Gesetz trägt jeder von euch in seiner Brust. Das Gesetz, für Deutschland zu sterben, wenn das Leben Deutschlands diese Forderung an euch stellt. Das ist aber nicht nur Verpflichtung für uns Soldaten. Dieses Heldentum, dieses Opfer ist verpflichtend für das ganze Volk. Die Kämpfer von Stalingrad mußten stehen, das Gesetz befahl es so, das Gesetz der Ehre und der Kriegsführung. Dieses Gesetz der Kriegführung gilt ja allein der Rettung unseres Volkes. Es ist letzten Endes, das mag hart klingen, ja für den Soldaten gleichgültig, ob er bei Stalingrad, bei Rschew oder in der Wüste Afrikas oder oben im Eise Norwegens kämpft und fällt. Wenn er sein Opfer bringt, ist es gleich groß. Er bringt es für das Leben seines Volkes wie einst die dreihundert Männer des Leonidas, von denen wir heute mit Andacht ebenso sprechen wie von dem Heldenkampf der letzten Goten in den Schluchten des Vesuvs. Das Gesetz befahl auch ihnen, zu sterben, damit die Rasse weiter siegen und leben konnte.

Die Zeitschrift *Signal* war eine eigens für das europäische Ausland bestimmte Illustrierte der nationalsozialistischen Propaganda. Zunächst wurde sie auf Französisch, Englisch, Italienisch und Deutsch herausgegeben. Bald folgten der Kriegsentwicklung entsprechend auch Ausgaben für Skandinavien, Benelux, osteuropäische Länder und die Türkei in den jeweiligen Landessprachen, sogar eine portugiesische und spanische Ausgabe wurde produziert und einige Auflagen wurden in Nord- und Südamerika sowie in Japan vertrieben. Die Gesamtauflage stieg seit ihrem ersten Erscheinen am 15. April 1940 rasch an und blieb für die Jahre 1942-1944 bei durchgängig über 2 Mio. Exemplaren je Ausgabe. Sie schaffte es auf Übersetzungen in insgesamt 25 Sprachen und war eines der wenigen Propagandainstrumente, das für die befreundeten und neutralen, dann auch für die besetzten Länder produziert wurde und dort reißenden Absatz fand. Möglich wurde der Erfolg dadurch, dass die Zeitschrift in anspruchsvollem Layout auf höchstem technischem Niveau produziert wurde und auch inhaltlich offenbar den Publikumsgeschmack traf. Großformatige Fotos von namhaften Fotografen und viele Illustrationen prägten die Aufmachung, geradezu sensationell war die Verwendung von Farbfotos. Eine gut besetzte Redaktion mit über 100 Gastautoren aus Politik, Wissenschaft, Militär und Kultur, einer kaum überschaubaren Menge an Berichterstattern aus Wehrmacht, SS und anderen NS-Organisationen und unzählige Bild- und Wortjournalisten deutscher Illustrierter und Zeitschriften sorgte für abwechslungsreiche Texte und Reportagen zu den jeweiligen Schwerpunktthemen der Ausgaben, oftmals ergänzt um einen länderspezifischen Sonderteil. Die nationalsozialistische Propaganda spiegelt sich deutlich in den Texten von *Signal*, in denen häufig die antisemitischen und rassistischen Ansichten und deutschen Großmachtansprüche und -phantasien vertreten wurden, wie sie in reichsdeutschen Publikationen gängig waren.

Als der Krieg für die Deutschen erste Rückschläge brachte, konnte die Wehrmacht jedoch nur noch bedingt verherrlicht werden. Die Niederlage von Stalingrad ist in dieser Hinsicht eine bemerkenswerte Zäsur, wusste die Redaktion doch offenbar lange nicht, wie sie darüber berichten sollte. Das Heft dazu (siehe Abb. 6) erschien erst im März 1943, also gut eineinhalb Monate nach der Schlacht, und widersprach dem bis dahin verfolgten Anspruch von Aktualität. Von der siegesverwöhnten Armee war keine Rede mehr, stattdessen galt es, über

Stalingrad so zu berichten, dass weder der Nimbus einer heldenhaften Wehrmacht noch der eigene Anspruch rassischer Überlegenheit beschädigt wurde.

Wilhelm Ehmer: Der Schild vor Europa. Von den geistigen Grundlagen des deutschen Soldatentums, in: SIGNAL, Ausgabe März 1943, Deutscher Verlag Berlin, S. 2-9.

Seit die Demokratien ihre einzigartige Chance, die sie in Versailles hatten, eine wirklich gerechte Neuordnung unseres Kontinentes durchzuführen, in so schnöder Weise vertan haben, hat es Deutschland unternommen, dem gequälten Europa neue Lebensmöglichkeiten zu verschaffen. In diesem Sinne fühlt sich die deutsche Wehrmacht durchaus als Vollstrecker eines politischen Willens, und somit ist die früher oft vertretene Auffassung, daß der Soldat „unpolitisch" zu sein habe, der Überzeugung gewichen, daß er durch und durch politisch sein muß, d. h. durchdrungen von der Bedeutung und dem Wert der heute durch den Nationalsozialismus vertretenen Ideen. Nicht Eroberungssucht hat Deutschland zu diesem Waffengang getrieben, sondern er ist ihm durch den Vernichtungswillen seiner Feinde aufgezwungen worden. Davon ist der deutsche Soldat im tiefsten seines Inneren überzeugt, und deshalb stellt auch die deutsche Wehrmacht einen unüberwindlichen Block dar, begründet auf den geistigen Grundlagen eines ethisch hochstehenden Soldatentums, und dazu erfüllt und beseelt von dem Glauben an die hohe Mission, das Reich und damit ganz Europa sowohl vor den Übergriffen der kapitalistischen Mächte im Westen als auch vor allem vor den Furchtbarkeiten des Bolschewismus zu schützen. Jeder deutsche Soldat weiß, daß es wahrhaft um Sein oder Nichtsein geht: keiner macht sich irgendwelche Illusionen, wodurch der Wille, durchzuhalten und den Feind zu schlagen, wo man ihn trifft, nur noch gesteigert wird. [...]

Es sind also die in Jahrhunderten bewährten und geläuterten, in manchen Kriegen erhärteten, vom Vater auf den Sohn weitergegebenen und dabei immer wieder erneuerten und ergänzten geistigen Werte von hohem Rang, die den deutschen Soldaten zu den Leistungen befähigt haben, die er heute zur Sicherung eines ganzen Erdteils vollbringt. [...]

Als erhabenstes Beispiel steht vor unserem Auge der Opferkampf von Stalingrad, der es den verbündeten Armeen an der Ostfront ermöglichte, der heranflutenden bolschewistischen Sturmflut neue Dämme entgegenzusetzen und so Europa auch weiterhin vor der vernichtenden Herrschaft der Sowjets zu bewahren. Abgeschnitten von jeder Entsatzmöglichkeit, von einer zehnfachen Übermacht umzingelt, hungernd, frierend und aller schweren Waffen beraubt, rangen die deutschen Verteidiger viele Wochen lang bis zum letzten mit ihrem Gegner. Den sicheren Tod vor Augen, kämpften sie auf verlorenem Posten, um der Reinheit und Größe ihrer soldatischen Haltung willen. So überwanden sie die Schrecken des Todes, noch ehe sie ihn erleiden mußten, und wurden dadurch dem deutschen Volk und dem ganzen kulturbewußten Europa zu einem erhabenen Beispiel. [...]

Europa wird, wenn es sich einmal wieder den Segnungen des Friedens erfreut, dem deutschen Soldaten dafür danken, daß seine Tapferkeit den Kontinent vor der Auslieferung an den Bolschewismus gerettet hat.

Nach 1945 war die Zeit der Opferhelden vorbei. Die Thermopylenschlacht wurde nicht mehr als soldatisches Vorbild genutzt, um auf zukünftige Siege und Schlachten zu verweisen. Sie bot jedoch in Westdeutschland für die Schlacht von Stalingrad eine wichtige Funktion, um der Gefallenen als Opfer gedenken zu können. In der aufkommenden Erinnerungsliteratur wie veröffentlichten Tagebüchern und Frontbriefen, aber auch in einer Vielzahl von Romanen zu und über Stalingrad wurde die Thermopylenschlacht weiterhin als Beispiel für einen Opfertod aus militärischer Pflichterfüllung angeführt. Das machte die Gefallenen zu „anständigen" Kameraden, die damit der Kritik enthoben waren, für das NS-Regime gekämpft zu haben. Doch die Rezeption der Thermopylenschlacht veränderte sich in anderen gesellschaftlichen Bereichen rapide. Zwar gehörte sie in der Bundesrepublik zunächst weiterhin zum Bildungskanon der höheren und mittleren Schulen, doch war sie erstmals auch Gegenstand von Kritik und verlor so ihre seit der Kaiserzeit unhinterfragte Modellfunktion. Eines der bekanntesten Beispiele derartiger Kritik ist sicherlich die Kurzgeschichte *Wanderer, kommst du nach Spa...* von Heinrich Böll von 1950. Doch seitdem die Schlacht bei den Thermopylen Anfang der 1970er aus dem Bildungskanon der Schulen weggefallen ist, ist sie selbst nur noch Wenigen bekannt.

Die Thermopylenschlacht hat aber seit dem 18. Jahrhundert nicht nur in Deutschland, sondern auch in der Schweiz, in den Niederlanden und Nordamerika, ganz besonders aber in England und Frankreich zu eigenen Rezeptionen geführt. Die länderspezifischen Aufnahmen des Themas geschahen dabei häufig sowohl unter dem Eindruck nationaler wie internationaler Hintergründe und beeinflussten sich teilweise auch gegenseitig. In England und Frankreich waren zunächst nationale Beweggründe ausschlaggebend, auf die Thermopylenschlacht zu verweisen. So veröffentlichte Richard Glover 1737 ein episches Gedicht über Leonidas, das erhebliche Popularität erlangte und ins Deutsche, Französische und Dänische übersetzt wurde. Leonidas wird darin als Vorbild eines patriotischen Königs gepriesen, der bereit ist, für die Freiheit seiner Untertanen und aus Liebe zu seinem Land zu sterben. Eine solche Darstellung kann durchaus als moralisches Ideal verstanden werden, das dem englischen König jener Zeit vorgehalten wurde: Georg II. und seine Frau waren nicht allzu beliebt, auch hatte der König erheblichen Einfluss an das Parlament verloren. Dieser Konstellation stellt Glover seine Vorstellung des idealen Königs gegenüber. Die Popularität des Gedichts führte jedoch auch zu einem vermehrten Interesse an Griechenland selbst, das dadurch zum Reiseziel für Intellektuelle wurde. Der Wunsch, die antiken Stätten und auch den Thermopylenpass selber zu sehen, wurde jedoch insofern enttäuscht, als dass man offenbar eine blühende antike Landschaft erwartet hatte und ein verfallenes, von den Türken besetztes Land vorfand. Das Entsetzen darüber war so groß, dass sich unter anderem Lord Byron für die Freiheit Griechenlands stark machte und dafür die Schlacht an den Thermopylen zur Vorlage nahm. Die Türken wurden so zu den Persern der Neuzeit, Leonidas wurde den Griechen wieder als Vorbild geboten.

Auch Frankreich spielte bei der Entwicklung hin zum griechischen Unabhängigkeitskampf eine gewisse Rolle: Bedingt durch die europaweite Begeisterung für die Antike durch die Ausgrabungen bei Pompeji und Herculaneum wurden auch in Frankreich im 18. Jahrhundert wieder verstärkt Bezüge zur Antike hergestellt. Weniger die Thermopylenschlacht als vielmehr Leonidas erhielt jedoch in der Französischen Revolution eine besondere Beachtung, weil er zum Inbegriff des Anführers im Kampf für Freiheit und gegen Tyrannei wurde. Vor diesem Hintergrund erschuf Jacques-Louis David sein bedeutendes Gemälde *Leonidás aux Thermopyles*, das die weitere Rezeptionsgeschichte in Frankreich beeinflusste.

Vor allem aber der Anfang des 19. Jahrhunderts wachsende griechische Widerstand gegen die türkische Besatzung führte zu einem europäisch-nordamerikanischen Philhellenismus in Intellektuellenkreisen (vgl. Kapitel II.5), die auch auf die jeweilige eigene Landeskultur einwirkten und die Thermopylenschlacht ins kulturelle Bewusstsein brachten. So kam es etwa im texanischen Unabhängigkeitskrieg gegen Mexiko zum Vergleich mit den Thermopylen, und der verlorene Kampf bei Alamo 1836 fand als *Thermopylae of Texas* Eingang in die US-amerikanischen Geschichtsbücher. In Frankreich und England hingegen erhielt die Schlacht vor allem Aufnahme in Literatur und Kunst. Die Thermopylen wurden durch ihre Rezeption zum Bestandteil der nationalen Kultur(en) und zum Träger spezifischer gesellschaftlicher Wunschvorstellungen.

Literatur

Albertz, Anuschka: Exemplarisches Heldentum. Die Rezeptionsgeschichte der Schlacht an den Thermopylen von der Antike bis zur Gegenwart (Ordnungssysteme. Studien zur Ideengeschichte der Neuzeit 17), München 2006.

Baltrusch, Ernst: Sparta. Geschichte, Gesellschaft, Kultur (Beck Wissen 2083), München ³2006.

Clough, Emma: Loyalty and Liberty: Thermopylae in the Western Imagination, in: Figueira, Thomas J. (Hg.): Spartan Society, Swansea 2004, S. 363-384.

Förster, Jürgen (Hg.): Stalingrad. Ereignis, Wirkung, Symbol, München 1992.

Martin, Bernd (Hg.): Der zweite Weltkrieg und seine Folgen. Ereignisse – Auswirkungen – Reflexionen (Rombach Wissenschaften, Reihe Historiae 19), Freiburg/Berlin 2006.

Rutz, Rainer: Signal. Eine deutsche Auslandsillustrierte als Propagandainstrument im Zweiten Weltkrieg, Essen 2007.

Schulz, Raimund: Athen und Sparta (Geschichte kompakt – Antike), Darmstadt ³2008.

Welwei, Karl-Wilhelm: Sparta. Aufstieg und Niedergang einer antiken Großmacht, Stuttgart ²2007.

Arbeitsfragen

Was sind die Kernelemente des „Thermopylenmythos"? Welche anderen Elemente werden jeweils verändert und warum?

Welche Bedeutung wird in den Quellen dem Opfertod der Soldaten zugesprochen? Was soll der Sinn dieses Opfers sein, wofür und warum sollen sich die Soldaten opfern?

Worauf beruht der Opfertod der Soldaten und existieren alternative Handlungsmöglichkeiten?

Welche Motive werden den Spartanern in den antiken Quellen unterstellt, den Bergpass zu verteidigen? Wie wird die Anlehnung daran in den neuzeitlichen Quellen vorgenommen?

Wie funktioniert in den Quellen die Konstruktion von Gemeinschaft? Wie werden die Kombattanten voneinander abgegrenzt und welche Identifikationsmöglichkeiten werden dem Leser geboten?

7 Der Streit um das makedonische Erbe – Griechenland und Mazedonien

Kyriaki Doukelli, Christine G. Krüger und Martin Lindner

Die moderne Auseinandersetzung um das Erbe des antiken Makedoniens erschöpft sich nicht in dem Streit, den Griechenland und die ehemalige jugoslawische Teilrepublik um den Namen „Mazedonien" führen. Zentral für die nationale Mythenbildung sind die ethnische Zuweisung der frühen Makedonen und die Einschätzung der Expansion unter Philipp II. und Alexander dem Großen.

Die Makedonen sind für uns in der ersten Hälfte des 1. Jahrtausends v.Chr. im Gebiet oberhalb des Olymps nahe dem Thermaischen Golf zu fassen, heute Teil der griechischen Region Makedonia. Selbstzeugnisse sind kaum überliefert, unsere Informationen entstammen daher überwiegend späteren griechischen Autoren. Diese schwankten – oft aus politischen Gründen – in ihrer Einordnung der nördlichen Nachbarn zwischen der Identifikation als griechischer Stamm oder als Barbaren. Zu den größten Unterschieden wurden die Sprache und die politische Organisation gezählt. Das Makedonische ist heute nur noch in wenigen Schriftzeugnissen erhalten. Soweit sich rekonstruieren lässt, war es mit dem Griechischen zumindest verwandt. Womöglich stellte es sogar einen griechischen Dialekt dar, der aber durch thrakische und illyrische Einflüsse von den antiken Griechen als fremd empfunden wurde. Auch organisatorisch unterschied sich Makedonien als Flächenstaat unter königlicher Herrschaft von den griechischen Stadtstaaten. Beginnend mit dem wohl legendären Perdikkas I. weitete die Dynastie der *Argeadai* seit dem 7. Jahrhundert v.Chr. ihr Territorium durch Eroberungen aus und trat in immer engeren Kontakt mit der griechischen Welt.

In den Perserkriegen (siehe Kapitel II.5) gab sich Alexander I. als Griechenfreund aus, obwohl er gleichzeitig die persische Seite unterstützte. So bemühte er sich etwa um eine Teilnahme an den Olympischen Spielen, die aber nur griechischen Athleten offen standen. Im folgenden Ausschnitt berichtet der Historiker Herodot (ca. 485-424 v.Chr.) aus zeitnaher Sicht als Grieche, wie Alexander dennoch Anerkennung fand.

Herodot: Historien 5,22

(1) Daß die von Perdikkas abstammenden Könige Hellenen [Griechen] sind, sagen sie nicht bloß selber, sondern auch ich selbst weiß es ganz genau und werde ihre hellenische Abkunft in den späteren Büchern beweisen. Auch die Hellenodiken, die Kampfrichter in Olympia, haben das anerkannt. (2) Als Alexandros an den Wettspielen teilnehmen wollte und nach Olympia kam, wollten ihn seine hellenischen Mitkämpfer von den Spielen ausschließen und sagten, die Spiele seien nur für Hellenen, nicht für Barbaren. Alexandros aber bewies, daß er Argeier sei, und seine hellenische Abstammung wurde durch die Richter anerkannt. Er nahm am Wettlauf teil und kam mit dem Sieger zugleich ans Ziel.

Die Verbindung der eigenen Dynastie der *Argeadai* mit der Stadt Argos auf der Peloponnes war eine Erfindung Alexanders I. Sie lieferte allerdings eine folgenschwere Deutungsmöglichkeit, die von den Griechen immer wieder aufgegriffen wurde: Die Makedonen selbst waren vielleicht Barbaren, ihre Anführer aber Griechen. Umgekehrt „erbten" die Argeaden über das legendäre Herrschergeschlecht der Temeniden von Argos eine mythologische Abstammung vom Halbgott Herakles (vgl. Herodot: Historien 8,137ff.).

Nach den Perserkriegen wurde Makedonien immer wieder in innergriechische Angelegenheiten hineingezogen, so etwa in den Peloponnesischen Krieg zwischen dem athenischen und dem spartanischen Bündnis Ende des 5. Jahrhunderts v.Chr. Philipp II. schließlich gelang es, ganz Griechenland zu Makedoniens Einflussgebiet zu machen: Philipp war zeitweise in Griechenland aufgewachsen und hatte später die Regentschaft in Makedonien übernommen. In den frühen 350er Jahren v.Chr. eignete er sich durch diplomatisches Geschick und militärische Erfolge Gebiete an der Ägäis an, auf die zuvor Athen Anspruch erhoben hatte. In den folgenden zehn Jahren eroberte Philipp unter anderem das Gebiet des östlich gelegenen Thrakiens und des südlich gelegenen Thessaliens. 346 v.Chr. schloss er den sog. Philokratesfrieden mit Athen, auf den die anschließende Rede des bekannten athenischen Autors Isokrates Bezug nimmt.

Isokrates war ein einflussreicher Redenschreiber und Rhetoriklehrer, trat jedoch nie selbst als Redner auf. Seine Schriften waren wohl mehr als Unterrichtsmaterial und politische Denkschriften konzipiert. Später fand sein Werk auch in Rom Bewunderer wie Cicero und machte ihn bis ins 19. Jahrhundert zum Vorbild für moralische und politische Rhetorik. Im folgenden Ausschnitt bemüht Isokrates den oben geschilderten Abstammungsmythos, um Philipp für eine Richtungsänderung seiner Expansionsvorhaben einzunehmen.

Isokrates: Rede an Philipp 14-154

(14) Ich konnte nun beobachten, daß alle anderen angesehenen Männer in Abhängigkeit von ihren Poleis und Gesetzen leben und daß es ihnen nicht möglich ist, etwas anderes als vorgeschrieben zu tun – ja zu machtlos sind, um meine Vorschläge in die Tat umzusetzen. (15) Ich sah jedoch, daß dir allein vom Schicksal die Möglichkeit gegeben ist, Gesandte nach Belieben in andere Poleis zu schicken und nach deinem Gutdünken zu empfangen und zu sagen, was du für nützlich hältst, und ich sah, daß du wie kein anderer unter den Griechen über Reichtum und Macht verfügst, was allein von allen Gütern dieser Welt dazu geschaffen ist, Menschen zu überreden oder Zwang auf sie auszuüben. Auch meine Vorschläge werden, glaube ich, diese beiden Voraussetzungen brauchen. (16) Ich will dir nämlich den Rat erteilen, die Führung in einer Vereinigung aller Griechen zu übernehmen und den Feldzug gegen die Barbaren [hier: die Perser] zu leiten. Überredung ist gegenüber den Griechen vorteilhaft, Zwang auszuüben ist im Hinblick auf die Perser von Nutzen: Dies ist, in groben Umrissen dargestellt, der Inhalt meiner ganzen Rede. [...]

(30) Jetzt aber will ich über die inhaltlichen Punkte sprechen. Ich bin der Ansicht, du müßtest versuchen, die Poleis der Argiver, Lakedaimonier [Spartaner], Thebaner und Athener miteinander zu versöhnen, ohne dabei deine eigenen Interessen zu vernachlässigen. Wenn es dir nämlich gelingt, diese Poleis zu einigen, dann wirst du ohne Schwierigkeiten auch unter den übrigen Eintracht herstellen. (31) Alle anderen Poleis nämlich stehen unter dem Schutz der oben genannten und suchen bei einer von ihnen, je nachdem wie

es sich gerade trifft, Zuflucht, wenn sie in Angst geraten, und holen sich von dort Hilfe. Wenn du also nur vier Poleis zur Vernunft überreden kannst, wirst du auch alle anderen von vielen Nöten befreien. (32) Daß du aber keine von ihnen geringachten darfst, könntest du erkennen, wenn du dir das Verhalten dieser Poleis deinen Vorfahren gegenüber ins Gedächtnis zurückrufst, denn bei jeder wirst du feststellen, daß sie euch sehr freundlich gesinnt ist und euch große Wohltaten erwiesen hat. Zunächst sei Argos genannt: Es ist die Polis deiner Vorväter, der du ebensoviel Fürsorge zukommen lassen mußt wie deinen Ahnen. Dann die Thebaner: Mehr als alle anderen Götter verehren sie den Ahnherr eures Geschlechts mit feierlichen Prozessionen und Opfern. (33) Dann die Lakedaimonier: Sie haben den Nachkommen jenes Ahnherrn die Königsmacht und den Oberbefehl im Krieg für alle Zeiten verliehen. Schließlich unsere Polis: Nach Aussagen von Leuten, deren Berichten über längst vergangene Zeiten wir Glauben schenken können, hat Athen einen wesentlichen Beitrag zur Unsterblichkeit des Herakles geleistet – wie dies geschehen ist, kannst du ein andermal leicht erfahren, jetzt aber ist für mich nicht der rechte Moment, davon zu berichten. Athen hat außerdem die Rettung seiner Söhne bewirkt: (34) Unsere Polis nämlich nahm allein im Kampf gegen die Streitmacht des Eurystheus die größten Gefahren auf sich, machte so seinem frevelhaften Treiben ein Ende und befreite die Söhne des Herakles von ständig sie bedrohenden Ängsten. Dafür stünde uns nicht nur die Dankbarkeit der damals Geretteten zu, sondern auch der heute noch Lebenden. Uns nämlich verdanken sie ihre Existenz und den Genuß aller Güter, über die sie verfügen. Denn wenn die Söhne des Herakles nicht gerettet worden wären, dann hätten sie überhaupt nie geboren werden können. [...]

(72) Mit den Vorbemerkungen über mein Thema könnte ich mich eigentlich nun zufriedengeben, hätte ich nicht einen Punkt unterschlagen, nicht weil ich ihn etwa vergessen hätte, sondern weil ich Bedenken hatte, ihn vorzubringen. [...] (73) Ich bemerke nämlich, daß du von Leuten verleumdet wirst, die dich einerseits beneiden, die andererseits gewohnt sind, in ihren eigenen Poleis Unruhen zu stiften und glauben, daß der Friede, der im Interesse der Allgemeinheit ist, ihren eigenen Interessen zuwider laufe. Diese Leute lassen alles andere außer acht und behaupten von deiner Macht, sie werde nicht im Interesse Griechenlands gestärkt, sondern sei gegen Griechenland gerichtet; du hättest schon lange gegen uns alle Böses im Sinn (74) und wolltest zwar angeblich den Messeniern helfen, wenn du die Angelegenheiten der Phoker in Ordnung gebracht hättest, in Wirklichkeit aber wolltest du die Peloponnes unterwerfen. [...] (76) Menschen mit solchen Ansichten haben so wenig Vernunft, daß sie nicht einmal wissen, daß man mit denselben Worten den einen schaden, den anderen nützen kann. So auch jetzt: Wenn einer behaupten sollte, der König Asiens schmiede feindliche Pläne gegen die Griechen und rüste zu einem Feldzug gegen uns, dann dürfte er über ihn keine negativen Aussagen machen, sondern nur bewirken, daß seine Tapferkeit und sein Wert uns noch größer erscheint. Wenn man aber einem Nachkommen des Herakles, des Wohltäters für ganz Griechenland, diesen Vorwurf macht, dann würde er ihn aufs äußerste beschämen. (77) Wer nämlich wäre nicht ungehalten und empfände nicht Abscheu, wenn ein Nachkomme offenkundig Böses gegen diejenigen Menschen im Schilde führt, für die sein Vorfahre bereitwillig Gefahren auf sich nahm, und wenn dieser Nachkomme das Wohlwollen, das sein Vorfahre als Vermächtnis hinterlassen hat, nicht zu bewahren versuchte, sondern sich überhaupt nicht darum kümmerte und statt dessen verabscheuungswürdige, schlimme Taten im Sinne hätte? [...] (79) Vielleicht denkst du nun, es sei kleinmütig, sich um Verleumder und Schwätzer und um

Leute zu kümmern, die sich von letzteren beeinflussen lassen, zumal wenn du dir keiner Schuld bewußt bist. Du darfst aber die Masse nicht geringachten, noch darfst du es für eine Kleinigkeit halten, bei allen einen guten Ruf zu haben – nein, erst dann darfst du annehmen, einen guten und bedeutenden Ruf zu besitzen, der deiner Person, deiner Vorfahren und eurer gemeinsamen Leistungen würdig ist, wenn du zu den Griechen ein Verhältnis hergestellt hast, (80) wie du es bei den Lakedaimoniern gegenüber ihren Königen und bei deinen eigenen Freunden dir gegenüber beobachten kannst. Dies zu erreichen, ist aber nicht schwierig, wenn du dich allen gegenüber unparteiisch geben willst und aufhörst, den einen Poleis freundschaftlich zu begegnen, anderen gegenüber eine ablehnende Haltung einzunehmen – noch dazu, wenn du solche Unternehmungen wählst, die dich zum Vertrauten der Griechen, zum Schrecken der Barbaren machen werden. [...]

(105) In allem anderen aber, meine ich, hätten dir wohl dein Vater sowie der Begründer eurer Königsmacht als auch der Ahnherr eures Geschlechts die gleichen Ratschläge wie ich erteilt, wenn euer Ahnherr das Recht und die beiden anderen noch die Möglichkeit dazu hätten. (106) Als Beweis führe ich ihr Handeln an: Dein Vater nämlich hat sich all den Poleis gegenüber freundschaftlich verhalten, denen du nach meinem Ratschlag deine Aufmerksamkeit schenken sollst. Der Begründer eurer Macht, der höhere Ziele verfolgte als seine Mitbürger und nach dem Thron strebte, wollte die Königswürde nicht auf dem gleichen Weg erhalten wie andere Menschen mit solch ehrgeizigen Plänen. (107) Andere Menschen nämlich erwarben sich dieses ehrenvolle Amt dadurch, daß sie in ihren Poleis Aufstände, Unruhen und Blutvergießen hervorriefen. Der Begründer deiner Macht jedoch ließ griechisches Territorium völlig außer acht, strebte aber nach dem Thron in Makedonien. Denn er wußte, daß die Griechen es nicht gewohnt waren, die Königsherrschaft zu ertragen, daß aber die anderen Völker ihr Leben nicht ohne eine derartige Herrschaft meistern konnten. (108) Diese seine Erkenntnis brachte es mit sich, daß auch seine Königsherrschaft sich sehr von der aller anderen unterschied. Denn er allein unter den Griechen erhob keinen Anspruch auf die Herrschaft über einen ihm verwandten Stamm, und so konnte er allein auch die mit einer Monarchie üblicherweise verbundenen Gefahren vermeiden. Folgendes nämlich ließe sich beobachten: Wenn einer unter den Griechen den Versuch machte, die Herrschaft über die anderen anzustreben, ist er nicht nur selbst umgekommen, sondern sein gesamtes Geschlecht ist aus der Menschheitsgeschichte verschwunden. Jener aber hat sein Leben glücklich zu Ende geführt, seinem Geschlecht hinterließ er die gleichen Ehren, die er selbst genossen hatte. [...]

(120) Wenn nun Iason [ein griechischer Sagenheld, der einen Perserkrieg geplant haben soll] schon allein durch Worte sich so berühmt gemacht hat, welche Meinung darf man dann erst bei den Griechen über dich erwarten, falls du Iasons Plan in die Tat umsetzt, und wenn du im günstigsten Fall versuchst, das gesamte persische Reich zu erobern, andernfalls aber versuchst, möglichst viel Territorium zu gewinnen und Asien, wie man sagt, von Kilikien bis Sinope abzutrennen, ferner Poleis in dieser Gegend zu gründen und dort Menschen anzusiedeln, die jetzt aus Mangel am Alltäglichen heimatlos herumirren und jeden, dem sie begegnen, belästigen. (121) Wenn wir diese Leute nicht daran hindern, sich zusammenzurotten, indem wir ihnen ausreichenden Lebensunterhalt verschaffen, so wird ihre Zahl unmerklich so anwachsen, daß sie für die Griechen nicht weniger Schrecken bedeuten als für die Barbaren. Nun aber unternehmen wir nichts dagegen, sondern ignorieren völlig, daß mit ihnen eine uns alle betreffende schreckliche Bedrohung von Tag zu Tag wächst. (122) Es ist aber Pflicht eines Mannes, der sich hohe Ziele steckt, ein Freund

der Griechen ist und der weiter blickt als alle anderen, solche Leute gegen die Barbaren einzusetzen und mit ihrer Hilfe soviel Territorium von Asien abzutrennen, wie soeben erwähnt, und so die Heimatlosen von ihrer Mühsal und Not zu befreien, unter der sie selbst leiden und die sie anderen bringen, ferner diese Menschen in Poleis anzusiedeln, Griechenland damit zu begrenzen und diese Poleis als Bollwerke für uns alle anzulegen. (123) Du wirst damit nämlich nicht nur jenen Heimatlosen Wohlstand bringen, sondern wirst auch für uns alle einen Zustand der Sicherheit schaffen. Solltest du jedoch darin nicht erfolgreich sein, so wirst du zumindest die Befreiung der Poleis in Asien erreichen. Was auch immer du von deinem Vorhaben ausführen kannst oder auch nur versuchst, in die Tat umzusetzen, du wirst auf jeden Fall mehr Ruhm ernten als alle anderen, und zwar mit Recht, wenn du nur selbst dich zu diesem Unternehmen aufschwingst und die Griechen dafür gewinnst. (124) Wer dürfte sich nämlich nicht mit gutem Grund über die jetzigen Verhältnisse wundern und Verachtung für uns empfinden? Denn während unter den Barbaren, die bei uns für verweichlicht, kriegsunerfahren und von ihrer üppigen Lebensweise verdorben gelten, Männer aufgetreten sind, die beanspruchten, über Griechenland zu herrschen, hat kein Grieche auch nur daran gedacht, uns zu Herren über Asien zu machen. [...]

(154) Meine Meinung ist: Gegenüber den Griechen mußt du dich als guter Freund zeigen, über die Makedonen mußt du als König regieren, über die Barbaren aber mußt du in möglichst großer Zahl herrschen. Tust du dies, so wird dir die ganze Menschheit dankbar sein: Die Griechen für die empfangenen Wohltaten, die Makedonen, wenn du wie ein König und nicht wie ein Tyrann herrschst, alle anderen Völker aber, wenn sie, vom Joch der Barbaren befreit, den Schutz der Griechen genießen dürfen.

Ob Philipp den Text kannte, ist ungewiss; seine weitere Vorgehensweise entsprach jedoch nicht der von Isokrates angedachten Konzeption. Mit dem Sieg bei Chaironeia 338 v.Chr. bezwang Philipp die letzten griechischen Gegner. Athen wechselte auf Philipps Seite und unterstellte sich (wie fast ganz Griechenland) dem Makedonen im neu gegründeten Korinthischen Bund. Zwei Jahre später wurde Philipp – womöglich auf Veranlassung seiner Frau Olympias – ermordet und von seinem Sohn Alexander III. beerbt. Einen geplanten Perserkrieg konnte er nicht mehr umsetzen.

Alexander war mit griechischer Bildung groß geworden, zu seinen Lehrern zählte etwa der Philosoph Aristoteles. Antike Autoren berichten, Alexander habe sich den griechischen Sagenhelden Achilles zum Vorbild genommen. Als neuer König festigte er die Stellung Makedoniens als Schutzmacht über die griechischen Poleis und drängte den Korinthischen Bund dazu, ab 334 v.Chr. den schon von seinem Vater vorgesehenen Krieg gegen Persien zu führen. Die wichtigsten Argumente waren dabei die Befreiung der kleinasiatischen Griechen, die unter persischer Herrschaft standen, und die Vergeltung für die Verbrechen des Xerxes (siehe Kapitel II.5). In nur wenigen Jahren gelangen ihm eine Reihe spektakulärer Siege gegen Dareios III., die schließlich das ganze Perserreich unter seine Kontrolle brachten. Obwohl damit die eigentlichen Ziele des Feldzuges erreicht waren, stellte sich nun Alexander selbst in die Nachfolge der persischen Herrscher und begann mit einer Expansion nach Osten. Mit signalhaften Maßnahmen wie einer „Massenhochzeit" zwischen alten und neuen Untertanen in Susa unterstützte er eine Verbindung seiner unterschiedlichen Untergebenen, was jedoch gerade bei seinem alten Anhang wenig positiv aufgenommen wurde. So berichtet im folgenden Auszug der Autor Arrian über eine Meuterei in Opis am Tigris im Jahre 324 v.Chr.

Arrian wurde um 90 n.Chr. in Nikomedeia am Marmarameer geboren und stieg unter den Kaisern Traian und Hadrian in hohe Militärämter auf. Später siedelte er nach Athen über. Für seine Alexandergeschichte zog er heute verlorene Augenzeugenberichte und mehrfach auch späteres Material heran. Wertvoll sind besonders seine kenntnisreichen Abhandlungen zu den militärischen Maßnahmen. Bei der Personendarstellung unterlag seine insgesamt sehr gemäßigte Darstellung schon dem Einfluss der späteren Alexandertradition.

Arrian: Anabasis 7,8-12

(8) Nach seiner Ankunft in Opis rief er die Makedonen zur Versammlung und verkündete, er wolle die wegen Alter oder körperlicher Verstümmelung nicht mehr Kampffähigen aus dem Kriegsdienst entlassen und sie in die Heimat zurückschicken; als Entlassungsgeschenk aber wolle er ihnen soviel geben, daß alle in der Heimat mehr beneidet und auf diese Weise die anderen Makedonen gereizt würden, die gleichen Mühen und Gefahren auf sich zu nehmen. Er sagte dies natürlich, um ihnen eine Freude zu machen. Sie aber, als würden sie nun von Alexander ganz offen beiseite geschoben und allesamt für weiteren Kriegsdienst als unbrauchbar angesehen, waren ihrerseits über diese Worte Alexanders nicht ganz ohne Grund empört – herrschte doch im ganzen Heer bereits aus vielen anderen Gründen eine Mißstimmung, wie etwa über das noch häufig mit Ärger registrierte Anlegen persischer Tracht, das in die gleiche Richtung wies, die Ausbildung der nicht griechischen Epigonen nach makedonischer Art und die Einreihung fremdstämmiger Reiter in die eigene Hetairenkavallerie. Jetzt konnten sie sich nicht mehr halten, sondern riefen, er möge sie doch gleich alle aus dem Dienst entlassen und allein mit seinem Vater in den Krieg ziehen. [...] Alexander, der das hörte – er war um diese Zeit sowieso schon ziemlich reizbar und nicht mehr so wohlgesinnt gegen die Makedonen, seit man ihn auf Barbarenart verehrte –, sprang zusammen mit seinen Truppenführern von der Tribüne und befahl, die offenkundigsten der Schreier, die die Masse aufhetzten, zu verhaften, wobei er selbst durch Zeichen mit der Hand den Hypaspisten Anweisung gab, wer zu ergreifen sei. Es waren dies 13 Männer, die er sofort zur Hinrichtung abzuführen befahl. Als die anderen nun erschrocken schwiegen, trat er wieder auf die Tribüne und sprach folgendes:

(9) „Makedonen! Folgendes spreche ich nicht zu euch in der Absicht, euch von eurem Drang nach Hause abzuhalten, denn von mir aus könnt ihr nunmehr hingehen, wohin ihr wollt. Aber wenn ihr jetzt davongeht, sollt ihr wenigsten wissen, wie wir drangewesen sind und was aus uns geworden ist. Wie recht und billig, will ich dabei mit Philipp, meinem Vater, beginnen. Als dieser die Regierung bei euch übernahm, habt ihr euch noch in Armut und ohne feste Wohnsitze herumgetrieben, die meisten von euch haben in Lederzelten auf den Bergen ihre paar Schafe gehütet und sich schlecht und recht gegen Illyrer, Triballer und benachbarte Thraker gewehrt, um jene zu behalten. Er aber hat euch Gewänder anstelle von Ziegenfellen zu tragen gegeben, hat euch aus den Bergen in die Ebene geführt und zu gleichwertigen Gegnern für die benachbarten Barbaren gemacht. [...] Er war es, der euch zu Bewohnern von Städten machte und euer Leben durch Gesetze und brauchbare Einrichtungen geregelt hat. Über die gleichen Barbaren, die euch und eure Habe vordem nach Herzenslust ausplünderten, hat er euch, ihre einstigen unterdrückten Sklaven, zu Herren gesetzt, hat fast ganz Thrakien Makedonien zugefügt, die günstigsten

Küstenplätze in Besitz genommen und so das Land dem Handel erschlossen. Er hat es ermöglicht, daß ihr ohne Furcht die Bergwerke ausbeuten konntet, durch ihn seid ihr Herren über die Thessaler geworden, vor denen ihr aus Angst früher fast gestorben seid, er hat den Stamm der Phoker gedemütigt und so den Zugang nach Griechenland für euch breit und bequem gemacht, der euch früher eng und verschlossen war. Er war es, der die Macht der Athener und Thebaner, die bisher stets die Faust im Nacken Makedoniens hielten, so brach, daß es, nachdem wir früher den Athenern Steuern zahlten und den Thebanern gehorchen mußten, nunmehr umgekehrt in unserer Hand liegt, ob wir deren Sicherheit weiterhin garantieren wollen oder nicht. Er ist in den Peloponnes gezogen und hat auch dort Ordnung geschaffen. Und indem er sich zu dem mit allen Vollmachten ausgestatteten Führer des ganzen übrigen Griechenlands für den Feldzug gegen den Perserkönig ernennen ließ, hat er nicht so sehr sich selbst wie der ganzen Volksgemeinde der Makedonen Ruhm verschafft. [...]

(10) Von Sieg zu Sieg habe ich euch durch alle Länder und Meere geführt, durch Flüsse, über Berge und durch die Ebenen, ich habe die gleiche Ehe geschlossen wie ihr, so daß die Kinder vieler von euch die nächsten Verwandten meiner eigenen sein werden. Wer von euch Schulden hatte, für den habe ich gezahlt, ohne mich darum zu kümmern, woher diese stammen, obwohl ihr so hohen Sold erhalten, so viel Beute gemacht habt, wenn es bei Belagerung einer Stadt zur Plünderung kam. Die meisten von euch tragen goldene Kränze zur unvergänglichen Erinnerung an eure Heldentaten und meine Anerkennung. Wer aber fiel, dessen Leben nahm ein ruhmreiches Ende, und sein Grab ist zum Mahnmal geworden; in der Heimat stehen Denkmäler der meisten aus Erz, ihre Eltern sind geehrt und frei von aller Steuer, von jeglichen Abgaben. Denn noch keiner von euch ist, solange ich an eurer Spitze stehe, auf der Flucht umgekommen. Jetzt aber wollte ich die nicht mehr Einsatzfähigen unter euch nach Hause senden, denen daheim zum Vorbild. Aber da ihr alle gehen wollt, zieht denn dahin und verkündet daheim, daß ihr euren König Alexander, den Sieger über Perser, Meder, Baktren und Saken, nach Unterwerfung von Uxiern, Arachoten, Drangianern, nach der Besitzergreifung von Parthien, Chorasmien und Hyrkanien bis hin ans Kaspische Meer, nach Überschreitung des Kaukasus über die Kaspischen Tore, nach Überquerung von Oxus und Tanais, dazu auch des Indus, den sonst nur noch Dionysos überschritt, nach Hydaspes, Akesines, Hydraotes und schließlich auch dem Überschreiten des Hyphasis, hättet ihr dies nicht verweigert, nach der Fahrt durch beide Indusmündungen ins Große Meer hinaus, nach dem Marsch durch die Wüste von Gedrosien, dort wo noch niemand mit einem Heer durchzuziehen vermocht hat, nach Eingliederung auch Karmaniens und des Oreitenlandes in euren Machtbereich gleichsam im Vorbeigehen, nach Fahrt mit der Flotte vom Indischen ins Persische Meer – daß ihr nach alldem, als ihr nach Susa zurückgekehrt wart, euren König im Stich gelassen habt und davongegangen seid, indem ihr ihn dem Schutz der besiegten Barbaren anvertrautet: Dies berichten zu können wird euch bei den Menschen sicherlich Ruhm einbringen und von den Göttern als fromme Tat angerechnet werden. Verschwindet!" [...]

(11) Die Makedonen indes waren unmittelbar nach seinen Worten erschüttert und verharrten in Schweigen vor der Tribüne, und außer den Hetairen seiner Umgebung sowie den Leibgardisten war niemand ihm gefolgt, als er den Platz verließ. Die meisten von ihnen waren sich freilich weder im klaren, was sie nunmehr tun sollten, falls sie blieben, noch hatten sie vor, abzumarschieren. Doch als bekannt wurde, was er mit den Persern, was mit den Medern vorhabe, daß man die Kommandostellen Persern gab, das barbarische Heer in

Einheiten aufteilte, daß man unter makedonischen Bezeichnungen nun von einer persischen Gardetruppe sprach, von persischen Hetairen zu Fuß, einer persischen Argyraspidentruppe, einer persischen Hetairenreiterei mit eigener neuer Gardeschwadron innerhalb dieser – da konnten sie sich nicht mehr halten, sondern liefen zum Palast, warfen vor den Toren die Waffen zu Boden als Zeichen ihres flehenden Bittens, wichen nicht vom Platz und baten schreiend, er möge sie zu sich lassen. [...] Da kamen ihm auch selbst die Tränen, und er wollte zu ihnen sprechen. Sie aber beharrten bei ihren Bitten, und einer, dem Alter nach und als Anführer einer Abteilung der Hetairenreiterei eine nicht unbedeutende Persönlichkeit unter ihnen, namens Kallines, ergriff das Wort: „König, der Grund für den Schmerz der Makedonen ist, daß du Perser nun zu deinen Sippengenossen gemacht hast, Perser demnach Verwandte des Königs heißen und dich küssen dürfen, eine Ehre, die keinem Makedonen jemals zuteil geworden ist." Da unterbrach ihn Alexander und sagte: „Euch alle mache ich zu meinen Verwandten, und von nun ab werde ich euch so nennen." Nach solchen Worten kam Kallines auf ihn zu, küßte ihn und mit ihm jeder andere, der dies wollte. So nahmen sie ihre Waffen wieder auf und zogen unter Freudenruf und Lobgesängen ins Lager zurück. Zum Dank brachte Alexander den Göttern Opfer, denen das Herkommen zu opfern gebot, und hielt ein allgemeines Festmahl, wobei er sich in ihrer aller Mitte niederließ, die Makedonen um ihn herum, anschließend die Perser und dahinter die nach Rang und Verdienst besonders geachteten Persönlichkeiten der anderen Völker. Dabei schöpften er und die, die in seiner Nähe waren, gemeinsam aus einem Mischkrug und brachten ihre Trankopfer, wobei griechische Seher wie persische Magier die Gebete sprachen. Neben anderem Segen erflehte er dabei Eintracht und das Gefühl von Zusammengehörigkeit in einem Reiche für Makedonen und Perser. Wie es heißt, nahmen an diesem Opferfest 9000 Menschen teil, die ein und dasselbe Opfer brachten und dazu religiöse Gesänge anstimmten.

(12) Dann zogen, wie mit ihm beschlossen, die Makedonen freiwillig nach Hause, die wegen des Alters oder sonst einer Ursache nicht mehr kampffähig waren. Ihre Zahl betrug etwa 10000 Mann, denen er den Lohn nicht nur für die damit beendete Dienstzeit, sondern bis zum Eintreffen in der Heimat auszahlen ließ. [...] Im Fall, sie hatten Nachkommen mit Frauen aus Asien, so sollten sie diese bei ihm zurücklassen, um nicht mit diesen stammesfremden, mit asiatischen Müttern gezeugten Kindern Unruhe bei den in der Heimat zurückgelassenen Kindern und deren Müttern heraufzubeschwören. Er selbst werde für eine makedonische Erziehung und dazu entsprechende militärische Ausbildung der Söhne sorgen, und wenn sie einst erwachsene Männer seien, wolle er sie selbst nach Makedonien führen und sie ihren Vätern vorstellen.

Alexander starb 323 v.Chr., ohne sein Reich und seine Nachfolge ausreichend gesichert zu haben. In der Folge zerfiel das Territorium rasch in mehrere Teilherrschaften. Diese sog. Diadochenreiche konkurrierten miteinander, den schon zu Lebzeiten entstandenen Mythos Alexander propagandistisch zu vereinnahmen. Eine Wiedererrichtung des makedonischen Weltreiches gelang jedoch nicht. Die weitere Tradition verklärte Alexanders Bild bis ins Sagenhafte, so besonders der Alexanderroman, der in Übersetzungen und Lokalvarianten im Mittelalter in Europa, Nordafrika und Asien enorme Popularität erlangte.

Makedonien geriet ab dem späten 3. Jahrhundert v.Chr. in Konflikt mit Rom, das 168 v.Chr. mit dem Sieg im 3. Makedonischen Krieg das Königtum beseitigte. Nach Aufständen Mitte des 2. Jahrhunderts v.Chr. wurde das bereits aufgeteilte Makedonien in das römische Provinzsystem eingegliedert und verlor im Laufe der Kaiserzeit zunehmend an Bedeutung. Seit dem 3. Jahrhundert n.Chr. drangen die Goten und andere Stämme mehrfach in das Gebiet vor und siedelten dort zum Teil auch. Eine wirkliche Sicherung Makedoniens durch Byzanz gelang erst im Frühmittelalter.

Seit über einem Jahrhundert bewegt die „mazedonische Frage" das politische Geschehen des Balkans und nicht selten auch Europas. Die Geschichte der Region Mazedonien ist gezeichnet durch starke nationale Spannungen, die sich in den letzten hundert Jahren in mehreren Kriegen entluden und bis in die Gegenwart hinein das politische Klima belasten.

Die geographische Bezeichnung Mazedonien/Makedonien hat sich aus antiken Zeiten erhalten. Im 6. und 7. Jahrhundert wanderten slawische Stämme in die Region ein, die sich wohl mit der einheimischen Bevölkerung vermischten. Seit dem ausgehenden Mittelalter gehörte die Region dem Osmanischen Reich an. Im 19. Jahrhundert entwickelte sich ein panslawistischer Separatismus, der eine Einigung der Slawen und die Loslösung vom Osmanischen Reich zum Ziel hatte.

Im Jahr 1893 formierte sich unter dem Namen „Makedonische Revolutionäre Organisation" (MRO) eine national-mazedonische Bewegung in Makedonien, die nach mehreren Namensänderungen 1905 den Namen „Innere Makedonische Revolutionäre Organisation" (VMRO oder IMRO) annahm. IMRO schaffte es am 20. Juli/2. August 1903 mit der Unterstützung bulgarischer Partisanengruppen die makedonische Bevölkerung zu einem Aufstand zu bewegen, der jedoch innerhalb weniger Tage von türkischen Truppen unterdrückt wurde. Ziel der Beteiligten des sogenannten „Ilinden-Aufstandes" war vorerst die Gründung einer mazedonischen Republik.

Mit dem Auseinanderfallen des Osmanischen Reiches nahmen in den folgenden Jahren die Spannungen in der Region weiter zu. Streitigkeiten um das Gebiet Mazedonien bildeten 1913 den Hauptkonfliktpunkt im zweiten Balkankrieg. Das Resultat des Krieges war die Aufteilung der Region zwischen Bulgarien, Griechenland und Serbien. Alle drei Staaten bemühten sich in der Folgezeit um die Assimilation der makedonischen Bevölkerung. Nach der Niederlage Deutschlands und seiner Alliierten unterschrieb Bulgarien 1919 den Friedensvertrag, der unter anderen einen Bevölkerungsaustausch vorsah: 53000 Bulgaren sollten Griechenland und 46000 Griechen Bulgarien verlassen. Bald darauf kam es zu einem griechischen Feldzug in Kleinasien, der mit der Niederlage Griechenlands endete. 1923 wurde ein Friedensvertrag zwischen Griechenland und der Türkei unterschrieben, in dem ein erneuter Bevölkerungsaustausch bestimmt wurde: 1300000 Griechen mussten die Türkei und 500000 Türken Makedonien und Thrakien verlassen. Während des Zweiten Weltkrieges wurde Makedonien durch deutsch-bulgarische Truppen besetzt. Durch bereits vor 1918 erfolgte freiwillige Auswanderung und den vertraglich bestimmten Bevölkerungsaustausch wurde die Bevölkerung in allen Gebieten ethnisch weiter homogenisiert. Die Balkanstaaten betrieben eine rigide Nationalisierungspolitk, so auch Griechenland, das vor allem während der Metaxas-Diktatur (1936-1941) mit drakonischen Strafen den Gebrauch der slawischen Sprache unterdrückte und slawische Eigen- und Ortsnamen verbot. Während der in Griechenland von zahlreichen Regimewechseln geprägten ersten zwei Drittel des 20. Jahrhunderts wurden mazedonische Griechen vielfach unterdrückt, diskriminiert, eingesperrt und gefoltert. Viele flohen ins Ausland. Erst in den letzten Jahrzehnten des 20. Jahrhunderts ließen die Repressalien nach. Die Hellenisierungspolitik konnte zwar insbesondere bei der Verbreitung der griechischen Sprache Erfolge verbuchen, doch bewahrten viele mazedonische Griechen ein ethnisch-kulturelles Sonderbewusstsein.

Der serbische Teil Mazedoniens wurde 1944 zur jugoslawischen Teilrepublik. Nach dem Zerfall Jugoslawiens erklärte diese 1991 ihre Unabhängigkeit. Griechenland verweigerte dem neuen Staat die diplomatische Anerkennung. Es richtete sich zwar nicht gegen die Staatsgründung als solche, nahm aber Anstoß an der Namenswahl und der Nationalflagge seines neuen Nachbarn. Aus dem in der mazedonischen Verfassung festgelegten Namen „Republik Mazedonien" leitete es mögliche zukünftige Begehrlichkeiten auf die gleichnamigen Gebiete im Norden Griechenlands ab. In der Tat kursierten derartige Expansionsforderungen unter extrem nationalistischen Mazedoniern, staatlicherseits allerdings distanzierte man sich von dieser Position. Auch gegen die 1992 ursprünglich in der Verfassung vorgesehene mazedonische Flagge, die den sogenannten „Stern von Vergina" zeigte, meldete Griechenland scharfe Vorbehalte an. Das sechzehnstrahliges Sonnensymbol, das dem antiken makedonischen Königshaus zugeordnet wird, wurde in den 1970er Jahren bei Grabungen im griechischen Makedonien entdeckt. Griechenland beanspruchte den „Stern von Vergina" als exklusiv griechisches Nationalsymbol und erblickte in seiner Verwendung als mazedonisches Flaggenemblem die unrechtmäßige Einverleibung fremder Kultur und Geschichte. Für viele Griechen gehört das antike Makedonien zum hellenischen Kulturraum, sie sehen sich selbst als rechtmäßige Nachfolger der antiken Makedonen und betonen demgegenüber die slawische Herkunft der heutigen Mazedonier. Dieses Verständnis drückt auch ein patriotisches Lied aus, das auf die griechischen Übernahme der Provinz Mazedonien Bezug nahm. Es wurde in den 1960er Jahren anlässlich des griechischen Nationalfeiertages von Schulklassen gesungen und war auch in den 1990er Jahren in nationalistischen Kreisen wieder populär.

Patriotisches Lied, abgedruckt in: Karakasidou, Anastasia: From the Margins to the Center: The Macedonian Controversy in Contemporary Greece, in: Ferguson, Richard Brian (Hg.): The State, Identity and Violence: Political Disintegration in the Post-cold War World, London 2003, S. 199-216, hier: S. 205f.

Renowned Macedonia,
The Country of Alexander,
Who has expelled the Barbarians,
And now you are free.
You are and will be Greek,
The pride of Greeks,
And we, the Greek children,
We weave you a wreath.

Als 1992 in den Vereinigten Staaten die Aufnahme diplomatische Beziehungen zu dem neu gegründeten Staat Mazedonien diskutiert wurde, appellierten griechischstämmige Amerikaner in einem offenen Brief an den amerikanischen Präsidenten George H.W. Bush, einen Namenswechsel zur Bedingung der diplomatischen Anerkennung zu machen. Die Titelfrage des Briefes „Macedonia, what's in a name?" beantworteten die Autoren gleich in dessen ersten Absatz:

New York Times, 26. April 1992

Macedonia, what's in a name?

Much more than meets the eye
4000 years of Greek history
4000 years of Greek culture
4000 years of Greek heritage
The cornerstones of Western Civilization!

Beide Parteien im griechisch-mazedonischen Konflikt versuchen heute, ihre Position wissenschaftlich zu stützen. In der aufgeheizten politischen Situation, in der bereits die für die neue Republik und ihre Einwohner verwendete Begrifflichkeit ein politisches Bekenntnis darstellt, ließ sich das Ideal der Neutralität der Forschung offenbar nur schwer aufrechterhalten.

In einem historischen Fachbuch zur nationalen Identität der Griechen im 19. und 20. Jahrhundert, aus dem wir keine umfangreicheren Quellenauszüge, sondern nur einige Zitate bringen können, da wir vom Autor keine Nachdruckgenehmigung erhalten konnten, stützt der in der Schweiz lebende Historiker Pavlos Tzermias die griechische Position. Er beruft sich hierfür auch auf die antike Geschichte und streicht heraus, welch wichtige Rolle Philipp und Alexander für die Geschichte Griechenlands gespielt haben.

Tzermias, Pavlos: Die Identitätssuche des neuen Griechentums. Eine Studie zur Nationalfrage mit besonderer Berücksichtigung des Makedonienproblems, Freiburg (Schweiz) 1994, S. 19f.

Kulturpolitisch führte Alexanders Siegeszug zur Hellenisierung eines grossen Teils der damaligen Welt. Ohne enge Verbundenheit der von manchem Athener als „Barbaren" empfundenen Makedonen mit dem „übrigen Hellas" (so Alexander der Grosse in einem Schreiben an den Perserkönig Dareios III.) wäre diese zivilisatorische Leistung undenkbar gewesen. Die sensationellen Funde des griechischen Archäologen Manolis Andronikos in Vergina im Jahre 1977 lieferten zusätzliche Beweise für das hellenische Selbstverständnis der Makedonen. Vor dem Hintergrund der Teilhabe der Makedonen an der hellenischen Erziehung und Kultur mutet die Kontroverse über deren Volkszugehörigkeit kleinlich an. Schliesslich ist ja nicht die „Reinheit des Blutes" entscheidend, sondern die Gesinnung.

Die Bezeichnung „Mazedonien" sei, so legt Tzermias den griechischen Standpunkt dar, eine unangemessene Aneignung eines Namens, der dem Griechentum zuzurechnen sei. Er verschleire die Tatsache, dass „die Slawomakedonier oder – wie sie im Schrifttum auch heissen – Makedoslawen mit den Altmakedonen Alexanders des Grossen nichts zu tun haben" (S. 149). Eine kulturelle Usurpation sei ebenso der ursprüngliche Flaggenentwurf mit dem Vergina-Stern: „Das war in der Tat nicht nur Ausdruck eines auf mythisch-imaginären Vorstellungen beruhenden expansionistischen Nationalismus, sondern darüber hinaus eine provokative Verletzung des hellenischen kulturellen und nationalen Identitätsgefühls" (S. 146).

Bis zum Ende des 20. Jahrhunderts schöpfte die mazedonische Nationalbewegung ihre wichtigsten Gründungsmythen aus der mittelalterlichen Kirchengeschichte und feierte insbesondere die beiden Christianisierer Cyril und Methodius und die Errichtung des Erzbistums Ohrid im 9. Jahrhundert als Anfangspunkt einer blühenden mazedonischen Kultur. Erst im Zuge des Namensstreites mit Griechenland nach dem Zerfall Jugoslawiens begann auch die Antike eine zentrale Rolle für die nationale Legitimationsstrategie der Mazedonier zu spielen, so auch im Buch des Exilmazedoniers und Hobby-Historikers J.S. Gandeto.

Gandeto, J. S.: Ancient Macedonians. Differences Between The Ancient Macedonians and The Ancient Greeks, San Jose u.a. 2002, S. 101f., 123f., 128, 134f.

The wealth of information available testifies that ancient Macedonians neither considered themselves to be Greek, nor were they so considered by their southern neighbors, the Greeks. Ernst Badian, the chairperson at Harvard University's History Department, eloquently describes the mutual sentiment felt between these two dissimilar ancient peoples. They knew the difference between Macedonians and Greeks and no epigraphic evidence unearthed today would suggest the opposite.

The separation was demonstrably evident in their colorful display of tribal/constitutional customs and ceremonies. The differences were accentuated by the inner pride of their ethnicity. From constitutional laws and rules to material culture and nationalism, the ancient Macedonians, the hardy folks who excelled, in hunting, drinking and fighting, formed a distinct ethnic group who saw themselves uniquely different from the Greeks.

The ancient Macedonians dressed, walked, and behaved differently than the pedantic Greeks to the south. Their armor and fighting style were not the same. Their material culture places them largely on a much different plane from the Greeks; customs, religious festivities and the entire demeanor of the ancient Macedonians was unique and unlike anything practiced or found among the Greeks. Some cultural similarities between these two peoples would overlap, as a normal discourse between neighbors, but their specificities significantly outweighed the apparent similarities between them.

In sum, the ancient Macedonians were much closer to their Balkan neighbors than to the Greeks in the south. It should be stressed that the ancient Macedonians looked down upon these arrogant Hellenes with contempt, and this was amply evident and demonstrated in Alexander's court. [...]

What we should do at this particular juncture is admit [...] that the Macedonian kings at times, when it suited their pragmatic interests the most, invoked their mythological connection with the Temenids from Argos. However, to say that these connections took on a majestic expression that dominated within the Greek and Macedonian consciousness is to place an unbearable strain on both the overloaded and culturally satiated Greek mind and the simple-pragmatic, free of unnecessary mythological clutter, Macedonian mind. We can safely deduce that some of the Macedonian kings, like the "phillhellene" Alexander I, to gain access to the Olympic games from which he was excluded at first for not being a Greek, and with Alexander the Great at specific moments, like when he was to deliver an encouraging speech to his troops before battles in Asia – a prudent move by an able commander to raise the fighting morale of his troops – the Argead connection was used and exploited to the fullest. To extend this practice beyond this point is hazardous to say the least. There is no evidence of any barons or commoners from Macedonia exalting in the notion that they have traced their genealogy to Temenus from Argos. That some of the Macedonian kings believed in that tradition, or they wanted others to believe that they have descended from Temenids from Argos, has been proven to be correct; however to claim that this tradition in Macedonia took up a "majestic expression" is difficult to prove, for it rests on no scholarly support. Alexander knew his Macedonians better; he neither asked nor expected divine tribute from them. Aside from a few occasional references to his divine progenitors, we find Alexander not very preoccupied with his Argive origin; and in the consciousness of the common Macedonian soldiers, he was their king and a comrade in arms. The connection with the Temenids from Argos, we may conclude, was an esoteric notion that, aside from occasional emergence with the kings, has no place amongst the common Macedonian soldiers. [...]

The Macedonian king never felt his kingdom to be apart of Greece. Conversely, Greece was not part of the empire and Alexander was not a king of Greece. Here again we have the king addressing his troops: "Starting with Macedonia, I now have power over Greece; I have brought Thrace and the Illyrians under my control; rule the Triballi and the Maedi. I have Asia in my possession from the Hellespont to the Red Sea".

Alexander may have called himself the avenger of Greece, he had led the Macedonians and the Greek allies on a crusade against the Persians as a captain general of the Hellenes, but he 'meant the war chiefly to serve the greatness of Macedonia'. He was not admired nor did the Greeks honor him for his achievements [...]; it has been amply demonstrated that he was viewed as a conqueror of Greece and that the Greeks never became accustomed to his foreign rule. Greece simmered with hate for him and his Macedonians. The fact that Alexander was forced to leave behind half of his army indicates, with added significance, that Greece was an occupied territory.

Während ein Teil der mazedonischen Nationalisten die slawische Herkunft der heutigen Mazedonier anerkennt und lediglich die Unterschiede zwischen antiken Makedonen und Griechen betont, um damit griechische Ansprüche auf das kulturelle Erbe zu entkräften, vertreten andere die These einer Jahrtausende alten Kontinuität und datieren die Ursprünge der mazedonischen Nation in die vorchristliche Zeit. Als Argument werden hierbei gerne vermeintlich objektive Fakten aus medizinischen Studien wie der folgenden herangezogen, ohne deren oft extrem angreifbare Basis zu hinterfragen.

Arnaiz-Villena, A., u.a.: HLA genes in Macedonians and the sub-Saharan origin of the Greeks, in: Tissue Antigens 57, 2001, S. 118-127.

Ancient Macedonians were among the peoples that lived between northern Greece (Thessaly) and Thrace in the Balkans and were considered by the classical Greeks as "non-Greek barbarians" that could not participate in the Greek Olympic Games. Herodotus wrote that "Macedonians" were "Dorians" and were never admitted to the Greek community. They did not speak Greek but another language presently unknown and of which only proper names remain; nowadays, they speak a Slavic language. Macedonians fought against the Greeks between 357-336 B.C. under King Philip II. They defeated the Greeks at the Battle of Chaironea (338 B.C.). The Macedonian empire extended from the Balkan

Peninsula to the Himalayas and to North Africa during the reign of Philip's son, Alexander the Great. Thereafter, Macedonia was conquered by the Romans and has been disputed in more recent times by Serbs and/or Bulgars. Ottoman Turks controlled Macedonia between 1380-1912 A.D., and it was integrated into Yugoslavia in 1946. In 1991, after the partition of Yugoslavia, a referendum gave Macedonia its independence. The present ethnic groups within the country are: 1) Macedonians: 1,279,000; 2) Albanians: 377,000; 3) Turks: 87,000; 4) Serbs: 44,000; and 5) others: 40,000. [...]

Furthermore, we have found that the Greeks did not cluster together with other Mediterranean populations, including both western (Iberians, Algerians, Berbers) and eastern (Cretans, Jews, Lebanese, Egyptian, Turks-Anatolians) Mediterraneans.

The aim of the present work is to determine the relative contributions of Macedonians and Greeks to the present-day genetic pool of Mediterranean peoples. For these purpose, both HLA class and class II DNA typings have been studied in Macedonians for the first time. The generic relationship of Macedonians and Greeks to other Mediterraneans, including North Africans (Berbers from Agadir and El Jadida areas and Algerians from Algiers), Iberians (Spaniards, Basques and Portuguese) and Greeks (from Anica, Aegean and Cyprus) were calculated. In addition, sub-Saharan and other Africans were compared with all available Mediterranean groups in order to solve the question of the unique Greek HLA profile. [...]

Samples from one hundred and seventy-two unrelated Macedonians in Skopje (Institute of blood Transfusion, Tissue Typing Laboratory), the Republic of Macedonia capital, were used for HLA genotyping and phylogenetic calculations. All were Macedonian language speakers and their ancestors did not belong to a country minority group (detailed above). [...]

Our results show that Macedonians are related to other Mediterraneans and do not show a close relationship with Greeks: however they *do* with Cretans [...]. This supports the theory that Macedonians are one of the most ancient peoples existing in the Balkan peninsula, probably long before arrival of the Mycaenian Greeks about 2000 B.C. Other possible explanation is that they might have shared a genetic background with the Greeks before an hypothetical admixture between Greeks and sub-Saharans might have occurred. The cultural, historical and genetic identity of Macedonians is established according to our results. However, 19th century historians focused all the culture in Greece ignoring all the other Mediterranean cultures present in the area long before the classical Greek one.

Much to our surprise, the reason why Greeks did not show a close relatedness with all the other Mediterraneans analyzed [...] was their genetic relationship with sub-Saharan ethnic groups now residing in Ethiopia, Sudan and West Africa [...] The conclusion is that part of the Greek genetic pool may be sub-Saharan and that the admixture has occurred at an uncertain but ancient time. [...] Thus, it is hypothesized that there could have been a migration from southern Sahara which mixed with ancient Greeks to give rise to a part of the present day Greek genetic background. The admixture must have occurred in the Aegean Islands and Athens area at least. The reason why this admixture is not seen in Crete is unclear but may be related to the influential and strong Minoan empire which hindered foreigners establishment. Also, the time when admixture occurred could be after the overthrown of some of the Negroid Egyptian dynasties (Nubian or from other periods) or after undetermined natural catastrophes (i.e.: dryness). Indeed, ancient Greeks believed that their religion and culture came from Egypt.

1993 nahmen die Vereinten Nationen die Mazedonen unter dem provisorischen Namen FYROM (Former Yugoslav Republic of Macedonia) auf, gleichzeitig forderten sie Griechenland und Mazedonien dazu auf, im Namenskonflikt auf friedlichem Wege eine Einigung zu finden. Ungeachtet dessen spitzte sich der griechisch-mazedonische Konflikt in den Folgejahren weiter zu. 1994 schloss Griechenland seine Grenzen zu Mazedonien und erließ eine Handelsblockade. Die Vermittlungen der UNO brachten eine Entspannung der Situation. 1995 ersetzte Mazedonien den Vergina-Stern durch eine achtstrahlige Sonne (siehe Abb. 7). Der Namensstreit hingegen ist bis heute nicht beigelegt.

Literatur

Bosworth, Albert B./Baynham, Elizabeth (Hg.): Alexander the Great in Fact and Fiction, Oxford/New York 2000.

Dakin, Douglas: The Greek Struggle in Macedonia 1897-1913, Thessaloniki 1996.

Danforth, Loring M.: The Macedonian Conflict. Ethnic Nationalism in a Transnational World, Princeton/Chichester 1995.

De Jong, Jutte: Der nationale Kern des Makedonischen Problems. Ansätze und Grundlagen einer makedonischen Nationalbewegung (1890-1903). Ein Beitrag zur komparativen Nationalismusforschung, Frankfurt 1982.

Engels, Johannes: Philipp II. und Alexander der Große (Geschichte kompakt – Antike), Darmstadt 2006.

Hammond, Nicholas G. L.: The Macedonian State. Origins, Institutions, and History, Oxford/New York ²1992.

Karakasidou, Anastasia: From the Margins to the Center: The Macedonian Controversy in Contemporary Greece, in: Ferguson, Richard Brian (Hrsg.): The State, Identity and Violence: Political Disintegration in the Post-cold War World, London 2003, S. 199-216.

Stoneman, Richard: Alexander the Great. A Life in Legend, New Haven/London 2008.

Troebst, Stefan: Das makedonische Jahrhundert. Von den Anfängen der nationalrevolutionären Bewegung zum Abkommen von Ohrid 1893-2001. Ausgewählte Aufsätze, München 2007.

Arbeitsfragen

Wie wird in den antiken Quellen „Makedone" als Bezeichnung gegenüber Mitgliedern anderer Gruppen abgegrenzt?

Wie werden bei den antiken Autoren die unterschiedlichen Sichtweisen auf das „Makedonentum" sozial und politisch instrumentalisiert?

Wie werden die antiken Makedonen und insbesondere Alexander der Große von Griechen und Mazedoniern heute beurteilt?

Wie stellen Griechen und Mazedonier im ausgehenden 20. Jahrhundert das Wesen der griechischen Nation, wie dasjenige der mazedonischen Nation dar?

Lassen sich die Nationskonzepte, die hinter den Standpunkten im griechisch-mazedonischen Konflikt stehen, in bestimmte Kategorien fassen?

Abb. 7: Der Flaggenstreit zwischen Griechenland und Mazedonien:

Der rote *Stern von Vergina* (Flagge Mazedoniens 1992-1995),
der blaue *Stern von Vergina* (inoffizielle Flagge der griechischen Region Makedonia)
und die goldene Sonne von Mazedonien (Flagge Mazedoniens seit 1995)

Abb. 8: Domitian auf dem Thron des Burebista (Standbild aus dem Film *Dacii*)

Abb. 9: Decebalus im Zweikampf (Standbild aus dem Film *Dacii*)

8 Großkönig Burebista und das römische Dakien – Gründungsmythen Rumäniens

Christoph Kienemann

Während in vielen Ländern Europas die nationale Identitätsstiftung im 20. Jahrhundert nicht mehr auf die Antike zurückgriff, nutzte der rumänische Diktator Nicolae Ceaușescu die Überlieferungen über die Reiche von Burebista und Decebalus, um seine Idee des Nationalen im kommunistischen Staat zu rechtfertigen.

Im zweiten Jahrhundert v.Chr. konnten die Daker durch einen Sieg gegen keltische Stämme ihre Machtposition in Pannonischen Becken ausbauen. Zu dieser Zeit bestanden bereits lange etablierte und umfangreiche Handels- und Kulturkontakte zur griechischen Welt, aber auch nach Italien. Ein erstes dakisches Königreich existierte wohl bereits im zweiten Jahrhundert v.Chr. unter Oroles. In griechischen Schriften sind stets die *Getai* genannt, während man in römischen Texten die Bezeichnung *Daci* findet. Laut dem Geographen Strabon lebten die Daker auf dem Gebiet Transsilvaniens, die Geten dagegen an der Schwarzmeerküste. Der Geschichtsschreiber Pompeius Trogus wiederum hielt die Daker für die Nachfolger der Geten; spätantike Autoren benutzen die Bezeichnungen synonym.

Der Aufstieg Roms zu einer antiken Weltmacht begann im Jahr 264 v.Chr. mit dem Ersten Punischen Krieg. Die Auseinandersetzungen mit Karthago dauerten an bis zum Jahr 146 v.Chr. und endeten mit dem Aufstieg Roms zu einer Großmacht. An das östliche Ufer der Adria stießen die Römer bereits 229 v.Chr. im Zuge des Illyrischen Krieges vor. Im Laufe des 2. Jahrhunderts v.Chr. baute Rom seine Vormachtstellung in Griechenland auf Kosten Makedoniens weiter aus. 72/71 v.Chr. kam es zur ersten militärischen Aktion Roms gegen die Geten, die sich mit König Mithradates VI. von Pontos verbündet hatten. Der Misserfolg dieser und der folgenden Unternehmungen bereitete den Boden für eine Vereinigung der Stämme durch Burebista. Der römische Machtbereich, den Caesar mit der Unterwerfung Galliens von 58-51 v.Chr. bis an den Rhein ausgedehnt hatte, erhielt so einen ernst zu nehmenden Gegner in der Donauregion.

Über Burebista berichtet uns der griechische Autor Strabon von Amaseia (etwa 64/63 v.Chr. bis 25/20 n.Chr.) in seinem Hauptwerk, den *Geografischen Denkwürdigkeiten*. Diese Sammlung war ursprünglich als Ergänzung zu seiner heute fast vollständig verlorenen Universalhistorie konzipiert. Die *Geografischen Denkwürdigkeiten* sind jedoch mehr als eine reine Weltbeschreibung der in der frühen römischen Kaiserzeit bekannten Gebiete, sondern bieten auch ethnographische Schilderungen oder mathematisch-physikalische Exkurse. Strabons Informationen basieren nur teilweise auf eigenen Reiseerfahrungen und größtenteils auf Wissen aus der Fachliteratur der vergangenen Jahrhunderte. Sein Werk hat Strabon für den gebildeten Laien geschrieben, seine Darstellung ist nicht zuletzt aufgrund ihrer lebhaften historischen Exkurse leicht verständlich. In einem Überblick zu Ländern und Völkern jenseits der Donau findet sich auch der folgende Bericht über den Aufstieg Burebistas als König der Daker und die Entstehung des ersten dakischen „Staates". Grundsätzlich ist Strabon fremden Kulturen gegenüber offen eingestellt, sieht jedoch zumeist eine Unterlegenheit gegenüber der römischen Zivilisation.

Die wichtigsten Ereignisse der Regierungszeit Burebistas fasst Strabon im folgenden Abschnitt knapp zusammen. Der Dakerkönig herrschte von etwa 60 v.Chr. bis 44 v.Chr.

Strabon: Geografische Denkwürdigkeiten 7,3,11

Byrebistas, ein Gete, der die Führung seines Volkes erlangt hatte, richtete die Leute, die von zahlreichen Kriegen schwer mitgenommen waren, wieder auf und brachte sie durch Training, Enthaltung vom Wein und Befolgung seiner Befehle so weit empor, dass er in wenigen Jahren ein großes Reich geschaffen und die meisten Nachbarvölker unter die Herrschaft der Geten gebracht hatte. Schließlich bildete er sogar eine Bedrohung für die Römer, da er ohne Furcht den Istros [die Donau] überquerte und Thrakien bis nach Makedonien und Illyrien plünderte; auch verheerte er die unter den Thrakern und den Illyrern ansässigen Kelten – die Boier unter Kritasiros und die Taurisker hat er sogar vollständig vernichtet. Um das Volk folgsam zu machen, bediente er sich der Hilfe des Dekaineos, eines Scharlatans, der in Ägypten umhergeschweift war und irgendwelche Vorzeichen gelernt hatte, vermöge deren er den Willen der Götter deutete und bald zum Gott ausgerufen wurde [...]. Ein Zeichen ihrer Folgsamkeit ist, dass sie sich überreden ließen, die Weinstöcke umzuhacken und ohne Wein zu leben. Byrebistas nun wurde, noch bevor die Römer ein Heer gegen ihn rüsteten, von Einigen, die sich gegen ihn erhoben, zu Fall gebracht, und unter seinen Nachfolgern zerfiel das Reich in mehrere Teile.

Nach dem Tod Burebistas löste sich das Reich rasch auf. Die dakischen Stämme drangen in den folgenden Jahrzehnten immer wieder auf römisches Gebiet über. Auf diese Plünderungen folgten ebenso regelmäßig Strafaktionen und sogar ein Ansiedlungsversuch zur Grenzentlastung. 85/86 n.Chr. unternahmen die Daker ihren bislang weitesten Vorstoß, was eine heftige Gegenreaktion Domitians (römischer Kaiser 81–96 n.Chr.) provozieren musste. In dieser Situation gelangte der junge König Decebalus an die Macht, der die Stämme zum Krieg hinter sich sammelte.

Über Decebalus berichtet uns der römische Geschichtsschreiber Cassius Dio Cocceianus (150/155 bis 235 n.Chr.) im Zusammenhang mit den Dakerkriegen Kaiser Trajans. Dios Familie gehörte zur Elite im ehemals griechischen Kleinasien und er selbst konnte auf eine ruhmreiche Karriere verweisen, die ihn bis zum Konsulat und zur Statthalterschaft verschiedener Provinzen geführt hatte. Seine *Römische Geschichte* umfasst die Historie Roms von der Stadtgründung bis zum 3. Jahrhundert n.Chr., oft auf Basis älterer Autoren wie Livius und Polybios. Von den ursprünglich 80 Büchern ist allerdings der größte Teil verloren gegangen und muss daher aus Werken späterer Benutzer wie dem des byzantinischen Mönchs Xiphilinos rekonstruiert werden. Trotz der Verluste und einer deutlich monarchischen Sichtweise ist die *Römische Geschichte* heute eine unschätzbare Quelle insbesondere für die römische Kaiserzeit.

Cassius Dio: Römische Geschichte 67,6

(1) Den schwersten Krieg hatten die Römer zu dieser Zeit mit den Dakern zu führen, die damals unter dem König Decebalus standen. Dieser Herrscher wußte ausgezeichnet Bescheid im Kriegswesen und ebenso in praktischen Unternehmungen; genau berechnete er

den Augenblick zum Angriff und wählte den rechten Zeitpunkt für den Rückzug. Gleichzeitig war er erfahren in der Anlage von Hinterhalten und ein Meister in der Durchführung regelrechter Schlachten. So wie er einen Sieg geschickt auszunützen verstand, wußte er auch mit einer Niederlage geschickt fertig zu werden. Infolgedessen stand er lange Zeit als ebenbürtiger Feind den Römern gegenüber. [...] (3) Domitian zog nun gegen sie zu Felde, ohne jedoch unmittelbar in den Krieg einzugreifen, vielmehr blieb er in einer Stadt Mösiens zurück und führte dort sein gewohntes ausschweifendes Leben. Er besaß nämlich nicht nur einen trägen Körper und ein feiges Herz, sondern zeigte sich auch Frauen und Knaben gegenüber völlig verderbt und zügellos. Und darum schickte er andere als Feldherren in den Krieg und kam dabei in der Hauptsache schlecht weg.

Domitian schlägt in Dios Bericht die Friedensangebote des Decebalus aus und hofft auf militärische Siege. In der Folge stellt er sich mit wenig Glück zusätzlich gegen die Stämme der Markomannen und Quaden, die ihn in seinem Kampf gegen die Daker nicht ausreichend unterstützt haben sollen.

Cassius Dio: Römische Geschichte 67,7

(2) Nach seiner Niederlage gegenüber den Markomannen ergriff Domitian die Flucht, schickte eilends Botschaften an den Dakerkönig Decebalus und veranlaßte ihn, einen Waffenstillstand zu schließen, den er ihm zuvor trotz wiederholter Bitten nicht gewährt hatte. Decebalus war nämlich in eine ganz schwierige Lage geraten, und so ging er auf das Angebot ein, lehnte aber eine persönliche Aussprache mit Domitian ab. Statt dessen schickte er Diegis mit den Männern, um ihm die Waffen sowie ein paar Gefangene zu übergeben, die er, Decebalus, angeblich als die einzigen in seinem Besitz hatte. (3) Nach Erledigung dieser Angelegenheit setzte Domitian dem Diegis ein Diadem aufs Haupt, so als wenn er wirklich gesiegt hätte und den Dakern nun nach Gutdünken irgend jemand zum König geben könnte. Den Soldaten aber ließ er Ehrungen und Geldgeschenke zuteil werden und schickte außerdem – geradeso, als sei er Sieger – unter anderem Gesandte von Decebalus und ein Schreiben des Königs nach Rom; er gab es als echt aus, doch erklärte es ein Gerücht für Fälschung. (4) Die nun folgende Festlichkeit stattete Domitian mit zahlreichen Geräten aus, wie sie zu einem Triumphzug gehören, jedoch keiner von ihm eingebrachten Beute entstammten. Ganz im Gegenteil, der Waffenstillstand hatte, abgesehen von den Verlusten, ihm noch weitere Unkosten verursacht; so hatte er dem Decebalus sogleich beträchtliche Summen entrichten und auch Handwerker verschiedener, den Krieg wie den Frieden berührender Fachrichtungen überlassen müssen, schließlich noch Dauerzahlungen für die Zukunft in stattlicher Höhe zugesagt. Die erwähnten angeblichen Beutestücke waren in Wahrheit dem kaiserlichen Hausrat entnommen, den Domitian nun freilich stets als Siegestrophäen betrachtete, da er doch selbst das Reich versklavt hatte.

Die Ereignisse werden von Dio wieder in der Zeit nach 100 n.Chr. aufgegriffen, mittlerweile unter dem Kaiser Trajan. Dieser hatte gerade den Schulterschluss mit dem Senat gesucht und machte sich nun daran, das außenpolitische Erbe aufzuarbeiten.

Cassius Dio: Römische Geschichte 68

(6,1) Nach längerem Aufenthalt in Rom unternahm Trajan einen Feldzug gegen die Daker; denn er bedachte ihre bisherigen Taten, ärgerte sich über die Höhe der jährlich an sie zu leistenden Zahlungen und sah überdies, wie sich diese Machtmittel sowie ihr Stolz mehrten. (2) Als nun Decebalus von Trajans Anmarsch Kenntnis erhielt, erfaßte ihn Angst; denn er wußte nur zu gut, daß er vorher nicht die Römer, sondern nur Domitian besiegt hatte, während er jetzt einen Krieg gegen die Römer und Trajan, den Kaiser, bestehen sollte. [...]

(8,1) Als nun der Kaiser auf seinem Feldzug gegen die Daker in die Nähe von Tapae, wo die Barbaren lagerten, gelangt war, wurde ihm ein großer Pilz übergeben, auf dem in lateinischen Buchstaben stand, die Buri und andere Verbündete rieten ihm, umzukehren und Frieden zu halten. (2) Gleichwohl ließ es Trajan zu einem Treffen kommen, und er sah auf der eigenen Seite viele Verwundete, während er von den Feinden eine Menge tötete. Als nun das Verbandsmaterial ausging, soll er nicht einmal sein eigenes Gewand geschont, sondern in Streifen geschnitten haben. [...]

(9,1) Decebalus hatte sogar schon vor der Niederlage Gesandte geschickt, nicht mehr Langhaarige wie das erstemal, sondern die vornehmsten der Kappenträger. (2) Und diese warfen ihre Waffen von sich, fielen auf die Erde nieder und flehten Trajan an, er solle doch, wenn irgendwie möglich, Decebalus selbst ein Zusammentreffen und eine Aussprache mit ihm gestatten; denn er werde allen künftigen Befehlen Folge leisten. Lehne Trajan aber dieses Gesuch ab, so möge er wenigstens jemand schicken, der mit Decebalus Abmachung treffen könne. Und tatsächlich sandte man Sura und den Präfekten Claudius Livianus; (3) es kam indessen nichts zustande, da Decebalus nicht einmal mit ihnen zusammenzutreffen wagte, vielmehr auch bei dieser Gelegenheit sich mit einer Gesandtschaft begnügte. Trajan eroberte nun einige befestigte Berge und fand dort die Waffen, die erbeuteten Kriegsmaschinen sowie das Feldzeichen, das unter Fuscus in Feindeshand gefallen war. (4) Aus diesem Grunde und da zugleich auch Maximus seine Schwester gefangennahm und einen befestigten Punkt eroberte, war Decebalus bereit, in jede Forderung ohne Ausnahme einzuwilligen, nicht daß er die Vereinbarung einhalten wollte, sondern nur um sich nach den augenblicklichen Rückschlägen etwas zu erholen. [...] (7) Nachdem nun der Kaiser den Pakt abgeschlossen hatte, verließ er das Heerlager bei Zermizegethusa, legte im übrigen Land noch dahin und dorthin Besatzungen und kehrte hierauf nach Italien zurück. [...]

(10,3) Decebalus ließ sich, wie man dem Kaiser berichtete, viele Vertragswidrigkeiten zuschulden kommen; so beschaffte er sich Waffen, nahm die Überläufer bei sich auf, setzte die Verteidigungsanlagen instand, schickte Gesandte zu den Nachbarvölkern und fügte seinen früheren Gegnern Schaden zu. [...] (4) Deshalb erklärte ihn der Senat erneut zum Landesfeind, und Trajan führte wieder, persönlich und nicht mit Hilfe anderer Feldherren, den Krieg gegen ihn.

(11,1) Die Daker traten in großer Zahl auf Trajans Seite über. Aus diesem und auch aus gewissen anderen Gründen bat Decebalus erneut um Frieden. Er ließ sich indessen nicht darauf ein, seine Waffen und sich selbst den Römern auszuliefern, sondern begann in aller Offenheit seine Truppen zu sammeln und die Völker ringsum zur Hilfeleistung aufzufordern. (2) Dabei ließ er ihnen sagen, sie würden sich selbst, wenn sie ihn preisgäben, in Gefahr bringen, und es sei sicherer und leichter für sie, ihre Freiheit zu bewahren, wenn sie Seite an Seite mit ihm und ohne erst schlimme Erfahrungen gemacht zu haben, den Kampf bestünden; ließen sie hingegen sein Volk zugrunde gehen, dann müßten sie auch selbst, ihrer Bundesgenossen beraubt, mit Unterwerfung rechnen. (3) Während es Decebalus im offenen Kampf übel erging, hätte er gleichwohl mit List und Trug Trajan fast ums Leben gebracht. Er schickte nämlich einige Überläufer nach Mösien mit dem Auftrag zu versuchen, ob sie nicht den Kaiser aus dem Wege räumen könnten. [...] Indessen vermochten die Feinde nicht, ihre Absicht auszuführen; einer von ihnen wurde als verdächtig festgenommen und gestand auf der Folter den ganzen Anschlag gegen ihn.

(12,1) Damals sandte Decebalus eine Einladung an Longinus, den Befehlshaber einer römischen Legion, der sich in den Kriegen dem König gegenüber als Schrecken erwiesen hatte, und konnte ihn schließlich durch die Erklärung, alle Forderungen erfüllen zu wollen, zu einer Begegnung veranlassen. Doch dann nahm er ihn fest und befragte ihn öffentlich über Trajans Absichten; als nun Longinus jede Aussage verweigerte, führte ihn Decebalus unter Bewachung, obschon nicht in Fesseln, mit sich herum. (2) Er schickte auch einen Gesandten an Trajan und verlangte, daß er das Gebiet bis zum Ister hin zurückerhalte und für sämtliche Kriegskosten entschädigt werde; dafür wolle er Longinus zurückgeben. Die kaiserliche Antwort lautete ausweichend und ließ Decebalus nicht erkennen, ob Trajan dem Leben des Longinus großen oder geringen Wert beimesse; (3) dabei verfolgte er das Ziel, einerseits seine Tötung zu verhindern und andererseits seine Rettung nicht um einen übermäßigen Preis von den Gegnern zu erkaufen. Während nun Decebalus noch sein weiteres Vorgehen überdachte und einige Zeit verstreichen ließ, versah sich Longinus mit Hilfe eines Freigelassenen reichlich mit Gift und versprach darauf dem Dakerkönig, eine Aussöhnung mit Trajan herbeizuführen. [...] Um den Freigelassenen in Sicherheit zu bringen, schrieb er außerdem einen entsprechenden Bittbrief und gab ihm diesen zur Weiterleitung an Trajan. (4) Nachdem der Mann abgereist war, trank Longinus nächtlicherweile das Gift und starb. Daraufhin verlangte Decebalus den Freigelassenen von Trajan zurück und versprach ihm dafür, die Leiche des Longinus und zehn Gefangene herauszugeben. Zugleich schickte er auch den Centurio, der mit seinem Vorgesetzten zusammen festgenommen worden war, mit dem Auftrag ab, die Angelegenheit zu erledigen. (5) Von ihm erfuhr man dann die ganze Sache mit Longinus. Trajan aber sandte weder den Centurio zurück, noch lieferte er den Freigelassenen aus, indem er dessen Sicherheit wichtiger für das Ansehen des Reiches als die Beisetzung des Longinus nahm.

(13,1) Trajan baute über den Ister eine steinerne Brücke, eine Leistung, für die ich ihn nicht genug bewundern kann; denn auch seine anderen Werke sind gar glänzend, diese Großtat aber übertrifft sie alle. [...]

(14,1) Trajan überschritt den Ister auf dieser Brücke und war bei der weiteren Kriegführung mehr auf Sicherheit als auf Schnelligkeit bedacht. Schließlich bezwang er, obschon mit Mühe, die Daker. Er selbst vollbrachte im Laufe des Feldzuges viele Taten, die seine Feldherrnkunst wie auch seinen Mut bewiesen, während sich seine Soldaten für ihn in zahlreiche Gefahren stürzten und dabei Heldenstücke vollbrachten. [...] (3) Decebalus aber legte, als er seine Königsstadt und sein ganzes Land besetzt sah und er selbst Gefangennahme befürchten mußte, Hand an sich, und sein Haupt wurde nach Rom gebracht. So wurde denn Dakien den Römern untertan, worauf Trajan dort mit der Anlage von Städten begann. (4) Man fand auch die Schätze des Dakerkönigs, obwohl sie unter dem Fluß Sargetia verborgen lagen, der nahe seiner Residenz vorbeiströmte.

Die zwei Kriege der Jahre 101/102 und 105/106 n.Chr. führten zur Unterwerfung Dakiens und der Einrichtung einer Provinz *Dacia*. Diese blieb bis Ende des 3. Jahrhunderts Teil des Römischen Reiches, bevor sie aus militärischen Gründen aufgegeben wurde. Die antiken Zeugnisse widersprechen sich allerdings in der Frage, ob nur das Militär oder auch die Zivilbevölkerung sich aus der Region zurückzog. Die archäologischen Befunde lassen zumindest eine gewisse Kontinuität im Bereich der ehemaligen römischen Städte vermuten. Der Name *Dacia* als Provinzbezeichnung ging in der Folge auf Gebiete südlich der Donau über, das eigentliche Dakien wurde in den kommenden Jahrhunderten von westgotischen und später von slawischen Stämmen besiedelt.

Das Verhältnis zur antiken Vorgeschichte war in der Neuzeit keineswegs einhellig auf eine Abwertung der römischen Besatzungszeit ausgerichtet. Humanistische Gelehrte wie Nicolaus Olahus oder Georg Soterius förderten vielmehr das Bild einer rumänischen Kultur, die sich zumindest in Teilen auf römische Traditionen zurückführen ließ. Angesichts der nicht bestehenden territorialen Einheit spielte die Sprachpolitik eine bedeutende Rolle: Im 18. und 19. Jahrhundert wurde das sog. Dakorumänisch als Hochsprache standardisiert. Der Re-Romanisierung unter dem Einfluss des Französischen und Italienischen fielen dabei zahlreiche slawische Elemente zum Opfer. 1859 wurden die Fürstentümer Moldau und Walachei unter der Herrschaft von Alexander Ion Cuza vereint, der zwei Jahre später das Fürstentum Rumänien proklamierte. Bereits 1860 entstand in Bukarest der Vorläufer der späteren Akademie der Wissenschaften, der unter anderem mit etymologischen Studien zum Rumänischen die Suche nach einer kulturellen Identität – inklusive der römischen Tradition – vorantrieb.

Seit 1881 Königreich, hatte Rumänien bis 1920 deutliche Gebietszugewinne zu verzeichnen und wurde zu einem regelrechten Vielvölkerstaat. Die integrative Wirkung der Antikenrezeption verlor an Kraft, außerhalb der Wissenschaft erhielt jedoch der sog. Dacismus einen gewissen Zulauf. Diese Theorie lässt sich auf Neculai Densușianu mit seinem 1913 erschienen Werk *Dacia preistorica* zurückführen und postuliert den rein dakisch-getischen Ursprung der modernen Rumänen. Aus dem zweiten Weltkrieg ging Rumänien verkleinert hervor und stand – seit 1947 als Republik – unter dem Einfluss der Sowjetunion, die kein Interesse an nationalistischer Traditionspflege im Land besaß.

Das Jahr 1980 stellt einen Höhepunkt für die Rezeption der Antike in Rumänien dar. Die Feierlichkeiten zu 2050 Jahren rumänischer Staatlichkeit – von Burebista bis heute – nutzte das Ceaușescuregime zu einer ausgiebigen nationalistischen Propaganda. Nicolae Ceaușescu, der von 1965 bis 1989 als kommunistischer Diktator in Rumänien amtierte, versuchte mit der Geschichte als „Wissenschaft der Wahrheit" seine nationale Ideologie in Rumänien durchzusetzen. Außenpolitisch konnte durch den Bezug auf die Vergangenheit der Daker die Abkapselung von der Sowjetunion erklärt werden, innenpolitisch stellte sich Ceaușescu als Nachfolger der dakischen Könige dar und beschwor die Idee des ewigen Volkes.

Die gesellschaftliche Situation in den 80er Jahren in Rumänien war gekennzeichnet durch den totalen Zusammenbruch der Wirtschaft des Landes und die katastrophale Versorgungslage der Bevölkerung. Ceaușescu versuchte diese Probleme jedoch zu überdecken, indem er gigantische Bauprojekte vorantrieb, die nationalistische Propaganda forcierte und den eigenen Personenkult intensivierte.

Nicolae Ceauşescu: Rede auf dem Kongress für Erziehung und Unterricht am 11.02. 1980, in: Rumänien auf dem Weg des Aufbaus der vielseitig entwickelten sozialistischen Gesellschaft 19, Bukarest 1981, S. 450f.

Ich möchte die Tatsache erwähnen, daß wir in diesem Jahr 2050 Jahre seit der Bildung des ersten zentralisierten Dakerstaates feiern werden. Diese Feier muß allen unseren Forschern, allen Lehrkräften und insbesondere denen im Bereich der Gesellschaftswissenschaften, der Geschichte, die Möglichkeit bieten, die Geschichtsforschung auf eine neue Stufe zu heben und nachdrücklich die objektiven Gesetze hervorzuheben, die die Entwicklung unseres Volkes bestimmen, die Tatsache, daß unser Volk hier vor Jahrtausenden entstand und hier lebte, vielen Schwierigkeiten standzuhalten hatte, doch sein Wesen bewahrte und es bis zu der heutigen Stufe unserer sozialistischen Nation entwickelte. [...] Deshalb müssen auch die Historiker von revolutionären Positionen aus kämpfen und den Versuchen einiger ausländischer Historiker, die sich bemühen – in ihrer Unfähigkeit und, ich will sie nicht beleidigen, aber einige vielleicht auch in ihrer Unwissenheit –, den Nachweis zu erbringen, daß in diesen Gebieten ein Vakuum bestand, eine entschiedene wissenschaftliche, dialektisch-materialistische Abfuhr erteilen. Das Vakuum bestand nicht in diesen Gebieten, sondern vielleicht im Bewußtsein dieser Historiker, die im Dienste von Interessen, die ihren Nationen und Völkern fremd sind, im Interesse der imperialistischen Politik der Herrschaft wirkend, weiterhin, wie in der Vergangenheit, versuchen, die Atmosphäre zu vergiften und die Werktätigen verschiedener Nationen zu entzweien. [...]

Unsere Historiker müssen von den Positionen des dialektischen und historischen Materialismus wirken, von wissenschaftlichen Positionen, ausgehend von der Notwendigkeit, nicht so sehr die Kontinuität oder Nichtkontinuität des rumänischen Volkes nachzuweisen, da die Jahrtausende unbestreitbar beweisen und alle Grabungen, die unsere Archäologen vornehmen, zutagetreten lassen, daß die Gebeine unserer Ahnen und Urahnen in dieser Erde ruhen und in keiner anderen.

Nicolae Ceauşescu: Ansprache bei der Begegnung mit Vertretern der Geschichtswissenschaft am 27.05.1980, in: Rumänien auf dem Weg des Aufbaus der vielseitig entwickelten sozialistischen Gesellschaft 19, Bukarest 1981, S. 64ff.

Mit Bezug darauf, daß man zuweilen einigen isolierten geschichtlichen Momenten und Ereignissen zu große Bedeutung bemißt, wies Genosse Nicolae Ceauşescu die Forscher an, von den allgemeinen Bedingungen auszugehen, in denen sich das eine oder andere Volk gebildet und entwickelt hat, von den Beziehungen der Zusammenarbeit zwischen den Völkern und von der engen Interdependenz der Zivilisationen. Von diesen Überlegungen, unterstrich der Generalsekretär der Partei, müssen wir auch bei der Erklärung des geschichtlichen Prozesses der Entstehung des rumänischen Volkes ausgehen, dessen Bildung das Ergebnis des Vorhandenseins von materiellen, kulturellen und geistigen Bedingungen ist, die ihm eine eigene Physiognomie sicherten. [...]

Besondere Aufmerksamkeit, sagte der Generalsekretär der Partei, müssen wir der nachdrücklichen Hervorhebung der historischen Rolle der Volksmassen, der Völker selbst, ihrer Kämpfe für soziale und nationale Befreiung widmen.

Nicolae Ceaușescu: Botschaft an die Teilnehmer des XV. Internationalen Kongresses für Geschichtswissenschaften in Bukarest am 10.08.1980, in: Rumänien auf dem Weg des Aufbaus der vielseitig entwickelten sozialistischen Gesellschaft 19, Bukarest 1981, S. 374.

Unsere Vorfahren die Daker, haben zusammen mit den Römern das rumänische Volk gebildet, sie gründeten hier einen starken Staat und führten schwere Kämpfe für eine selbstständige Entwicklung. Gleichzeitig wirkten sie aktiv mit den Nachbarvölkern, mit den anderen großen Zivilisationen der Antike zusammen, um auf dem Wege des Fortschritts voranzuschreiten. Unsere Forschung wirkt darauf hin, diese historische Gegebenheit besonders hervorzuheben und anhand der materiellen Argumente und Beweise der Vergangenheit zu zeigen, daß selbst das Bestehen unserer Nationen von heute letzten Endes das Ergebnis der Tatsache ist, daß die Vorfahren einen Weg zu finden wußten, um einander sowohl in guten als auch in schweren Zeiten zu unterstützen und eng zusammenzuwirken.

Nicolae Ceaușescu: Ansichten über die dakische Vergangenheit, zitiert nach: Maxwell, Robert (Hg.): Ceaușescu. Builder of Modern Romania. International Statesman (Leaders of the World), Oxford u.a. 1983, S. 4ff.

As is known, the Dacian civilization marvellously thrived for hundreds of years. The organization of the Dacians' common life started many centuries before its coming into being. The various statal formations of the Dacians had an advanced material and spiritual life for those times. They had relations with other peoples and civilisations in the neighbourhood. In centralized state, besides agriculture, they developed mining, metal working and other trades, which reflect their high level of civilization. Contact and collaboration with the Greek and Roman civilizations powerfully influenced the Dacians' way of life and thinking. The long time taken by the wars between the Dacians and the Romans is in itself proof of the might and endurance of the Dacian state and people. The Romans' victory ushered in a long era of coexistence, in which the Dacians and Roman civilizations blended even more. As proved by the writings of that time, the archaeological researches, the scientific data, that was when the Daco-Romans symbiosis occurred and started the formation of a new people, based on the loftiest virtues of the Dacians and Romans. That is how the Romanian people came into being. After the Roman armies had withdrawn, because of the invasion of the migratory peoples, the new people remained there to defend the land and the community of interests. Gradually, it started the organization of new formations, voivodates, which fought fierce battles against the invaders, in defence of their own being. [...]

Hundreds of years passed, in which the Romanian people's community of economic interests, territory, culture and language got cemented. Conditions were provided in that period, although somehow late, for the passage to a higher organization – the formation of the three Romanian Principalities: Walachia, Moldavia and Transylvania. As it is known, they came into being and developed in the struggle against foreign domination, for the union into a strong state, apt to face the foreign invasions, to ensure their own self-dependant development. [...]

Some historians try today to sustain the theory of the existence, in a certain period, of a void in the Carpathian-Danubian area. I think they have had their answers for a long time. First of all, even more advanced people and scholars of those times answered this, speaking of the inhabitants and voivodates existing in the Carpathian-Danubian area, and I think they knew better than some of today's historians, who try to show themselves as omniscient and deny the realities, deny what is the result of historical development. The answer was given by Mircea, Stephen the Great, Tancu de Hunedoara, Michael the Brave, those who defeated Bajazet, who coped with so many conquerors, who built the first centralized state of the Romanians of Walachia, Moldavia and Transylvania. They did not come from elsewhere, did not come out of the blue, they lived there, they were born here over hundreds upon hundreds of years; they got organized, developed and fought in order to live free and independent. It was in that period that our people's self-consciousness came into being, the awareness of the continuity, of the people, of the unity of origin and culture of all inhabitants of the three Principalities.

Ilie Ceauşescu, der Bruder des Diktators, war rumänischer Verteidigungsminister und Historiker und beeinflusste die von Nicolae Ceauşescu vorgegebene historische Staatsideologie durch seine Schriften. In den 1980er Jahren verhalf Nicolae seinem jüngerem Bruder Ilie zu einer erfolgreichen politischen Karriere. Als Mitglied des Zentralkomitees der kommunistischen Partei musste sich Illie Ceauşescu auch gegenüber dem staatlichen Weltbild positionieren. So veröffentlichte er zahlreiche Schriften, die sich mit der Geschichte Rumäniens befassten, oft unter Bezugnahme auf die staatliche Propaganda. Von seinem Bruder setzte sich Illie in so weit ab, als er dabei eine eigene Bewertung des römischen Einflusses auf die rumänische Geschichte vornahm.

Illie Ceauşescu: The Entire Peoples War for the Homeland's Defence with the Romanians, From times of yore to present days, Bukarest 1980, S. 39-43.

The Roman conquest of a part of Dacia, meant neither the defeat of the Dacians nor their destruction. Adapting themselves to the new conditions imposed by the victor the Dacians continued to participate actively in the development of the material and spiritual culture on Dacia's soil. At the same time, they did not willingly accept the humiliating conditions imposed by the Romans but permanently fought, tacitly or openly, latently or actively, in order to obtain better conditions of work and life. The Dacians' struggle against the Romans was permanent and organized, aiming at driving away the foreign legions and liberating the native land. That was achieved after 165 years when, due to the uninterrupted struggle fought by the Dacians alone or in collaboration with other peoples and populations, the Romans were forced to leave Dacia. That corroborated the truth revealed by numerous situations that foreign occupation, however strong it may be, could not last for ever. Sooner or later it would end in disaster for its exponents. The world history, as well as Romania's history offer numerous examples in this respect.

The Dacians' defeat in the 105-106 war had extremely painful consequences for the Dacians and their state. The first consequence was the abolition of the Dacian State; apart of Dacia's territory became a Roman province sharing for more than one hundred years the fate of the other territories occupied by the Romans. In spite of the military victories won by the Romans, a great part of Dacia remained outside the borders of the Roman province. Some of these territories, as for instance Moldavia, a part of Muntenia and Transylvania, continued their free life and work. The torch of the struggle to defend the ancestral land, of the people's revolt will grow in intensity in the ranks of free Dacians in the regions which were not under the Roman legions. Their fight of resistance, which often acquired purely military aspects, together with the actions undertaken by other free peoples and populations would cause innumerable difficulties to the Roman Empire until the end of the Roman rule in Dacia.

Like any other foreign conquest and occupation, Dacia's conquest and the establishment of Roman rule over a part of Dacia had negative consequences and tragic effects for the Dacians. Those effects were felt in various domains. The centralized and independent Dacian State which had reached a high level of material and spiritual development, making its effective contribution to the patrimony of world civilization ceased to exist and its course of development was broken. The Dacians were therefore deprived of their main instrument for the organization of the material and spiritual life. At the same time, the Dacians had no more the possibility to keep and develop their own army, the main instrument for the defence of Dacia, of its riches, against foreign invaders. The Dacians were robbed of their most precious thing, – independence –, a gain for which many peoples fought and made sacrifices, a gain which shapes a people and gives it personality.

The Dacians never compelled with that situation. Centuries on end they fought for the defence and strengthening of their independence. In 106, although they made great sacrifices, the independence was lost. After the Roman conquest they also lost their freedom, for which they had heroically fought for many centuries. The Roman conquest deprived the Dacians of their sacred right to be the masters of their own land, to organize their life as they wished to, according to their way of living and to their major interests. The establishment of the Roman rule over a part of Dacia led to the artificial division of the Dacian people, and that diminished their possibilities of development and full assertion. All this checked the general development of the Dacian people, a fact which brought about immense damages. Without exaggeration, one can say that the natural course of the Dacians development and assertion was interrupted and that had extremely negative effects on a long historical period. [...]

Obviously, the Romans strongly influenced the moral and spiritual physiognomy of the Dacian people but not its structure as a people, as a distinct entity. During the Roman occupation the Dacians preserved the essence of ethnical physiognomy and, to a greater or lesser extent, according to circumstances, they took over from the Romans, as well as from other peoples and populations giving them, at the same time, from their cultural patrimony. The transformation of the Dacians into a people of Latin language and spirituality does not mean that they ceased to exist as a people; it only changed the linguistic and spiritual features thus forming the Romanian people.

Greatly significant is the idea expressed in the *Ideological Programme of the Party* regarding the oldness, continuity, the place and role of the Romanian people throughout its millenary history: "along two thousand years of existence, up to our days, the Romanian people had to wage hard struggles to set up and defend their identity." Equally interesting is the thesis, in the same document, on the Dacians' close relations with the ancient peoples: "The contacts with the great civilisations of Antiquity, the wars waged since the remotest times against invaders" – especially against the Roman Empire – "the conquest of Dacia by the Romans and a long coinhabiting of the Dacians with the Romans on this territory, have left a powerful imprint on the character and moral make-up of our people."

This thesis clearly shows the millenary oldness of the Romanian people, the determinant role the blending of the two civilisations – Dacian and Roman – played in shaping the character and moral physiognomy of the Romanian people. "Descendants of the most righteous and bravest among the Thracians" – as Herodotus called the Geto-Dacians – "as well as of the proud Romans", the *Ideological Programme of the Party* writes, the Romanian people have always distinguished themselves by love of truth and justice, by firmness and courage in battle, by the will to be masters of their fate, to build their future in full freedom.

Das Ceauşescuregime machte sich auch das Medium Film zunutze, um seine Geschichtsideologie zu verbreiten, etwa in Sergiu Nicolaescus vorgeblich historischem Film *Kampf der Titanen gegen Rom* (Originaltitel: *Dacii*) von 1966/67. Der Konflikt zwischen Dakern und Römern wird hier nicht nur auf dem Schlachtfeld, sondern auch im Gewissen eines römischen Feldherren ausgetragen, der in Dakien geboren wurde und sich nun zwischen seiner Abstammung und seiner Kultur entscheiden muss.

In Abbildung 8 empfängt Kaiser Domitian nach einem ersten Scheinerfolg die Gesandten von Decebalus. Um die Daker zu beeindrucken, nimmt er dabei auf einem Thron Platz, der einst Burebista gehört haben soll. In völliger Selbstüberschätzung missversteht Domitian die Übergabe symbolischer Gegenstände als Unterwerfung, während ihm Decebalus eigentlich eine letzte Warnung zukommen lassen möchte.

Abbildung 9 zeigt den Zweikampf zwischen Decebalus und dem römischen Feldherren vor dem Hintergrund der aufmarschierten Heere. Der Dakerkönig siegt, auch da sich sein Gegner opfern möchte, um die Römer zu schwächen und seiner eigentlichen Heimat einen letzten Dienst zu erweisen. Der Film endet mit dem kraftvollen Sturmlauf der Daker, die Decebalus in erster Reihe anführt.

Im Ost-West-Konflikt nahm Rumänien eine Sonderrolle ein. Nicolae Ceauşescu war lange ein gern gesehener Gast westlicher Regierungen, da er gegenüber der Sowjetunion eine distanzierte Politik betrieb und beispielsweise den Einmarsch der UdSSR in die Tschechoslowakei kritisierte. Zu Beginn der 1980er Jahre verschlechterten sich die Handelsbeziehungen zwischen dem Westen und Rumänien zusehends und auch den Reformbemühungen Gorbatschows verweigerte sich Ceauşescu, was schließlich zum Sturz des Diktators am Ende des Kalten Krieges führen sollte. Die starke nationalistische Propaganda ist – trotz des internationalistischen Anspruch der sozialistischen Doktrin – für einen sozialistischen Staat nur auf den ersten Blick ungewöhnlich. Durch eine national integrative Geschichtsdeutung sollte das politische System legitimiert werden. Die Motive der Akteure in der nationalen Geschichte wurden zu den Motiven der regierenden sozialistischen Partei.

1985 wiederholte sich das Muster auf noch dünnerer Quellenbasis. Als Anlass für nationale Feierlichkeiten galt diesmal der 2500. Jahrestag von militärischen Aktionen der Geten, überliefert im 5. Jahrhundert v.Chr. durch den antiken Historiker Herodot und nach Ceauşescus Lesart der erste rumänische Unabhängigkeitskampf.

Die Mythen um Burebista und Decebal sind auch heute noch Teil des Nationalbewusstseins der Rumänen. So löste Lucian Boia mit seinem Buch *Geschichte und Mythos* intensive Diskussionen um die Geschichte Rumäniens aus, indem er den konstruktivistischen Charakter der rumänischen Geschichte aufzeigte. Sein Buch stieß in großen Teilen der Bevölkerung auf starke Ablehnung und machte so deutlich, wie stark der Dakermythos im rumänischen Geschichtsbewusstsein weiterhin verankert ist.

Literatur

Boia, Lucian: Geschichte und Mythos. Über die Gegenwart des Vergangenen in der rumänischen Gesellschaft (Studia Transylvanica 30), Köln/Weimar/Wien 2003.

Ellis, Linda: „Terra Deserta". Population, Politics, and the (De)colonization of Dacia, in: World Archaeology 30, 1998, S. 220-237.

Gudea, Nicolae/Lobüscher, Thomas: Dacia. Eine römische Provinz zwischen Karpaten und Schwarzem Meer (Orbis Provinciarum), Mainz 2006.

Kunze, Thomas: Nicolae Ceauşescu. Eine Biographie, Berlin 2000.

Lindner, Ruth: Antikfilm und Propaganda. Rom und Romanitas im Rumänien der Ära Ceauşescu, in: Denzer, Kurt (Hg.): Funde, Filme, falsche Freunde. Der Archäologiefilm im Dienst von Profit und Propaganda, Kiel 2003, S. 122-133.

Stefan, Alexandre Simon: Le guerres daciques de Domitien et de Trajan. Architecture militaire, topographie, images et histoire (Collection de l'École française de Rome 353), Rom 2005.

Ursprung, Daniel: Herrschaftslegitimation zwischen Tradition und Innovation. Repräsentation und Inszenierung von Herrschaft in der rumänischen Geschichte in der Vormoderne und bei Ceauşescu, Kronstadt 2007.

Verdery, Katherine: National ideology under socialism. Identity and cultural politics in Ceauşescu's Romania, Berkeley 1991.

Arbeitsfragen

Wie werden Burebista und Decebalus in den antiken Quellen dargestellt?

Welche Folgen hat der Feldzug der Römer unter Trajan für die Daker?

Wie sieht Nicolae Ceauşescu die Aufgabe der Geschichtswissenschaft?

Wie wird das Verhältnis zwischen Römern und Rumänen in den Aussagen der Gebrüder Ceauşescu beurteilt?

Welches Geschichtsbild vertritt Nicolae Ceauşescu?

9 Die Rebellen von Masada
– Israel und der Opfermythos

Sinja Strangmann

Die ehemalige jüdische Festung Masada befindet sich im heutigen Israel am Südwestende des Toten Meeres. Auf dem Plateau mit felsigen Steilabhängen inmitten der judäischen Wüste existierte bereits vor der Zeit von König Herodes I. eine ältere Anlage, die dann von ihm im 1. Jahrhundert v.Chr. erweitert und befestigt wurde.

Im Jahre 66 n.Chr., während des großen jüdischen Aufstands gegen die römische Fremdherrschaft, verschanzten sich hier etwa 960 jüdische Rebellen. Der Krieg endete mit der Einnahme Jerusalems und der Aufhebung des jüdischen Tempelstaates. Die Belagerung der Festung durch römische Legionäre im Jahre 73/74 n.Chr. resultierte in dem kollektiven Selbstmord der Rebellen von Masada.

Innerhalb der traditionellen jüdischen Erinnerung kam dem Ereignis keinerlei Bedeutung zu, nicht zuletzt aufgrund des problematischen Stellenwerts, den Selbstmord in der jüdischen Religion einnimmt. Erst zu Beginn des 20. Jahrhunderts erlebte die Belagerungsgeschichte ihre Renaissance als kollektives Symbol nationalen Heldentums.

Der Jude Josephus Flavius, als Iosephos ben Mattitjahu 37/38 n.Chr. in Jerusalem geboren, verstand sich nicht als Befürworter des Aufstandes gegen die Römer. Er entstammte einer Priesterfamilie und hatte eine philosophische Ausbildung erfahren, bevor er zuerst in diplomatische, dann in militärische Funktionen aufstieg. Mäßig erfolgreich als Kommandant in Galiläa, war er an der ausbrechenden Revolte beteiligt, konnte jedoch die Bergstadt Jotapata nicht gegen die Römer halten. Anders als seine Mitkämpfer ließ sich Josephus lebendig gefangennehmen. Den Fall von Jerusalem erlebte er 70 n.Chr. bereits auf römischer Seite und stieg unter Vespasian – dem er frühzeitig die Kaiserwürde prophezeit hatte – zum angesehenen Autor und römischen Bürger auf.

Von jüdischer Seite schlug dem „Überläufer" lange Verachtung und Hass entgegen. Sein Standpunkt ist jedoch keineswegs einhellig pro-römisch – so auch im *Jüdischen Krieg*, einer ursprünglich auf Aramäisch verfassten und erst nach 75 n.Chr. für ein breiteres Publikum ins Griechische übersetzten Schrift. Dabei war sich Josephus darüber im Klaren, dass möglicherweise auch gebildete Juden der Oberschicht seine Werke lesen würden.

Der Aufstand gegen die römische Herrschaft wurde begleitet von wachsenden innerjüdischen Spannungen, einer Polarisierung der Bevölkerung zwischen den Extremen der kompromissbereiten Moderaten und der radikalen Zeloten. Als eine radikale Fraktion dieser kämpferischen Seite traten zunehmend die Sikarier in Erscheinung. Im folgenden Abschnitt aus seinem *Jüdischen Krieg* schildert Josephus das Vorgehen dieser Gruppe:

Josephus Flavius: Jüdischer Krieg 4,7,2f.
(2) Da brach ein viertes, andersartiges Unheil zum Verderben des Volkes herein. Denn unweit von Jerusalem lag eine sehr starke Festung, die von den alten Königen zur Bergung

ihres Besitzes in den Wechselfällen des Krieges und zur persönlichen Sicherheit eingerichtet worden war; sie hieß Masada. Diese hatten die sogenannten Sikarier eingenommen, die sich bis dahin auf Streifzüge in dem umliegenden Gebiet beschränkt und sich dabei außer den notwendigsten Lebensmitteln nichts weiter verschafft hatten, denn die Furcht hielt sie von ausgiebigerem Raub zurück. Als sie aber erfahren hatten, daß das römische Heer untätig verharre, während die Juden in Jerusalem durch Aufruhr und Gewaltherrschaft innerhalb der eigenen Mauern in verschiedene Gruppen aufgespalten seien, da befaßten sie sich mit beträchtlicheren und kühneren Unternehmungen.

Und während des Festes der ungesäuerten Brote, das die Juden in dankbarer Erinnerung an ihre Rettung seit dem Tage begehen, an dem sie von der Knechtschaft der Ägypter befreit in ihr Heimatland zurückkehrten, da zogen die Sikarier während der Nacht und unbemerkt von etwaigen Aufpassern aus ihrer Festung herab und überfielen ein Städtchen namens Engedi. Dort vertrieben sie alle wehrhaften Männer, bevor sie noch zu den Waffen greifen und gemeinsam antreten konnten, durch ein rasches Strafgericht aus der Stadt, während sie, was der Flucht nicht gewachsen war, Frauen und Kinder über 700 an der Zahl, niedermetzelten. Dann räumten sie die Häuser aus, raubten die reifsten Früchte und schleppten sie hinauf nach Masada. Sie machten ähnliche Raubzüge in alle Dörfer der Umgebung der Festung und verwüsteten das ganze Land; von allen Seiten gesellten sich zu ihnen täglich zahlreiche Männer, die in das gleiche Verderben hineingezogen wurden. Aber auch in den anderen Gegenden Judäas rührte sich das Räubergesindel, das sich bis dahin ruhig verhalten hatte, wie in einem Körper alle Glieder mit erkranken, wenn das wichtigste entzündet ist. [...]

(3) Diese Ereignisse wurden Vespasian von Überläufern berichtet. Denn wenn die Aufständischen auch alle Ausgänge bewachten und jeden umbrachten, der sich ihnen aus irgendeinem Grunde näherte, so gelang es doch einigen, unbemerkt durchzukommen und zu den Römern zu fliehen, wo sie in den Feldherrn drangen, der Hauptstadt zu helfen und wenigstens die Reste des Volkes zu retten. Denn wegen ihrer römerfreundlichen Gesinnung seien die meisten erschlagen und die Überlebenden in großer Gefahr. Vespasian, der mit ihrem Unglück geradezu schon Mitleid empfand, setzte sich in Bewegung, scheinbar um Jerusalem zu belagern, in Wahrheit aber, um es von dem Belagerungszustand zu befreien.

Mit der Eroberung von Jerusalem und der Zerstörung des 2. Tempels unter dem späteren Kaiser Titus setzte Rom ein deutliches Zeichen für seinen Sieg über die Aufständischen. Die Tempelsteuer wurde nun direkt an den römischen Fiskus abgeführt, es gab weder einen Hohepriester noch einen geregelten Tempeldienst. Ein Großteil der Bevölkerung arrangierte sich mit der Situation, während die Besatzer von Masada die Festung ohne römische Gegenaktionen noch einige Jahre hielten. Erst 73/74 n.Chr. entschloss sich der Kaiser Vespasian, der längst den Sieg im Jüdischen Krieg hatte verkünden lassen, Masada auch faktisch seiner Herrschaft zu unterwerfen.

Für die Belagerung, die Josephus detailliert darstellt, wurde der Legat Lucius Flavius Silva ausgesandt, ein profilierter Mann, der vermutlich sogar mit dem amtierenden Kaiser verwandt war. Die Sikarier standen unter dem Kommando von Eleazar und verfügten über enorme Vorräte sowie einen Zugang zu Frischwasser. Die Römer mussten dagegen ständig Lebensmittel in die Wüste schaffen, um die Belagerung aufrecht erhalten zu können. In dieser Situation bestand das Haupthindernis nicht im (ohnehin geringen) Widerstand der Sikarier, sondern in den unwegsamen Steilhängen sowie den mächtigen Mauern und Toren. Dennoch gelang es den Römern, eine gigantische Rampe zu errichten und mit schwerem Gerät einen Teil der Außenbefestigung einzureißen.

Josephus Flavius: Jüdischer Krieg 7,8,1-7,9,2

(5) Inzwischen hatten aber die Sikarier von innen schnell eine zweite Mauer bauen können, die nun nicht mehr durch die Belagerungsmaschinen ein ähnliches Schicksal erleiden sollte. [...] Als Silva dies beobachtete, hielt er es für einfacher, die Mauer durch Feuer zu zerstören. Daher wies er die Soldaten an, brennende Fackeln in Menge gegen die Mauer zu schleudern. Da aber die Mauer tatsächlich zum größten Teil aus Holz gebaut war, wurde sie schnell vom Feuer ergriffen; wegen des lockeren Gefüges der Mauer erhob sich bald ein Flammenstoß aus dem Feuer in die Höhe. Doch noch war das Feuer erst gerade ausgebrochen, als ein Nordwind aufkam und die Römer in Furcht versetzte. Er drehte nämlich die Flammenlohe von oben ab und trieb sie gegen die Römer selbst. [...] Da aber sprang der Wind ganz plötzlich – wie aus göttlicher Vorsehung – nach Süden um. Mit voller Kraft blies er in die entgegengesetzte Richtung gegen die Mauer, brachte die Flammen auf sie zu und setzte so das Ganze schnell bis in die Tiefe in Brand. Nach diesem Erweis göttlichen Beistandes eilten die Römer hocherfreut ins Lager und nahmen sich fest vor, am nächsten Tag die Feinde anzugreifen. Für die Nacht stellten sie mit besonderer Sorgfalt Wachposten auf, damit keiner von den Sikariern heimlich entkommen konnte.

(6) Indessen zog Eleazar weder für sich selbst ein Davonlaufen in Erwägung, noch wollte er irgendeinem anderen es gestatten, so zu handeln. Er sah, wie die Mauer vom Feuer aufgezehrt wurde und wußte keinerlei Rettung oder Hilfe mehr. Als er sich zudem noch vor Augen führte, was die Römer im Augenblick ihres Sieges ihnen, den Kindern und Frauen antun würden, beschloß er für alle den Tod. Da er diesen Entschluß angesichts der gegenwärtigen Lage wirklich für den besten erachtete, versammelte er alsdann die mannhaftesten unter seinen Kampfgefährten und suchte sie durch ungefähr folgende Worte zur Tat anzutreiben:

„Vor Zeiten haben wir uns dafür entschieden, wackere Männer, daß wir weder den Römern noch irgend jemand anderem dienen außer Gott; denn dieser allein ist der wahre und gerechte Herr über die Menschen. Jetzt aber ist die Stunde gekommen, die uns befiehlt, diese Gesinnung in Taten zu erweisen. Angesichts dieser Stunde sollten wir uns selbst nicht Schande bereiten. Vormals wollten wir uns nicht einmal unter eine Knechtschaft beugen, die ohne jede Lebensgefahr war. Nun aber sollten wir freiwillig eine Knechtschaft hinnehmen, die von unerbittlicher Rache sein wird, sobald wir lebend in die Gewalt der Römer geraten? Denn so wie wir als erste von allen uns gegen sie aufgelehnt haben, so kämpfen wir auch als letzte gegen sie. Ich glaube aber auch, daß uns von Gott diese Gunst geschenkt wurde, eines schönen und freien Todes sterben zu dürfen. Ist doch anderen, die wider Erwarten überwältigt wurden, solches nicht gewährt. Wir haben die für morgen bevorstehende Einnahme der Festung offen vor Augen; frei aber bleibt uns die Wahl eines edlen Todes gemeinsam mit unseren liebsten Menschen. Denn sowenig die Feinde diesen verhindern können, wenngleich sie auch inbrünstig wünschen, uns lebend in die Hände zu bekommen, sowenig können wir jene noch im Kampfe besiegen. Es wäre nämlich vielleicht sogleich von Anfang an notwendig gewesen, daß wir unser Augenmerk auf Gottes Vorhaben richteten und erkannten, daß er das von ihm einst geliebte Volk der Juden längst zum Untergang bestimmt hatte; denn von jenem Augenblick an, als wir Anspruch auf die Freiheit erheben wollten, begann alles sich schwierig für uns zu gestalten, von seiten der Volksgenossen und schlimmer noch von seiten der Feinde. Wäre Gott nämlich noch gnädig gesonnen oder wenigstens nur in geringem Maße gegen uns erzürnt, hätte er nicht das Verderben so vieler Menschen mit ansehen können, noch hätte er seine heilige Stadt Feuer und feindlichen Verwüstungen preisgegeben. Sollten wir tatsächlich gehofft haben, als einzige von dem ganzen jüdischen Volke übrigzubleiben und die Freiheit bewahren zu können? Etwa so, als seien wir schuldlos Gott gegenüber und hätten keinerlei Anteil an jeglichem Unrecht? Wir, die wir die anderen darin belehrt haben? Seht also ein, wie uns Gott beweist, daß wir Wahngebilde erwarteten, indem er uns nämlich in eine furchtbare Zwangslage drängt, die stärker ist als alle Hoffnung. Denn nicht einmal die Unzerstörbarkeit der Festung hatte zur Rettung beigetragen, ebensowenig konnte es uns nützen, daß wir einen Überfluß an Nahrungsmitteln, eine Menge von Waffen und die übrige reichlich vorhandene Zurüstung besaßen.

Ganz deutlich wurden wir von Gott selbst aller Hoffnungen auf Rettung beraubt. Wandte sich doch das Feuer, das zunächst zu den Feinden getragen wurde, nicht von selbst gegen die von uns errichtete Mauer. Vielmehr ist der Grund Gottes Zorn über alle Untaten, die wir in unserer Raserei sogar gegen die eigenen Stammesgenossen wagten. Die Strafen dafür wollen wir nicht von unseren erbittertsten Feinden, den Römern, erleiden, sondern von Gott, und zwar durch unsere eigene Hand. Sie werden aber erträglicher sein als die der Römer. Denn die Frauen sollen ungeschändet sterben und die Kinder ohne die Knechtschaft kennengelernt zu haben. Und nach ihnen wollen wir selbst uns einander den edlen Dienst erweisen, wobei wir die Freiheit als schönstes Sterbekleid bewahren werden. Doch laßt uns vorher die Schätze und die Festung mit Feuer zerstören, denn ich weiß sicher, daß sich die Römer ärgern werden, wenn sie neben der Tatsache, uns nicht lebend überwältigt zu haben, auch noch um die Beute kommen. Einzig die Lebensmittel wollen wir unversehrt lassen; denn sie sollen uns nach unserem Tode Zeuge dafür sein, daß wir nicht durch Hunger bezwungen wurden, sondern weil wir – so wie es von Anfang an beschlossen war – den Tod der Knechtschaft vorziehen wollten."

(7) Das waren Eleazars Worte. Doch traf er nicht auf die Zustimmung aller Anwesenden. Wenn sich auch ein Teil danach drängte, dem Gehörten Folge zu leisten und sich beinahe von Freude erfüllen ließ bei dem Gedanken, daß der Tod die angemessene Lösung sei, so überkam die Weicheren unter den Männern doch Wehmut im Blick auf ihre Frauen und Kinder und zweifellos auch auf ihr eigenes so nahe gerücktes Ende. Sie schauten unter Tränen einander an und ließen damit den Widerstand ihres Empfindens deutlich werden. Als Eleazar diese Männer sah, wie sie verzagten und ihr Mut angesichts der Größe des Entschlusses allmählich zerbrach, fürchtete er, daß sie am Ende mit ihren Klagen und Tränen auch die noch schwach machen würde, die zuvor mannhaft seine Worte aufgenommen hatten. Daher ließ er keineswegs von der Ermahnung ab, vielmehr raffte er sich zusammen und begann, von zähem Willen gestärkt, mit noch glänzenderer Redegabe über die Unsterblichkeit der Seele zu sprechen. [...]

„Fürwahr, erheblich habe ich mich getäuscht, als ich glaubte, im Kampf für die Freiheit mit tapferen Männern verbunden zu sein, die entschlossen sind, entweder ehrenvoll zu leben oder aber zu sterben. Was Tapferkeit und Heldenmut angeht, so unterscheidet ihr euch in nichts von allen anderen; denn ihr fürchtet euch sogar vor dem Tod, der euch zur Befreiung von den schlimmsten Übeln führt, obgleich ihr in diesem Falle doch weder zögern noch auf einen Rat warten solltet. Seit langer Zeit schon, sogleich vom ersten Erkenntnisvermögen an, lehrten uns nämlich ununterbrochen die väterlichen und göttlichen Gebote – und sie wurden durch Werke und Gesinnung seitens unserer Vorfahren darin unterstützt – daß das Leben, nicht der Tod, das Unglück für die Menschen ist. Der Tod nämlich schenkt den Seelen Freiheit und entläßt sie in die heimatlichen und reinen Gefilde. Erlöst von allem Unglück können sie dann ohne Leid sein. Solange die Seelen aber in sterbliche Körper gefesselt sind und auch von allem Übel mit erfüllt werden, sind sie in Wahrheit tot, ist doch die Gemeinschaft mit Göttlichem dem Sterblichen unziemlich. [...]

Der Schlaf indes soll euch nachdrücklichster Beweis meiner Worte sein. In ihm haben die Seelen angenehmste Ruhe vor dem sie fortwährend beanspruchenden Körper und finden so zu sich selbst. Jedoch gemäß ihrer Verwandtschaft zu Gott treten sie mit ihm in Verbindung, kommen überall herum und sagen vieles voraus von dem, was kommen wird. Warum sollten wir also den Tod fürchten, obgleich wir die im Schlaf gewonnene Ruhe lieben? Wie töricht ist es, daß wir der Freiheit in diesem Leben nachjagen und uns dabei die der Ewigkeit nicht gönnen. Tatsächlich sollten wir, da wir von Hause aus so erzogen sind, den anderen in der Bereitschaft zum Tode ein Beispiel sein. [...]

Selbst dann noch, wenn wir von Anfang an in entgegengesetzten Lehren erzogen worden wären – daß nämlich das Leben höchstes Gut für den Menschen sei, der Tod hingegen das Unglück – selbst dann würde uns wenigstens diese Stunde jetzt ermahnen, den Tod standhaft zu ertragen. Sollen wir doch auf Gottes Ratschluß hin und infolge der gegenwärtigen Zwangslage sterben. Denn, wie es scheint, fällte Gott schon lange über das ganze jüdische Volk dies Urteil, so daß wir aus dem Leben zu scheiden haben, da wir nicht in der Lage sind, in der rechten Weise mit ihm umzugehen. Seht also nicht bei euch selbst die Gründe und erkennt es ebensowenig den Römern zu, daß der Krieg gegen sie uns alle zugrunde richtete; denn nicht durch der Römer Kraft konnte sich alles so zutragen, sondern eine höhere Gewalt griff ein und gewährte jenen den äußeren Glanz, Sieger zu sein. Denn was für Waffen der Römer wären es gewesen, durch die die jüdischen Einwohner von Caesarea starben? Hatten doch diese nicht einmal die Absicht gehabt, von den Römern abzufallen. Dennoch stürmte eines Tages, gerade während sie Sabbat feierten, der Pöbel von Caesarea auf sie los und ermordete sie alle gemeinsam mit ihren Frauen und Kindern, ohne daß auch nur einer die Hand zur Gegenwehr zu erheben vermocht hätte. Dabei kümmerte man sich überhaupt nicht um die Römer selbst, die doch allein uns, die wir die Abtrünnigen gewesen waren, als Feinde ansahen. Es könnte freilich in diesem Fall jemand einwenden, daß schon immer ein Zwiespalt bestanden hatte zwischen den eigentlichen Einwohnern von Caesarea und den unter ihnen wohnenden Juden, und daß erstere nur einen günstigen Augenblick zum Anlaß genommen hatten, ihrem lange gehegten Haß einmal nachzugeben.

Was aber soll man dann zu den Juden in Scythopolis sagen? Jene brachten es nämlich sogar über sich, den griechischen Städten zuliebe gegen uns Krieg zu führen, nicht aber mit uns, ihren Stammesgenossen, die Römer abzuwehren. Doch großen Gewinn brachte ihnen die wohlwollende Gesinnung und das Vertrauen gegen jene: sie wurden nämlich von ihnen mitsamt ihren Angehörigen grausam ermordet und empfingen damit die Gegenleistung für ihre treue Gefolgschaft. Das, was sie jenen erspart hatten, von uns zu leiden, eben das mußten sie nun ihrerseits erdulden, so als hätten sie selbst etwas derartiges im Schilde geführt. Es würde jetzt zu weit führen, über jedes im einzelnen zu sprechen; denn ihr wißt, da ist auch nicht eine der Städte in Syrien, die nicht die in ihr wohnenden Juden ermordet hätte, obgleich sich diese uns gegenüber feindlicher verhalten hatten als den Römern gegenüber. [...]

Denen aber, die in den Kämpfen gefallen sind, kommt es zu, daß man sie glücklich preise; denn im Einsatz für die Freiheit, und nicht im Verzicht auf sie, sind jene gestorben. Hingegen die Menge derer, die in die Hände der Römer geraten sind – wer mochte nicht mit ihr Mitleid haben? Ja, wer möchte nicht lieber darauf drängen, zu sterben, anstatt mit jenen solches Leid zu teilen? Die einen von ihnen starben, nachdem sie gefoltert oder mit Feuer und Geißeln mißhandelt worden waren; die anderen dagegen wurden von Tieren halb angefressen und dann lebend noch für einen zweiten Fraß vorbehalten, um so den Feinden zu Gelächter und Spiel zu dienen. Dennoch muß man wohl für die Elendesten von allen jene halten, die immer noch leben, da ihnen der Tod, obschon sie vielfach darum flehen, nicht vergönnt wird. Wohin aber ist die große Stadt, die Mutterstadt des ganzen jüdischen Geschlechtes? Sie, die befestigt war mit so zahlreichen Ummauerungen, sich geschützt hatte durch viele Burgen und mächtig hohe Türme und kaum genug Raum bot für die ganze Kriegsrüstung? Wohin ist die Stadt, die viele tausend Männer hatte, die für sie kämpften? Wo ist sie geblieben, die nach unserem Glauben Gott als Wohnstatt diente? Aus ihrem Fundament gehoben, wurde sie hinweggetan. [...]

Nachdem uns also eine – freilich nicht unehrenhafte – Hoffnung hingehalten hatte, daß wir uns vielleicht doch irgendwie für die Stadt an den Feinden zu rächen vermöchten, sich jene Hoffnung jetzt aber als vergeblich herausstellte und uns vor dieser Zwangslage allein zurückgelassen hat, wollen wir uns beeilen, ehrenhaft zu sterben. Haben wir doch Erbarmen mit uns selbst, den Kindern und den Frauen, solange es uns noch möglich ist, aus der eigenen Hand den Gnadenstoß zu empfangen. Denn auf den Tod hin wurden wir geboren, wir und auch die Kinder, die wir zeugten. Und nicht einmal den Glücklichsten unter uns ist es beschieden, dem Tode zu entkommen. [...]

Wir fielen von den Römern ab, da wir stolz unserer Tapferkeit vertrauten, und haben, als man uns zum letzten Mal aufforderte, um unserer eigenen Rettung willen nachzugeben, erneut den Gehorsam verweigert. Wem nun ist das Wüten der Römer nicht deutlich vor Augen, wenn sie uns lebend in die Gewalt bekommen? Elend dann die Jünglinge, die um ihrer großen Körperkraft willen lange Zeit den Mißhandlungen ausgesetzt sein werden! Elend aber auch die, die schon über Manneskraft hinaus sind – um ihres Alters willen werden sie die Unglücksschläge nicht tragen können! Man wird sehen, wie die Feinde die Frau zur Schändung fortschleppen und die Stimme des Kindes vernehmen, wie es nach dem Vater ruft, aber seine Hände werden gebunden sein. Doch jetzt, solange diese Hände noch frei sind und das Schwert noch halten, sollen sie einen edlen Dienst leisten; nicht als Sklaven der Feinde laßt uns sterben, sondern in Freiheit wollen wir gemeinsam mit Frauen und Kindern aus dem Leben scheiden. Das ist es, was die Gesetze uns befehlen, und um das uns Frauen und Kinder anflehen. Die Notwendigkeit dessen führte Gott selbst herbei, während die Römer ihrerseits gerade das Gegenteil erstreben, ja, sie fürchten sogar, es möchte einer von uns vor der Gefangennahme sterben. Eilen wir also, ihnen anstelle der erhofften Lust an uns das Entsetzen angesichts des Todes und die Bewunderung für solche Kühnheit zu hinterlassen!"

(9.1) Als Eleazar noch fortfahren wollte, die Männer anzuspornen, schnitten ihm alle das Wort ab. Erfüllt von einer stürmischen Begeisterung drängten sie nunmehr zur Tat. Wie besessen liefen sie auseinander, und ein jeder trachtete danach, dem anderen zuvorzukommen. Ja, sie glaubten, dies sei die Probe ihrer Tapferkeit und ihres rechten Wollens, daß man nicht noch als einer unter den letzten gesehen werde. Eine so starke Freude hatte sie überkommen, Frauen, Kinder und sich selbst dahinzugeben. Und nicht einmal in dem Augenblick wurden sie entmutigt – was man doch durchaus hätte erwarten können –, als sie der Tat unmittelbar gegenüberstanden. Im Gegenteil, sie wahrten ungeschwächt den Sinn, wie er ihnen innegewohnt hatte, als sie den Worten Eleazars gelauscht hatten. Obgleich sie alle ein leidenschaftliches Mitgefühl mit ihren vertrauten und geliebten Menschen erfaßte, siegte dennoch das Urteil der Vernunft, daß sie nämlich für ihre Lieben das Beste beschlossen hatten. Und alsbald nahmen sie Abschied; sie umarmten ihre Frauen und zogen noch einmal ihre Kinder an sich, unter Tränen bedeckten sie sie mit den letzten Küssen. Im selben Augenblick aber, gleichsam als bedienten sie sich fremder Hände, führten sie ihren Beschluß aus. In dem Gedanken an die Übel, die sie unter den Feinden zu leiden hätten, fanden sie Trost in der grausamen Pflicht, töten zu müssen. So sah man zuletzt niemand, der in der Kraft seines Wagemutes einem anderen nachstand, vielmehr töteten sie alle zusammen der Reihe nach ihre nächsten Angehörigen. Unglücklich waren sie, zudem in einer Zwangslage, in der ihnen das Töten der eigenen Frauen und Kinder als das noch geringere Übel erschien.

Danach freilich vermochten sie den Schmerz über alles, was geschehen war, kaum noch zu tragen. Sie glaubten, daß sie an den Ermordeten Unrecht begingen, wenn sie diese auch nur um eine kurze Zeit noch überlebten. So warfen sie schnell den gesamten Besitz zu einem Haufen zusammen und legten Feuer an ihn. Durchs Los wählten sie darauf zehn Männer aus ihrer Mitte; sie sollten die Mörder aller anderen sein. Dann legte sich ein jeder neben die schon dahingestreckten Seinen, die Frau und die Kinder, schlang die Arme um sie und bot schließlich den Männern, die den unseligen Dienst auszuführen hatten, bereitwillig die Kehle. Ohne Wanken mordeten jene alle insgesamt; darauf bestimmten sie dasselbe Gesetz des Loses auch für sich untereinander. Der ausgeloste Mann hatte die neun zu töten und endlich, nach allen anderen, sollte er auch sich selbst den Todesstoß geben. So sehr verließen sie sich alle aufeinander, daß sich weder im Handeln noch im Erleiden der eine vom anderen unterscheide, und so hielten sie am Ende die Kehlen bereit. Der einsame Letzte aber überschaute ringsum die Menge der Dahingestreckten, ob womöglich jemand bei dem unendlichen Morden am Leben geblieben war und deshalb noch seiner Hand bedürfe. Als er erkannte, daß alle getötet seien, legte er an vielen Stellen Feuer in den Palast. Dann stieß er mit geballter Kraft das Schwert ganz durch seinen Körper und brach neben den Seinen zusammen.

Und so starben sie alle in der Meinung, nichts, was eine Seele habe und aus ihrer Mitte stamme, der Gewalt der Römer zurückgelassen zu haben. Es hatte sich aber in den unterirdischen Gängen, die das Trinkwasser durch die Erde leiteten, eine alte Frau versteckt und außerdem eine Verwandte des Eleazar, die an Feingefühl und Bildung weit über den anderen Frauen stand, und schließlich noch fünf Kinder. Sie hatten sich in dem Augenblick versteckt, als die anderen ihre ganze Aufmerksamkeit auf das Morden gerichtet hielten. Die Zahl der Toten aber belief sich auf 960, Frauen und Kinder miteingerechnet. [...]

(2) Die Römer hingegen erwarteten immer noch einen Kampf. Bei Tagesanbruch setzten sie sich in Bereitschaft. Nachdem sie die Zugänge von den Wällen aus durch Brücken mit den Sturmleitern verbunden hatten, gingen sie zum Angriff über. Sie erblickten aber nicht einen einzigen von den Feinden, statt dessen jedoch überall schaurige Öde und im Innern nur Feuer und Schweigen. Ratlos darüber, was sich ereignet haben mochte, stießen sie

schließlich – wie zum Beginn des Schießens – laute Rufe aus, sie dachten, daß sie auf diese Weise vielleicht jemanden von denen, die sich eingeschlossen hatten, herauslocken möchten. Das Geschrei aber gelangte bis zu den Ohren der Frauen. Sogleich krochen sie aus den Gängen hervor und deckten den Römern den Hergang des Geschehenen auf. Dabei wußte die eine unter ihnen ganz genau darzulegen, wie man gesprochen und gehandelt hatte. Es fiel den Römern nicht leicht, der Frau Aufmerksamkeit zu schenken, da sie an die Größe eines solchen Einsatzes nicht glauben konnten; sie begannen aber sogleich, das Feuer zu löschen und gelangten, indem sie sich schnell einen Weg durch die Flammen bahnten, in das Innere des Palastes. Als sie aber auf die Menge der Ermordeten trafen, freuten sie sich keineswegs wie über den Tod von Feinden; vielmehr bewunderten sie den Edelmut des Entschlusses und die Todesverachtung, die sich in so vielen Männern unbeugsam zur Tat umgesetzt hatte.

Die Provinz kam auch nach dem Fall von Masada nicht dauerhaft zur Ruhe. Bereits im frühen 2. Jahrhundert folgten zwei weitere Aufstände, die von römischer Seite mit enormem Aufwand blutig niedergeschlagen wurden. Die harten Restriktionen der Sieger wurden erst im Laufe der folgenden Generationen gelockert, von den christlichen Herrschern seit dem 4. Jahrhundert aber wieder verschärft. Josephus' Erzählung über die Rebellen von Masada wurde, wie sein gesamtes Werk, von jüdischer Seite bis ins späte Mittelalter praktisch ignoriert. Christliche Autoren konzentrierten sich dagegen eher auf seine Kritik an den einzelnen Splittergruppen und Konfliktparteien, die sie im Sinne einer generellen Abwertung des Judentums interpretierten. Masada selbst wurde zwischenzeitlich zum römischen Heeresstützpunkt, im frühen Mittelalter schließlich zum Kloster umfunktioniert. Ihrer strategischen Bedeutung beraubt, geriet die Festung danach in Vergessenheit. Mitte des 19. Jahrhunderts identifizierten amerikanische Reisende das Areal als die historische Stätte Masada, die in der Folge auch zum touristischen Ziel wurde. Systematische Ausgrabungen begannen allerdings erst gut 100 Jahre später.

Als Mythos wurde Masada im 20. Jahrhundert durch die zionistische Geschichtspolitik wiederbelebt. Der im ausgehenden 19. und beginnenden 20. Jahrhundert überall in Europa um sich greifende Antisemitismus hatte die Zionisten zu der Überzeugung geführt, dass ein friedliches Zusammenleben mit Nichtjuden in der Diaspora unmöglich sei. Der einzige Ausweg für die Juden schien in ihren Augen die Gründung eines eigenen jüdischen Staates. Jüdisches Leben in der Antike wurde von den Zionisten als ein „goldenes Zeitalter" politischer Unabhängigkeit und sozialer Selbstbestimmung rezipiert. Im krassen Gegensatz zu den vielfach als „wurzellos" und „degeneriert" geschmähten Juden in der Diaspora, die sich oftmals stark mit ihrem europäischen Heimatland identifizierten, hätten die antiken Hebräer eine starke und stolze selbständige Nation gebildet – bereit für ihr eigenes Land und ihre Freiheit zu kämpfen und notfalls zu sterben. Das von den Zionisten angestrebte Programm einer „nationalen Renaissance", bewirkte eine starke Nachfrage nach solcherart Helden, die auf der Suche nach einer kollektiven Identität als Vorbild dienen konnten. Eine besondere Faszination übten daher die antiken jüdischen Befreiungskriege aus, die nun von der säkularen Geschichtsschreibung wiederentdeckt wurden.

Der überzeugte Zionist Joseph Klausner war 1919 aus Osteuropa nach Palästina emigriert, wo er als Literaturwissenschaftler und Historiker einen Lehrstuhl an der Hebräischen Universität in Jerusalem erhielt. In seinem bekanntesten Werk *Jesus von Nazareth* finden auch die Rebellen Masadas eine Erwähnung.

Joseph Klausner: Jesus von Nazareth, Berlin 1930, S. 274f.

a) Die Zeloten, Sie waren junge Heißsporne, die das Joch des „Reichen Edom" (die Herrschaft des Idumnäers Herodes) nicht länger ertragen wollten, die ihnen mit dem tödlich gehaßten „Reiche Roms" gleichbedeutend war. Josephus nennt die Zeloten ausdrücklich „die Jungen" und in der Zeit Chiskias des Galiläers, des Begründers der zelotischen Partei, klagten die Frauen und heischten Rache für das vom jungen Herodes, dem Gouverneur Galiläas, unschuldig vergossene Blut ihrer Söhne. Diese ganz jungen Leute also waren die „Gewalttäter", die „Wüstlinge", die „Sikarier" zur Zeit der Tempelzerstörung – die Bolschewisten jener Zeit, die die Klasse der Reichen und Mächtigen haßten. Doch sie waren auch die glühendsten Patrioten, die von der Zeit der Hasmonäer bis zur Niederlage des Bar Kochba in Israel lebten [...]. [Sie] standen gegen eine Macht, die nicht nur stärker war als die Juden, sondern stärker als die ganze Welt – und unterlagen. Ihr einziges Verbrechen war, daß sie der Stimme ihres Herzens folgten und bereit waren, ihr Leben für die nationale Befreiung hinzugeben, ohne ihre Kräfte gegen die des Herodes oder Roms richtig abzuschätzen. Sie empörten sich gegen den Idumäer Herodes, bevor er König war, und ebenso während seiner ärgsten Tyrannei. Nachdem sie die Volkszählung des Quirinius als neue Unterdrückungsmaßnahme und Steuerquelle entlarvt hatten, forderten sie das Volk auf, sich wie ein Mann gegen Rom zu erheben. Darf denn ein Jude Sklave eines leiblichen Menschen sein? Gott allein ist Israels König und kein römischer Heidenkaiser. [...]

Bis zur Zerstörung des Zweiten Tempels stand die Familie Chiskias des Galiläers (Juda und seine drei Söhne Jakob, Simon und Menachem, und ihr Verwandter Elieser ben Jair von Masada) überall an der Spitze der Aufständischen. Ihr Eifer für die Ideale der Freiheit und Gleichheit führte sie zu einem extremen Radikalismus, und sie verfuhren mit den friedlich Gesinnten und Reichen im Volke wie die Fanatiker der französischen Revolution mit den Aristokraten und Royalisten, oder wie die Bolschewisten unserer Zeit mit den Gegenrevolutionären und der Bourgeoisie. Deshalb wurden sie auch von den hervorragendsten Tannaiten und Gebildeten jener Zeit bekämpft und „Sicarii" oder „Wüstlinge" genannt; auch Josephus hängt ihnen alle möglichen Schimpfnamen an.

Eine neue Bedeutungsdimension erhielt Masada als Symbol des jüdischen Widerstandes während der nationalsozialistischen Herrschaft. Im Warschauer Ghettoaufstand nahmen die Widerständler vielfach auf Masada Bezug. In der Warschauer Untergrundzeitung *Yediot* etwa hieß es am 9. Juni 1942:

Yediot vom 09.06.1942

The Warsaw ghetto lives in the shadow of constant danger. Indeed, it must live like a besieged fortress. All means [must be prepared] to defend it for its final battle. All the energy [must be preserved for] the great act that we must carry out and shall carry out. The spirit of our daily actions must be that of Masada. All other questions must be placed aside in the shadow of the eternal problem: life or death. And not just at a time of stocktaking but objectively, out of systematic self-defense, daily, with precision, and in the despairing spirit of a Polish Jew in a German ghetto in the month of June 1942.

Der Vergleich zwischen dem Warschauer Ghettoaufstand und Masada wurde auch nach 1945 vielfach gezogen. Der Holocaust wurde in den ersten Nachkriegsjahrzehnten von zionistischer Seite oftmals als Bestätigung des Scheiterns der jüdischen Diasporaexistenz gedeutet. Der Mehrheit der europäischen Juden hielt man vor, dass sie angesichts des nationalsozialistischen Terrors passiv geblieben seien und, wie es in einem gängigen Topos hieß, sich „wie Lämmer zur Schlachtbank" hätten führen lassen. Die Masada-Warschau-Parallele wurde als Gegenbild zu dieser vermeintlichen Passivität beschworen. Der Holocaust bestätigte in den Augen der Zionisten die Notwendigkeit eines wehrhaften jüdischen Staates. Masada wurde zum Vorbild stilisiert und das Bild der Belagerung der Festung bald auch auf die prekäre Situation des israelischen Staates im Nahen Osten übertragen.

In den 1960er Jahren fand die groß angelegte, staatlich geförderte Ausgrabung Masadas unter der prominenten Leitung Yigael Yadins statt, dem ehemals Zweiten Generalstabschef, der sich nach seiner militärischen Laufbahn der Archäologie zugewandt hatte. Yadins Interesse an dem Projekt war weniger archäologisch, als primär national motiviert: Die Grabungen sollten die Heldengeschichte wissenschaftlich untermauern. Dokumentiert hat Yadin seine archäologischen Funde in einem auflagenstarken und in zahlreiche Sprachen übersetzten Buch:

Yigael Yadin: Masada. Der letzte Kampf um die Festung des Herodes, Hamburg 1967, S. 11f., 15, 209, 214.

Der Fels von Masada beherrscht in seiner düsteren und majestätischen Schönheit die Landschaft am Ostrand der judäischen Wüste. Seine Ostflanke stürzt zum Toten Meer hin 400m in die Tiefe. Dieser Ort war der Schauplatz eines der bewegtesten Abschnitte jüdischer Geschichte.

Im ersten Jahrhundert n. Chr. wurde Palästina von den Römern besetzt, nachdem sie das jüdisch-makkabäische Königreich im voraufgegangenen Jahrhundert niedergerungen hatten. Periodisch wiederkehrende Aufstände der Einwohner, die ihre Freiheit und Unabhängigkeit zu erhalten trachteten, waren schnell unterdrückt worden. Aber im Jahre 66 n. Chr. weitete sich die jüdische Rebellion zu einem regelrechten, das ganze Land erfassenden Krieg aus. Die unerbittliche Härte des Kampfes zwang die Römer, Legion um Legion zur Verstärkung heranzuziehen. Im Jahre 70 n. Chr. eroberte der römische General Titus Jerusalem, plünderte die Stadt, zerstörte den Tempel und trieb einen großen Teil der überlebenden Juden aus dem Lande. [...]

Zu Beginn der Rebellion im Jahre 66 n. Chr. hatte eine Gruppe jüdischer Zeloten die römische Garnison in Masada zerstört und sie während des Krieges gehalten. Ihnen schlossen sich nach dem Fall von Jerusalem die wenigen überlebenden Patrioten der Hauptstadt an. Der Gefangenschaft entgangen, nahmen sie die Mühsal eines Trecks durch die jüdische Wüste auf sich, um den Freiheitskampf fortzusetzen. Von Masada aus überfielen die Zeloten zwei Jahre lang immer wieder die Römer, bis der römische Statthalter Flavius Silva im Jahre 72 n. Chr. die Vernichtung des Widerstandsnestes beschloß. Mit seiner zehnten Legion, Hilfstruppen und Tausenden von Kriegsgefangenen, die Wasser, Holz und Vorräte herantransportierten, zog er gegen Masada. Unter dem Kommando von Eleazar ben Yair bereiteten sich die Juden auf dem Gipfel des Felsens auf die Verteidigung vor. Sie nützten die natürlichen und die von Menschenhand errichteten Befestigungen und rationierten ihre Vorräte in den Speichern und Zisternen.

Silvas Männer stellten sich auf eine lange Belagerung ein. Am Fuße des Felsens legten sie Lager an, umgaben die Bergfeste mit einem Wall und errichteten am westlichen Zugang von Masada eine Rampe aus Erde und großen Steinen. Darauf bauten sie einen Belagerungsturm, von dem aus sie die Festung unter Beschuß nahmen, während sie zugleich mit einem Rammbock gegen die Mauern vorgingen. Schließlich gelang es ihnen, eine Bresche zu schlagen.

Damit begann für die Belagerten der Untergang. In jener Nacht gab sich Eleazar ben Yair auf dem Gipfel von Masada Rechenschaft über die schicksalhafte Lage. Die vom Feuer zerstörte Verteidigungsmauer würde dem Ansturm der Römer am nächsten Morgen nicht mehr standhalten. Es bestand weder Hoffnung auf Entsatz noch auf Flucht. Nur zwei Alternativen blieben: Übergabe oder Tod. Eleazar entschied, „daß ein ruhmvoller Tod einem Leben in Schande vorzuziehen sei. Der hochherzigste Entschluß sei der, auf ein Weiterleben nach dem Verlust der Freiheit zu verzichten." Um nicht als Sklaven der Eroberer leben zu müssen, setzten die Verteidiger – 960 Männer, Frauen und Kinder – ihrem Leben selbst ein Ende. Als die Römer am nächsten Morgen den Gipfel des Hügels betraten, herrschte ringsum Stille. [...]

Alles, was von Masadas dramatischer Vergangenheit bekannt war, verdanken wir einer einzigen Quelle: den Schriften des glänzenden Historikers und unglücklichen Juden Josephus Flavius (hebräisch: Yoseph ben Matatyahu). Zu Beginn des großen Aufstandes vom Jahre 66 n. Chr. war Josephus einer der jüdischen Befehlshaber von Galiläa. Später ging er zu den Römern über. Dennoch wäre kein anderer in der Lage gewesen, die Ereignisse auf dem Gipfel von Masada im Jahre 73 n. Chr. spannender zu beschreiben. Welche Gründe er auch gehabt haben mag, ob Gewissensqualen oder andere Motive: seine Schilderung ist so ausführlich und die Wiedergabe der Worte des Eleazar ben Yair so zwingend, daß man erkennt, wie tief erschüttert er von dem Heroismus der Menschen war, die er verlassen hatte. (Zwei Frauen in der Festung waren dem Beschluß des Eleazar ben Yair nicht gefolgt. Sie hatten sich versteckt, um erst beim Eintreffen der römischen Soldaten wieder aufzutauchen. Sie erzählten ihnen, was geschehen war, und Josephus erfuhr es zweifellos von den Römern, wenn er nicht sogar selbst die Überlebenden gesprochen hat.) Eine der Aufgaben unserer Expedition bestand nun darin, den archäologischen Beweis für den Bericht des Josephus zu erbringen. [...]

Es gibt nun allerdings kaum ein eindrucksvolleres Zeugnis für den Mut der Verteidiger als die Ruinen der römischen Lager und Belagerungsbauten rings um Masada. Sie zeigen, daß die Römer die Schwierigkeiten richtig einschätzten, die sie bei der Eroberung der Festung mit den 960 Zeloten erwarteten. [...]

Welches militärische Ziel verfolgte Silva? War er etwa gezwungen, seine Pläne im Verlaufe der Ereignisse abzuändern? Mit anderen Worten: Glaubte Silva vielleicht, daß er die Verteidiger Masadas durch die Belagerung bezwingen werde, und war er nur an der Einnahme der Festung interessiert? Oder verfolgte er die Absicht, komme was da wolle, alle Belagerten, tot oder lebendig, zu fangen?

Wie mir scheint, lassen die Worte des Josephus sowie die Planung der Lager und der Belagerungsanlagen keinen Zweifel an der Beantwortung dieser Frage. Silva wußte, daß die Verteidiger von Masada zu den mutigsten, eifrigsten und hartnäckigsten Leuten gehörten, die je einer römischen Armee getrotzt hatten. Ihre kämpferischen Fähigkeiten waren bekannt. Da Silva außerdem darüber orientiert war, daß sie über ziemliche Mengen an Wasser und Nahrungsmitteln verfügten, konnte er kaum annehmen, daß die Belagerung allein sie auf die Knie zwingen werde. Das hätte zuviel Zeit in Anspruch genommen. Wegen der klimatischen Bedingungen mußte die Eroberung Masadas auf jeden Fall vor Beginn des glühendheißen Sommers beendet sein. Daraus folgt aber, daß Silva von vornherein einen Angriff auf die Festung vorhatte.

Warum verwandte er dann soviel Energie auf die Einkreisung Masadas, indem er eine fast 3500m lange Belagerungsmauer erbauen ließ? Die Antwort gibt Josephus in den eben zitierten Worten: Die Mauer sollte verhindern, daß von den Belagerten jemand entkommen konnte: sicher war gerade das Silvas Hauptanliegen. Wie hoch auch der strategische Wert der Festung Masada für die römische Armee anzusetzen ist, was wirklich zählte, waren die 960 Männer, Frauen und Kinder auf dem Gipfel, die die Ruhe des Römischen Reiches störten. Judäa war unterworfen. In Rom hatten sie ihren Triumphbogen errichtet. Nur hier (nach der Einnahme von Herodion und Machäros) bedrohte noch eine Handvoll Rebellen die Macht Roms. Sie wurden als doppelte Gefahr empfunden. Einmal konnten sie Masada als Basis für Ausfälle gegen Siedlungen und römische Garnisonen benutzen, zum anderen, und das scheint der wichtigere Gesichtspunkt, konnte allein das Vorhandensein der Zeloten den Aufstand erneut auflodern lassen, dessen Funken noch schwelten – wie es sechzig Jahre später der Aufstand des Bar Kochba zeigte. Man kann sich also die strikten Befehle von Titus in Rom an Silva in Palästina gut vorstellen, die besagten, daß das „Rebellennest" zu beseitigen sei, und zwar um jeden Preis und ohne Verzögerung. Und es ist sicher kein Zufall, daß die Eroberung Masadas in Rom nicht gefeiert wurde und auch in den Annalen der Zeit keine Erwähnung fand. Nach offizieller römischer Sprachregelung war Judäa nämlich schon drei Jahre zuvor erobert worden und Münzen mit der Aufschrift Judaea Capta bereits im Umlauf. [...]

Durch die Ausgrabungen erlangte Masada auch internationale Popularität. Diese erreichte im Juli 1969 einen Höhepunkt, als während einer feierlichen Zeremonie die in einer Höhle aufgefundenen, sterblichen Überreste der Rebellen beigesetzt wurden. Yigael Yadin selbst hielt während der mit vollen militärischen Ehrungen ausgestatteten Prozession eine Ansprache (siehe Abb. 10 und 11). Die Behauptung, bei den gut zwei Dutzend Skeletten handle es sich tatsächlich um die Rebellen, die Masada nach der jüdischen Rebellion besetzt hielten, wurde durch die historische Forschung vielfach angezweifelt. Die Frage nach dem Verbleib der restlichen rund 900 Körper blieb ungeklärt, und es existierten Gerüchte, die Aktion sei von Yadin nur auf politischen Druck hin durchgeführt worden.

Ein weiteres Buch über Masada und die dortigen archäologischen Grabungen veröffentlichte der ehemalige Pressechef und Regierungssprecher Moshe Pearlman.

Moshe Pearlman: The Zealots of Masada, London 1968, 14f., 19-21, 26f., 29f.

Commanding the Roman armies that conquered Jerusalem was Titus, son of Vespasian, who had in the meantime become emperor of Rome. To set an example to others in the Empire who might think of rebelling, Titus slaughtered thousands of Jewish prisoners and took the rest of the captives as slaves to Rome.

But not all. A few managed to escape, and they were determined to continue the fight. They were led by Eleazar ben Ya'ir and were called Zealots. This was because of their „zeal for the Lord", their „zeal for what was right", and, I believe, also because they fought zealously.

Eleazar and his band made their painful way eastwards from Jerusalem across the Judean desert. Their sufferings were great. Some had been wounded in the Jerusalem fighting. There was no shelter from the hot sun by day nor the bitter cold at night. They had almost no food and very little water. The sharp rocks over which they had to scramble tore their flesh. They chose this harsh route precisely because they knew they would not be followed by the enemy – certainly not so quickly. They chose it for another reason as well. At the journey's end lay the rock of Masada, and at Masada they believed they could hold out for a long time against the might of Rome.

Masada, they knew, was a natural fortress. In a.d. 66, at the start of the Jewish War, a group of Zealots had attacked the Roman garrison there and captured it. It had remained in Jewish hands. The Romans had never bothered to retake it, both because they thought it would be too costly – it would need too many troops – and because they believed that after the fall of Jerusalem all Jewish resistance would end. They had not reckoned with Eleazar ben Ya'ir.

As soon as he arrived with his party, he set about organizing Masada as a military outpost. With the rock fortress as his base, it was his intention to descend with his men from time to time to make forays against the Romans and against settlers in the region who collaborated with the Romans. If the Romans, goaded by his raids, marched on Masada and tried to capture it, they would find the Jews there holding firm, prepared to make a final stand. [...]

All through the rest of A.D. 70, 71, and the first part of 72, the zealots continued to occupy Masada and harry the Roman authorities whenever they could, as well as disrupt Roman rule in the area. [...]

But as the Zealot raids continued, the gnat became a bee and then a wasp with a painful sting, and the Romans began to take notice. „Who are these people?" the Romans asked themselves. „Don't they know when they are beaten? Don't they know that with Jerusalem lost and the rest of the country under firm Roman rule they don't have a chance?"

What annoyed the Romans even more than their losses in the Zealot raids was the harm to their prestige – the prestige of the great Roman Empire. How could the local Roman governor and commander face their imperial masters when they seemed unable to put down a small group of Judean rebels? But how could they be put down? A large force was necessary, and such a force was not available to the Romans in the first year or so when they were busily trying to establish order in the country after the long savage war.

In a.d. 72, however, the new Roman procurator of Judea, Flavius Silva, considered that the country was now quiet and the population sufficiently terrorized into acceptance of Roman rule. He decided that the time had come to move against the one fortress that still held out – Masada. It is also possible that he got direct instructions from Rome to do so.

Flavius Silva was a general. He had been one of the top commanders of Titus in the conquest of Jerusalem. Cruel he may have been, but he was a first class military man, and he did not underrate the enemy. He knew it would not be easy to take the high rock, particularly if it were defended by Zealots, whom he knew from Jerusalem to be stubborn and courageous fighters. He decided to march on Masada with a large force – and to lead them himself, for he could not afford a Roman failure. Such a failure would not only be a blow to Roman prestige but might also have the effect of exciting similar rebellious outbreaks in the rest of the country, and the war against Rome would begin all over again.

He had to make certain of victory, so he took the noted Tenth Legion and additional troops – from 6,000 to 10,000 fighters in all – to subdue the thousand or so Masada defenders. It was quite a compliment to Eleazar ben Ya'ir. In addition to his fighting men, General Silva also pressed into service from 10,000 to 15,000 „bearers" – prisoners of war – to carry supplies over the long stretch of barren desert. Eleazar's group, which in the end totalled 960 men, women and children, would be facing a total enemy force of not less than 16,000 and possibly as great as 25,000!

After months of preparation, Silva set out across the wilderness with his massive force. The journey alone must have taken them several weeks, and the stores they carried must have been enormous. They would find no water on the way, so they would have to take with them every drop they would need during the journey, as well as reserves for the initial period after their arrival. The same was true with food and wood. The problem of supplies for thousands of men – even though the prisoner-slaves would get very little – was staggering. This force would not have set out on such a journey without elaborate preparations, as had Eleazar. Eleazar's band numbered comparatively few, and they were in a hurry and desperate and ready to suffer grave privations of thirst and hunger. But the Roman Army was not – particularly when, with so many prisoner-slaves, it was unnecessary. [...]

We can gather from the evidence that up to the final days they were hopeful that they might hold out. Despite their fearful hardships, their morale was high. As month followed month and they saw that the Romans assembled below were apparently powerless to defeat them, they took heart. Their spirits rose at the thought that they, a mere handful, were holding at bay a great Roman army, led by a renowned general. Devoutly religious and familiar with the Bible, some must surely have likened their lot to that of David facing Goliath – except that Roman Goliath was infinitely more powerful.

[...] General Flavius Silva, an experienced soldier, was also not without ingenuity. Like Eleazar, he too remained the cool commander when things went wrong, although it was far easier for him to do so; and things were going wrong for him now. He was finding that the great weapon on which he had pinned his hopes, the weapon that had actually breached the wall, was now powerless.

Only a little while earlier, when he had been told that the wall was about to crumble, he had imagined his men rushing through the gap and at last, at last, grappling with the enemy. This was the moment he had waited for, the moment for which he had pushed and spurred his men for long weary months to build the camps and the siege wall and the towers and the great ramp – the moment when he would get at the enemy. [...]

[The] Jewish Zealot leader, Eleazar ben Ya'ir, had no thought of escaping – at least not in the way the Romans thought. He knew, though, that the moment of greatest crisis had come. The banging of the battering ram had stopped. No more stones and arrows were being flung from the siege tower. He had heard the heavy tread of the Roman troops as they marched down the ramp, and he had heard their jeers as they went. „See you in the morning," they had cried, taunting the Zealots, and Eleazar knew what that meant. With the stone wall breached and the wooden wall burning, nothing now stood between his small group and their meagre weapons and the full might of Silva's army. When the Romans returned to the attack in the morning, pouring through the gap in the defences to engage the Zealots in direct combat, their sheer weight of numbers and the power of their weapons would prove more than a match for the defenders. Even if every Zealot fighter battled to the end, selling his life dearly, the outcome could not be in doubt. Then would follow the slaughter of the survivors or, worse, torture and captivity. He could envisage the women and children dragged in chains through the streets of Judea and then probably Rome, as an example of what happened to people who dared defy Roman authority; and they would end their days in slavery. [...] Surrender, then, was out of question. There remained only – death.

Masada wurde zu einem Reiseziel, das noch immer jährlich Tausende von Besuchern anlockt. Bis 1991 wurden die israelischen Rekruten in Masada mit einem Eid eingeschworen, der appellierte: „Masada darf nie wieder fallen!" 1963 führte Yigael Yadin in einer in Masada gehaltenen Rede vor Rekruten aus:

Rede Yigael Yadins 1963, zitiert nach: Zerubavel, Yael: The Death of Memory and the Memory of Death. Masada and the Holocaust as Historical Metaphors, in: Representations 45, 1994, S. 72-100, hier: S. 84.

We will not exaggerate by saying that thanks to the heroism of the Masada fighters like other links in the nation's chain of heroism – we stand here today, the soldiers of a young-ancient people, surrounded by the ruins of the camps of those who destroyed us. We stand here, no longer helpless in the face of our enemy's strength, no longer fighting a desperate war, but solid and confident, knowing that now our fate is in our hands, in our spiritual strength, the spirit of Israel 'the grandfather who has been revived'. [...] We, the descendants of these heroes, stand here today and rebuild the ruins of our people.

Die hohe Popularität des Mythos Masada als ein kollektives, national-politisches Symbol blieb bis in die 1960er Jahre nahezu ungebrochen. Beginnend mit dem Eichmann-Prozess zu Anfang der 1960er Jahre vollzog sich innerhalb der israelischen Gesellschaft ein Wandel in der Einstellung zu den Opfern der Shoah, denen nun erstmals öffentlich Gehör geschenkt wurde. Der verlustreiche Yom-Kippur Krieg von 1973, verstärkte die allgemeine Empathie mit den Holocaust-Opfern, verdeutlichte er doch die eigene Verletzbarkeit. Der durch den staatlichen Zionismus verordnete Säkularismus wich zunehmend religiösen und spirituellen Tendenzen. Masada, das als Symbol des jüdischen Kampfes und nationaler Unabhängigkeit einen elementaren Bestandteil zionistischer Geschichtsinterpretation darstellte, verlor innerhalb dieses Sinnzusammenhangs mehr und mehr an Bedeutung.

Dennoch hat Masada auch im heutigen Israel seine symbolische Relevanz nicht vollständig eingebüßt. Durch seine Deutungsvariabilität ist Masada nicht zu einer rein touristischen Attraktion geworden, sondern kann ebenfalls sinnbildlich für die von Leid, Niedergang und Verlust geprägte Geschichte des jüdischen Volkes stehen und so zusammen mit dem Holocaust dieselbe Klasse „kollektiver Traumata" bilden. Das Motto „niemals wieder", behält somit seine Aktualität und steht, in variablen Sinnzusammenhängen, allgemeingültig für alle Situationen feindlicher Bedrohung, für „potentielle Masadas".

Literatur

Ben-Yehuda, Nachman: The Masada Myth. Collective Memory and Mythmaking in Israel, Wisconsin 1995.

Ben-Yehuda, Nachman: Sacrificing Truth. Archeology and the Myth of Masda, New York 2002.

Bilde, Per: Flavius Josephus between Jerusalem and Rome. His life, his Works, and their Importance (Journal for the Study of the Pseudepigrapha, Suppl. Series 2), Sheffield 1988.

Krieger, Klaus-Stefan: Geschichtsschreibung als Apologetik bei Flavius Josephus (Texte und Arbeiten zum neutestamentlichen Zeitalter 9), Tübingen 1994.

Smith, Anthony D.: The Antiquity of Nations, Cambridge/Malden 2004.

Yadin, Yigael: Masada. Der letzte Kampf um die Festung des Herodes, Hamburg 1967.

Zerubavel, Yael: Recovered Roots. Collective Memory and the Making of Israeli National Tradition, Chicago 1995.

Arbeitsfragen

Wie beschreibt Josephus die jüdischen Rebellen, ihre Haltung und ihr Verhältnis zur Gesamtbevölkerung?

Wie werden von ihm die Römer, ihre Absicht und ihre Position während des jüdischen Aufstandes und bei Masada beurteilt?

Wie werden die Rebellen innerhalb der zionistischen Rezeption dargestellt?

Wie und zu welchem Zweck erfolgt die Schilderung der römischen Armee, ihrer Motivation und ihres daraus resultierenden Vorgehens in den antiken und modernen Texten?

Welche Bedeutung hat Masada in den unterschiedlichen Sichtweisen?

Abb. 10: Der Rücktransport der untersuchten Knochenfunde nach Masada

Abb. 11: Yigael Yadin bei der Gedenkrede zur Beisetzung der „Freiheitskämpfer von Masada"

Abb. 12: Statue des Ambiorix in Tongeren

III Ausblick
– Nationale Mythen von Albanien bis Wales

Christine G. Krüger und Martin Lindner

Die vorangegangenen Kapitel versammelten neun Beispiele für die Bedeutung der Antikenrezeption bei der Ausbildung nationaler Mythen, die Liste erhebt jedoch keinerlei Anspruch auf Vollständigkeit. Ausgewählt wurden vielmehr Fälle, die als besonders markant für bestimmte Formen der Aufnahme und Verwendung gelten können und zugleich für den didaktischen Einsatz keine allzu großen Hürden vorgeben.

Im Folgenden sollen nun zusätzliche Themen vorgestellt werden, die aus verschiedenen Gründen nicht den Weg in die vorliegende Sammlung gefunden haben. Dies stellt keineswegs ein Urteil über die Bedeutung dieser Fälle dar. So wurde etwa Albanien vor allem deswegen ausgespart, weil die relevanten neuzeitlichen Quellen nicht in zuverlässigen Übersetzungen vorliegen. Die Keltenrezeption auf den britischen Inseln und dem Festland ist dagegen zu vielgestaltig, um sie auf einen einzelnen Nationalmythos einzugrenzen, und bildet zudem oft nur eine Facette in einer komplexeren Mythenbildung. In Schottland wiederum ist die Schlacht am Mons Graupius durchaus als Teil einer nationalen Geschichtsauffassung präsent, tritt aber weit zurück gegenüber wirkungsmächtigeren Elementen wie der Erhebung unter Robert the Bruce. Etliche Fälle – namentlich etwa Ägypten, Armenien, Irak, Iran, Ungarn oder die Türkei – wären in Teilaspekten ebenso interessant, konnten an dieser Stelle aber aus Platzgründen nicht aufgenommen werden.

Anders als in den vorigen Kapiteln kann hier jeweils nur eine kurze Einleitung in die Fragestellung gegeben werden. Die antiken und modernen Quellen sind im Rahmen der Kontext-Schilderung erwähnt, gefolgt von einer kurzen Literaturauswahl, die sich an den in Kapitel I benannten Kriterien orientiert. Manche Abschnitte, etwa zu den Keltenmythen, bündeln mehrere Nationaltraditionen und erhalten entsprechend eine umfangreichere Bibliographie.

1. Albanien und die Illyrer

Für Albanien lässt sich der vergleichsweise seltene Fall einer weitgehend ohne schriftliche Zeugnisse begründeten Mythosbildung beobachten, die unter dem Zeichen der Abgrenzung gegenüber den geografischen Nachbarn steht. Insbesondere für die Frühzeit basiert der Rückgriff vorwiegend auf sprachwissenschaftlichen und archäologischen Untersuchungen.

In den antiken griechischen Quellen existieren nur wenige Aussagen über die sog. Illyrer an der Adriaküste und deren Hinterland grob westlich von Makedonien. Für das 5. Jahrhundert v.Chr. ist eine Reichsgründung in Südillyrien belegt, wobei die Informationen sich vor allem auf die Konflikte mit den Makedonen beziehen. Im 3. Jahrhundert v.Chr. begann der Zugriff Roms, dessen Einflussgebiet aber anfangs auf die Küstenregion limitiert blieb. Die sonstigen Gebiete des alten Illyrischen Reiches und der weiteren Stämme konnten erst in den folgenden zwei Jahrhunderten erobert werden. Um die Mitte des 1. Jahrhunderts v.Chr. wurde Illyrien zur römischen Provinz, deren Teile man in der Kaiserzeit in mehreren

Schritten in neue Organisationseinheiten überführte. Der Name *Illyricum* verlor dabei zunehmend seine alte Bedeutung, regional unterschiedlich setzte bei den einzelnen Stämmen eine Romanisierung ein. Im 4. und 5. Jahrhundert erfolgte die vorübergehende Christianisierung, von der Mitte des 6. Jahrhunderts an gerieten weite Teile des heutigen Albaniens unter slawische Herrschaft. Ein Sicherungsversuch des oströmischen Restgebiets hatte nur begrenzten Erfolg. Als Volk der Albaner sind die Bewohner des ehemaligen illyrischen Gebiets dann mit dem 11. und 12. Jahrhundert greifbar, nachdem das byzantinische Reich das zwischenzeitlich bulgarische Territorium erneut erobert hatte. Die spätere Übertragung des Namens, nicht zuletzt durch die Siedlungsausweitung unter osmanischer Herrschaft im 15. und 16. Jahrhundert, erschwert den Begriffsgebrauch zusätzlich.

Bereits in der frühen Auseinandersetzung mit dem Osmanischen Reich überlagerten sich antike und zeitgenössische Elemente. So wurden etwa Elemente der Gestalten Alexander der Große und Gjergj Kastriota „Skanderbeg" – im 15. Jahrhundert Widersacher der Türken und Einiger des albanischen Territoriums – vermischt. Besondere Bedeutung gewann die Autochthonie-These, die sich vor allem auf spekulative sprachwissenschaftliche Befunde der Mitte des 19. Jahrhunderts zurückführen lässt. So wurden albanische Vokabeln auf dem Umweg über das Illyrische mit dem Pelasgischen assoziiert, der Sprache eines Stammes, der in antiken griechischen Quellen (fälschlicherweise) als Urbevölkerung von Thessalien und anderen Gebieten auftaucht. Die Theorie war schon wegen der dünnen Überlieferungsbasis für die beiden antiken Sprachen sehr gewagt und suggerierte eine Kontinuität Pelasger – Illyrer – Albaner. Spätere Forscher griffen die Annahme offensiv auf und verschafften den Albanern über den Rückbezug auf eine indoeuropäische Ursprache einen Abstammungsmythos bis in quasi prähistorische Zeit. Im Zuge der Nationalbewegung diente die Behauptung als Argument für eine Unabhängigkeit von der türkischen Oberhoheit.

Nach 1945 trat dieser Ansatz zurück gegenüber der Besinnung auf die Illyrer, mehrheitlich im Zusammenhang mit dem Status des Kosovo, für das eine gemeinsame illyrische Vergangenheit postuliert wurde. Diese Wiederentdeckung stützte sich nun auf die Sachüberreste, deren Untersuchung besonders die ehemalige Schutz- und spätere Besatzungsmacht Italien vorangetrieben hatte. Seit den 1920er Jahren hatten italienische Archäologen Albanien durchkämmt, um Spuren sowohl für eine illyrische als auch für eine römische Vergangenheit der Region zu sichern – nicht ohne den Hintergedanken an eine propagandistische Verwendungsmöglichkeit, wenn Albanien damit als altes römisches Territorium gesehen werden konnte. In kommunistischer Zeit instrumentalisierte der albanische Staat unter dem Diktator Enver Hoxha solche Grabungen, mit denen eine illyrisch-albanische Siedlungskontinuität im Gegensatz zu den türkischen, griechischen und slawischen Nachbarn belegt werden sollte. Gegenüber dieser noch immer wirksamen Anknüpfung spielten und spielen jedoch andere Aspekte eine mindestens ebenso wichtige Rolle, vor allem die Skanderbeg-Verehrung, die religiöse Komponente und die Reaktion auf den serbischen Nationalmythos um die Schlacht auf dem Amselfeld von 1389, die als Vorbild des unbeugsamen Widerstandes gegen die Herrschaft der islamischen Osmanen gesehen wurde.

Bowden, William: The Construction of Identities in Post-Roman Albania, in: Lavan, Luke/ Bowden, William (Hg.): Theory and Practice in Late Antiquity Archaeology (Late Antique Archaeology 1), Leiden/Boston 2003, S. 57-78.

Gilkes, Oliver: The Voyage of Aeneas. Myth, Archaeology, and Identity in Interwar Albania, in: Kane, Susan (Hg.): The Politics of Archaeology and Identity in a Global Context (Colloquia and Conference Papers 7), Boston 2003, S. 31-49.

Korkuti, Muzafer/Petruso, Karl M.: Archaeology in Albania, in: American Journal of Archaeology 97, 1993, S. 703-743.

Lochner-Hüttenbach, Fritz: Die Pelasger (Arbeiten aus dem Institut für vergleichende Sprachwissenschaft 6), Wien 1960.

Prendi, Frano: L'archéologie en Albanie et ses problèmes, in: Étienne, Roland (Hg.): Les politiques de l'archéologie. Du milieu du XIXe siècle à l'orée du XXIe (Champs helléniques modernes et contemporains 2), Athen 2000, S. 281-286.

Reuter, Jens: Die Entstehung des Kosovo-Problems, in: Aus Politik und Zeitgeschichte B 34/99, S. 3-10.

Wilkes, John: The Illyrians (The Peoples of Europe), Oxford/Cambridge 1992.

2. Belgien und der Ambiorix-Aufstand

In einer gewissen Konkurrenz zum französischen Vercingetorix- (siehe Kapitel II.2) und zum niederländischen Civilis-Mythos (siehe unten Abschnitt 4) steht der belgische Rückbezug auf die Eburonen und ihre Anführer Ambiorix und Catuvolcus. Wie schon im Fall der Revolte des Vercingetorix ist die Hauptquelle ein problematischer Fremdbericht: der *Gallische Krieg* des römischen Feldherrn Iulius Caesar.

Die Eburonen – vermutlich ein Zusammenschluss kleinerer Stämme mit mehreren Herrschern – bewohnten im 1. Jahrhundert v.Chr. das nördliche Maas-Rhein-Gebiet bis hinunter zur Eifel. Sie wurden von Iulius Caesar zu den *Germani Cisrhenani* (Germanen diesseits des Rheins) gerechnet und hatten sich vorerst mit dem Eroberer arrangiert. Im Jahr 54 v.Chr. sorgte eine Missernte für Probleme bei der Versorgung der römischen Truppen in der Region und die Eburonen erhoben sich gegen die ungeliebten Fremden. Nach einem spektakulären Sieg in der Anfangsphase schlossen sich einige Nachbarstämme der Revolte an. Der Vorstoß der Rebellen konnte erst von Caesar militärisch gestoppt werden, Catuvolcus nahm sich das Leben und Ambiorix musste flüchten. In den folgenden Jahren plünderten und „befriedeten" römische Legionen das eburonische Siedlungsgebiet. Die Eburonen gingen danach in anderen Stämmen auf; über das weitere Schicksal des wohl geflüchteten Ambiorix sind keine zuverlässigen Informationen bekannt. Der später vor allem mit seinem Namen verbundene Aufstand hatte anfangs für schwere römische Verluste gesorgt, blieb langfristig aber ohne Erfolg. Das Territorium wurde in das Provinzsystem eingegliedert und erfuhr in der Kaiserzeit eine allmähliche Romanisierung.

Ambiorix wurde erst in den 1830er Jahren wiederentdeckt, um für den neu entstandenen belgischen Staat, der seinen Namen von der römischen Provinz *Belgica* ableitete, als Identifikationsfigur zu dienen. Seine Popularität erhielt Unterstützung durch eine pompöse Ballade von Nolet de Brauwere van Steeland im Jahre 1841 und die Errichtung der Ambiorix-Statue von 1866 (siehe Abb. 12). Für letztere wurde ohne direkten historischen Bezug die Stadt Tongeren als Standort ausgewählt, die wegen ihrer zahlreichen archäologischen Überreste als ältester Ort Belgiens galt. Nach einer längeren Anlaufphase ist Ambiorix bis heute im populären belgischen Geschichtsbewusstsein als eine zentrale Figur der eigenen Vergangenheit verankert, die auf Briefmarken, in Werbeanzeigen, Comics oder Karikaturen vielfach als „typisch belgisch" anzitiert wird.

Doblhofer, Ernst: Caesar und seine Gegner Ariovist und Ambiorix, in: Der Altsprachliche Unterricht 10, 1967, S. 35-58.

Koninklijk Limburgs Geschied- en Oudheidkundig Genootschap (Hg.): Ambiorix 1866–1966, Tongeren 1966.

Maier, Bernhard: Die Kelten. Ihre Geschichte von den Anfängen bis zur Gegenwart, München ²2003.

Rambaud, Michel: Le „Portrait" d'Ambiorix, in: Institut Félix Gaffiot (Hg.): Hommages à Jean Cousin. Recontres avec l'antiquité classique (Annales Littéraires de l'Université de Besançon 273), Paris 1983, S. 113-122.

Wightman, Edith M.: Gallia Belgica, London 1985.

3. Bulgarien und die Bulgaroi

Die Informationen über die frühe Geschichte der *Bulgaroi* verdanken wir überwiegend byzantinischen Autoren, deren Auskünfte jedoch nicht nur aus politischen Gründen mit Vorsicht zu behandeln sind. Gerade in den ersten Jahrhunderten des zu betrachtenden Zeitraums erscheint der Gebrauch von namentlichen Zuweisungen wenig eindeutig und erschwert so die ohnehin problematische Anknüpfung im Sinne eines Nationalmythos.

Bulgaroi war ab dem 2. Jahrhundert n.Chr. der Sammelbegriff für eine Gruppe von Stämmen aus Zentralasien, vermutlich aus dem Gebiet des heutigen Sibiriens. Mit der nach Westen gerichteten Völkerwanderung wurden die *Bulgaroi* im 5. Jahrhundert mehrfach im Donauraum präsent, ohne dass angesichts der schlechten Quellenlage sichere Aussagen über Siedlungsräume gemacht werden könnten; das Verhältnis zum oströmischen Reich gestaltete sich wechselhaft. Seit dem 6. Jahrhundert entstanden zwischen Schwarzem und Kaspischem Meer festere Organisationsstrukturen, die sich in der Folge jedoch nur mit Hilfe aus Byzanz gegen eine Konkurrenz von anderen Turkstämmen behaupten konnten. Das sog. Altbulgarische Reich zerfiel jedoch rasch, Teile der *Bulgaroi* drangen unter dem Druck der benachbarten Chazaren nach Westen vor. Im späten 7. Jahrhundert gelang die dauerhafte Eroberung des späteren Siedlungsraums auf dem Areal der früheren thrakischen Provinzen Roms. Das sog. Erste Bulgarische Reich mit seiner mehrheitlich slavischen Bevölkerung erzielte einige militärische Erfolge gegen byzantinische Truppen, die einen ohnehin schwachen Herrschaftsanspruch in der Region durchzusetzen versuchten. Die Hochphase des später christianisierten Reiches endete im späten 10. und frühen 11. Jahrhundert, als Byzanz die allerdings auch nur vorübergehende Rückeroberung gelang.

In der Frühen Neuzeit wurde unter der türkischen Oberhoheit in Bulgarien die Erinnerung an die antike Tradition besonders von Seiten der Kirche reaktiviert. Die nationale Bewegung des 19. und frühen 20. Jahrhunderts griff nur vereinzelt auf antike Vorbilder zurück. Auch unter sozialistischer Herrschaft lag der Fokus am ehesten auf dem Nachweis einer Siedlungskontinuität, die teilweise bis auf die prä-slavische Bevölkerung der Thraker zurückgeführt wurde. Mit Hilfe staatlicher Ausgrabungen (und auch indirekt durch die Betonung „typisch thrakischer" Folklore) sollte dabei die Eigenständigkeit und die Höhe der eigenen Kultur gegenüber der griechischen und römischen betont werden. Als bedeutender galten jedoch archäologische Befunde zu den zwei mittelalterlichen Reichsgründungen, deren 1300- bzw. 800-jähriges Jubiläum so unterfüttert wurden. Als Nationalmythos spielen bis heute die thrakischen Vorläufer und das spätantike Altbulgarische Reich gegenüber der mittelalterlichen und neuzeitlichen Tradition nur eine untergeordnete Rolle.

Bailey, Douglass W.: Bulgarian Archaeology. Ideology, Sociopolitics and the Exotic, in: Meskell, Lynn (Hg.): Archaeology under Fire. Nationalism. Nationalism, Politics and the Heritage in the Eastern Mediterranean and Middle West, London/New York 1998, S. 87-110.

Browning, Robert: Byzantium and Bulgaria. A comparative study across the early medieval frontier, London 1975.

Hoddinott, R. F.: Bulgaria in Antiquity. An Archaeological Introduction, London/Tonbridge 1975.

King, Charles: The Black Sea. A History, Oxford/New York ²2006.

Κυριάκης, Ευάγγελος Κ.: Βυζάντιο και Βούλγαροι (7ος–10ος αι.). Συμβολή στην εξωτερική πολιτική το Βυζαντίου (Historical Monographs 13), Athen 1993 (mit ausführlicher deutscher Zusammenfassung).

Silverman, Carol: The Politics of Folklore in Bulgaria, in: Anthropological Quarterly 56, 1983, S. 55-61.

Weber, Claudia: Auf der Suche nach der Nation. Erinnerungskultur in Bulgarien von 1878-1944 (Studien zur Geschichte, Kultur und Gesellschaft Südosteuropas 2), Berlin 2006.

4. Die Niederlande und der Bataveraufstand

In diesem Fall liegt erneut eine Mythosbildung vor, die sich aus der Erinnerung an eine Zentralfigur im (vermeintlichen) Abwehrkampf gegen das Römische Reich speist. Der Hintergrund sind die Ausläufer des sog. Vierkaiserjahres, die allerdings weit über das Gebiet der heutigen Niederlande hinaus ausgreifen. Die wichtigste Quelle für die nur teilweise nachvollziehbaren Ereignisse ist der römische Autor Tacitus, der in seinen *Historien* zwar zeitnah berichtet, dessen Erzählung in ihrer Tendenz aber nicht unumstritten ist.

Im Sommer 68 n.Chr. endete durch den Suizid des Kaisers Nero die Herrschaft der julisch-claudischen Dynastie. Hatte es zuvor bereits Unruhen in den gallischen Provinzen gegeben, wurden diese nun von den Ereignissen des Bürgerkriegs mit erfasst. In der folgenden Zeit wurden unpopuläre Aushebungen durchgeführt und Abkommen gebrochen. Etliche Stämme solidarisierten sich mit der einen oder anderen Seite und griffen so in den Verlauf der Erhebung ein, die später mit dem Namen „Bataveraufstand" belegt werden sollte. Der Stamm der Bataver – Mitte des ersten Jahrhunderts v.Chr. ins Rheindelta übergesiedelt – stellte seit gut 80 Jahren einen wichtigen Verbündeten der Römer dar. Iulius Civilis hatte als hochadliger Bataver über 20 Jahre im römischen Heer gedient, war aber in den politischen Wirren zwischen die Fronten geraten. Womöglich auf Anraten eines Verbündeten des späteren Kaisers Vespasian schlug er sich auf dessen Seite und bewegte seinen Stamm sowie dessen Angehörige im Heer zum Aufstand. Später schlossen sich ihm weitere Stämme zu beiden Seiten des Rheins an. Im Dezember 69 n.Chr. ging Vespasian als Sieger aus dem Kampf um die Herrschaft hervor, die Region kam aber nicht zur Ruhe. Über die Einschätzung der weiteren Abläufe herrscht in der Forschung keine Einigkeit: Alte politische Loyalitäten und persönliche Ambitionen lenkten den Aufstand gegen die Getreuen des neuen Kaisers, wobei das Gebiet der Treverer (rund um das heutige Trier) im Zentrum stand. Ob Iulius Civilis tatsächlich ein gallisches Sonderreich plante, wie ihm in den Quellen unterstellt wird, muss offen bleiben. Der Aufstand blieb de facto jedenfalls weitgehend auf das mittlere Gallien beschränkt und endete schon im Frühjahr 70 n.Chr. durch militärische Niederlagen. Die Bataver ergaben sich den römischen Truppen und wurden vergleichsweise milde behandelt, über die Konsequenzen für Iulius Civilis liegen keine Informationen vor. Die Bataver sind noch bis zur Spätantike immer wieder als geschätzte Soldaten im römischen Heer und in der Garde des Kaisers belegt.

Am Beginn der nationalen Rezeption stand das humanistische Interesse, über die lange Zeit der problemlosen Zusammenarbeit von Batavern und Römern den Niederlanden eine Teilhabe an der antiken Hochzivilisation zu bestätigen. Ende des 16. Jahrhunderts entdeckte man im Rahmen der Abgrenzung gegenüber der spanischen Krone die Bataver als Ahnherren der holländischen Nation. Das in den Quellen nur unsicher zu greifende Stammesgebiet wurde nun mit dem eigenen Territorium parallelisiert. Wie gut das Konzept in der Folgezeit Fuß fasste, lässt sich nicht zuletzt an dem signalhaften Einsatz antiker Namen erkennen: So wurde Wilhelm von Oranien mit seinem Widerstand gegen die Großmacht Spanien unter Philipp II. zu einem zweiten Civilis stilisiert, Mitte des 18. Jahrhunderts erhielt Willem V. sogar den Taufnamen „Batavus". In der kurzlebigen Batavischen Republik (1798-1806) wurde der Namensbezug auf das gesamte Staatsgebiet ausgedehnt. Die nationale Tradition verklärte Iulius Civilis – meist unter der falschen Namensvariante Claudius Civilis – und die Bataver zu den ersten in einer langen Reihe tapferer Kämpfer für Freiheit und einen unabhängigen niederländischen Nationalstaat. Obwohl dieser Mythos bis in heutige Zeit hinein präsent ist, erlebte er bereits im 19. Jahrhundert einen deutlichen Abstieg und wird heute überlagert von anderen Helden wie dem bereits genannten Wilhelm von Oranien oder dem Opfergang des Marineleutnants van Speyk.

Hessing, Wilfried: Foreign oppressor versus civiliser. The Batavian myth as the source for contrasting associations of Rome in Dutch historiography and archaeology, in: Hingley, Richard (Hg.): Images of Rome. Perceptions of ancient Rome in Europe and the United States in the modern age (Journal of Roman Studies Suppl. 44), Portsmouth 2001, S. 126-143.

Slechte, Henk: Niederlande. „Durch eigene holländische Kunst angeregt, fühle ich, daß ich Holländer bin", in: Flacke, Monika (Hg.): Mythen der Nationen. Ein europäisches Panorama, Berlin 1998, S. 223-247.

Swinkels, Louis: De Bataven. Verhalen van een verdwenen volk, Amsterdam/Nijmegen 2004.

Urban, Ralf: Der „Bataveraufstand" und die Erhebung des Iulius Classicus (Trierer historische Forschungen 8), Trier 1985.

van der Woud, Auke: De Bataafse hut. Denken over het oudste Nederland (1750-1850), Amsterdam ²1998.

5. Portugal und die Lusitanier

Im Westen der iberischen Halbinsel findet sich ein weiteres Beispiel für die nationale Ausdeutung eines lokalen Aufstandes gegen Rom. Ähnlich wie der spanische Numantia-Mythos (siehe unten Abschnitt 7) fällt auch dieses Ereignis in eine der großen Umbruchphasen der römischen Geschichte: die Zeit rund um den 3. Punischen Krieg (149-146 v.Chr.) und den Beginn der Späten Republik.

Über den Hauptakteur Viriatus berichten uns vor allem die schon kaiserzeitlichen Autoren Diodor und Appian. Die meisten anderen Quellen sind mit ähnlichem oder noch größerem zeitlichen Abstand verfasst. Viriatus soll ein Hirte gewesen sein, den die Brutalität der römischen Besatzer zum Anführer eines Aufstandes der Lusitanier werden ließ. In den 140er Jahren v.Chr. erzielte er einige militärische Erfolge und nötigte Rom zwischenzeitlich sogar einen Friedensschluss ab. Kurz darauf fand er jedoch ein wenig ruhmreiches Ende: 139 v.Chr. töten ihn Angehörige seines eigenen Stammes, wohl auf Anstiftung des römischen Feldherrn hin. Die Region wurde erst Generationen später endgültig von Rom unterworfen, und auch der Sertorius-Aufstand (siehe unten Abschnitt 7) brachte keine dauerhafte Veränderung der Machtverhältnisse. Augustus richtete schließlich eine feste Provinz *Lusitania* etwa mit den Grenzen des heutigen Staates Portugal ein, in der jedoch das Gebiet der Lusitanier nur einen Teil des Gesamtumfangs bildete. Den späteren antiken Autoren galt Viriatus fast schon als „edler Wilder", als ein talentierter Feldherr mit unverdorbener Gesinnung und bodenständigen Tugenden, der die verkommenen römischen Anführer in die Schranken wies.

In der modernen Rezeption wurden und werden die oben geschilderten Ereignisse zumeist gerafft und Viriatus zum Begründer oder zumindest Vorboten der portugiesischen Geschichte gemacht. Da für das Selbstbild Portugals die Zugehörigkeit zur romanischen Welt und die Resistenzerfahrung gegenüber den iberischen Nachbarn eine wichtige Rolle spielte, konnten die antiken Lusitanier indes nicht zum dominierenden Nationalmythos werden. Konkurrierende Adaptionen schränkten überdies die Trennschärfe des „Mythos Viriato" merklich ein: Als Figur eines iberischen Freiheitskämpfers nahm ihn auch die spanische Seite in Beschlag. So existiert etwa neben dem Denkmal im portugiesischen Viseu eine 1883 errichtete Statue in der westspanischen Stadt Zamora mit der Inschrift *terror romanorum* (Schrecken der Römer). In der deutschen Rezeption des 19. und frühen 20. Jahrhunderts wurde er als einer der antiken Volkshelden vom Schlage eines Arminius (siehe Kapitel II.3) eingeordnet und durch das einflussreiche Werk Theodor Mommsens einer breiten Leserschaft als Held von fast sagenhaften Proportionen bekannt.

Fabião, Carlos: Archaeology and Nationalism. The Portuguese Case, in: Díaz-Andreu, Margarita/Champion, Timothy (Hg.): Nationalism and Archaeology in Europe, London 1996, S. 90-107.

Pastor Muñoz, Mauricio: Viriato. O herói lusitano que lutou pela liberdade do seu povo, Lissabon 2006.

Rubinsohn, Zeev W.: The Viriatic War and its Roman Repercussions, in: Rivista Storica dell'Antichità 11, 1981, S. 161-204.

6. Schottland und die Schlacht am Mons Graupius

Neben einem unten in Abschnitt 8 behandelten Rückbezug auf vor-römische Zeiten spielen für einen schottischen Nationalmythos zwei weitere antike Elemente eine gewisse Rolle: die Schlacht am Mons Graupius und das „freie Schottland" jenseits der römischen Provinzgrenzen.

In der Mitte der 1. Jahrhunderts n.Chr. eroberten römische Truppen den südlichen Teil der britischen Hauptinsel und stießen in den folgenden Jahren immer weiter nach Norden vor. Unsere Informationen für die anschließenden Ereignisse entstammen überwiegend dem römischen Autor Tacitus, dessen Schwiegervater Agricola in den 80er Jahren n.Chr. die weitere Expansion leitete. Während der Süden Schottlands relativ rasch in römische Hände fiel, erwiesen sich im Norden die Caledonier als harter Gegner. Die antiken Autoren verwendeten den Begriff *Caledonii* jedoch nicht eindeutig und es sind nur wenige andere Zeugnisse für die Einwohner dieser Region überliefert, so dass eine genaue Zuordnung unmöglich scheint. Vermutlich handelte es sich um Stammesverbände vor allem aus dem östlichen Schottland, die angesichts der akuten Bedrohung einen gemeinsamen Heerführer bestimmten. Die Person eben dieses Anführers ist jedoch problematisch: Calgacus bedeutet schlicht „Schwertkämpfer" und könnte eine Erfindung des Geschichtsschreibers Tacitus sein, um die unübersichtliche Gegnerschaft in einer Zentralfigur fassbar zu machen. Soweit sich rekonstruieren lässt, unterlag das Heeresaufgebot nach einigen Erfolgen im Abwehrkampf den Römern im Jahr 83 n.Chr. in der Entscheidungsschlacht am Mons Graupius. Ein weiteres Vordringen der Legionen nach Norden erfolgte trotz des Sieges nicht, Rom konzentrierte sich in der Folgezeit auf die Erschließung und Sicherung seiner neuen Provinz. Seit den 120er Jahren grenzte der sog. Hadrianswall zwischen dem Solway Firth und der Tynemündung ungefähr auf der Grenze zwischen England und Schottland den römischen Süden vom „unbefriedeten" Norden ab. Zwischenzeitlich fungierte nördlich davon der sog. Antoninuswall zwischen Firth of Clyde und Firth of Forth als weitere Grenzlinie, die aber schon in den 160er Jahren wieder aufgegeben wurde. Ein Großteil Schottlands geriet damit nie unter römische Kontrolle.

Die Ausbildung eines schottischen Nationalmythos speist sich zu eher geringen Teilen aus dem Rückgriff auf die Tradition der Caledonier und das „freie Schottland". So erregte etwa die Suche nach dem korrekten Schauplatz der Schlacht vom Mons Graupius seit dem ausgehenden 18. Jahrhundert einiges Interesse, das der Suche nach dem Schlachtfeld des Teutoburger Waldes in Deutschland nicht unähnlich war. (Ein gutes Beispiel für die Vereinnahmung findet sich im Roman *The Antiquary* von Sir Walter Scott aus dem Jahr 1816.) Mehrere Faktoren standen allerdings einer nationalistischen Adaptierbarkeit im Wege: Die Informationen über die Ereignisse sind noch deutlich vager als im Fall von Arminius und lassen sich auch kaum zur Erzählung eines signifikanten Abwehrerfolgs oder doch eines letztlich entscheidenden Opfers umdeuten. Vor allem aber rekurrieren die schottischen Nationalmythen im Sinne einer Abgrenzung gegenüber England viel stärker auf mittelalterliche und frühneuzeitliche Elemente: auf das Reich von Kenneth I., auf die Aktivitäten von William Wallace und Robert the Bruce sowie auf die Zeit der Stewarts und auf den Aufstand von *Bonnie Prince Charlie*. Calgacus und die *Caledonii* stehen zudem in Konkurrenz zur Begeisterung für die Kultur der Pikten, die erstmals Ende des 3. Jahrhunderts n.Chr. namentlich belegt sind und zusammen mit Caledoniern und Dál Ríata im öffentlichen Bewusstsein oft zu einer vagen Vorstellung einer früh- oder protoschottischen Bevölkerung verschwimmen (zum sog. Ossianismus siehe unten Abschnitt 8). Als Figur lebt Calgacus unter anderem weiter im Namen eines 1975 begründeten politischen Magazins für Schottlands „politics, current affairs, history and the arts", und jüngst wurde er in der spekulativen Studie von James Fraser als Drahtzieher einer langfristigen Heereskampagne als Verteidiger des freien Schottlands wiederentdeckt.

Fraser, James E.: The Roman Conquest of Scotland. The Battle of Mons Graupius AD 84, Stroud 2005.

Keppie, Lawrence: Scotland's Roman Remains. An Introduction and Handbook, Edinburgh ²1998.

Lynch, Michael (Hg.): The Oxford Companion to Scottish History, Oxford/New York ²2007.

Maxwell, Gordon: A Battle Lost. Romans and Caledonians at Mons Graupius, Edinburgh 1990.

Woolliscroft, David J./Hoffmann, Birgitta: Rome's first frontier. The Flavian Occupation of Northern Scotland, Stroud 2006.

7. Spanien: Einheit und Regionalismus

Der spanische bzw. kastilische Nationalimus ist ein Sonderfall, er entwickelte sich weniger stark als in vielen anderen europäischen Ländern und erhielt im ausgehenden 19. Jahrhundert eine Konkurrenz durch eine Vielzahl regionalistischer Strömungen, insbesondere dem baskischen und katalonischen Separatismus. Nichtsdestoweniger gab es auch im spanischen Nationalismus antike Gründungsmythen.

Der Fall der zentralspanischen Stadt Numantia markiert den Schlusspunkt der römischen Expansion auf der iberischen Halbinsel. Numantia als keltiberisches Siedlungszentrum hatte für einige Jahrzehnte mit einem Friedensschluss eine gewisse Unabhängigkeit behaupten können. Im Zuge der regionalen Aufstände Mitte des 2. Jahrhunderts v.Chr. war es danach zu römischen Attacken gekommen, die allerdings in mehrfachen Fehlschlägen geendet hatten. 134 v.Chr. entschloss sich Rom zur aufwändigen Belagerung der Stadt unter Federführung des Karthago-Helden Publius Cornelius Scipio. Das Vorhaben zeitigte erst nach neun Monaten Erfolg, die Quellen (vor allem die deutlich späteren römischen Autoren Livius und Appian) berichten von dramatischen Ereignissen mit erfolglosen Gesandtschaften, einem Angriff auf die Belagerer und einem Massensuizid. Viele Bauten der Stadt wurden zwar zerstört, die Siedlung scheint jedoch in der Folgezeit als Teil der römischen Provinz weiter existiert zu haben.

Aufgegriffen wurde der Numantiastoff wie Mythen anderer europäischer Nationen in der Zeit des Humanismus, unter anderem in dem Theaterstück *El cerco de Numancia* von Miguel de Cervantes (ca. 1547-1616). Numantia galt jedoch lange nur als allgemeines moralisches Exempel für Tapferkeit und Freiheitsliebe, zudem wurden in Spanien bewusst Parallelen zwischen dem Römischen und dem eigenen Weltreich gesucht. Nationalistisch aufgeladen wurde der Mythos vor allem während der Besetzung Spaniens durch Napoleon, als die moderne mit der antiken Belagerungssituation vergleichbar schien. Bis in die Franco-Diktatur galt Numantia als Beleg eines uralten spanischen Unabhängigkeitsstrebens. Die Verehrung als nationale Freiheitskämpfer gestaltete sich allerdings schwierig, da die Numantiner effektiv einen Kampf um regionale Autonomie ohne Unterstützung ihrer Nachbarn geführt hatten. Neben Numantia erlangten auch zwei andere „Defensivmythen" zeitweise Bedeutung:

Sagunt an der spanischen Ostküste war im frühen 3. Jahrhundert v.Chr. ein Zankapfel zwischen den Großmächten Karthago und Rom. Die Karthager hatten nach dem 1. Punischen Krieg (264-241 v.Chr.) ihren Einfluss auf weite Teile Spaniens ausgedehnt und waren in Konflikt mit Sagunt geraten, das sich durch ein Bündnis mit Rom abzusichern versuchte. Karthago eroberte die Stadt nach längerer Belagerung im Jahre 219 v.Chr. Die römische Seite konstruierte daraus eine Begründung für den 2. Punischen Krieg (218-202 v.Chr.), in dessen Verlauf die Stadt von Rom gewaltsam eingenommen wurde. Sagunt wurde wieder aufgebaut und behielt noch in der Kaiserzeit gewisse wirtschaftliche Bedeutung. Wie Numantia war Sagunt als Versuch regionaler Selbstbehauptung wenig geeignet für einen gesamtspanischen Nationalmythos, wurde jedoch zeitweise ebenso als Vorbild für den (spanischen) Widerstand gegen auswärtige Aggressoren aufgegriffen.

Sertorius, ein römischer Militär, geriet aus persönlichen Gründen in den Bürgerkriegen der 80er und 70er Jahren v.Chr. in Konflikt mit dem späteren Alleinherrscher Sulla. Es gelang ihm, in Iberien Einheimische und geflohene Gegner Sullas zu vereinen, wobei ihm auf dem Höhepunkt der Macht ein Großteil der iberischen Halbinsel unterstand. Als spanischer Nationalheld war Sertorius jedoch nur bedingt tauglich: Er förderte romanisierende Tendenzen, installierte eine Verwaltungsspitze als Parallele und Konkurrenz zum römischen Senat und plante eine „Befreiung" Italiens. Seine Herrschaftsführung und der Misserfolg seiner weiteren militärischen Vorhaben diskreditierten ihn bald bei den eigenen Anhängern, so dass seine Herrschaft schon nach wenigen Jahren durch eine Verschwörung im Jahr 73 v.Chr. ein Ende fand.

Die Zeit der römischen Besetzung der iberischen Halbinsel deutete man im ausgehenden 19. Jahrhundert, als sich die seperatistischen Regionalismen zu formieren begannen, allerdings auch gerne als einen ersten Beleg einer anderen, negativ beurteilten Eigenart spanischen Nationalcharakters: In dieser Zeit habe die Uneinigkeit der Einheimischen zum Sieg der Römer geführt. Die regionalistischen Bewegungen in Spanien beriefen sich indes ebenfalls legitimatorisch auf die Antike. So betonten beispielsweise baskische Nationalisten im ausgehenden 19. Jahrhundert, dass das Baskenland nur in geringem Maße von der römischen Invasion betroffen gewesen sei, und sich daher eine besonders „reine baskische Rasse" von der Antike bis zur Gegenwart habe erhalten können. Ähnlich argumentierten katalonische Nationalisten.

Álvarez Junco, José: Mater Dolorosa: la idea de España en el siglo XIX, Madrid 2001.

Astin, Alan E.: Saguntum and the Origins of the Second Punic War, in: Latomus 26, 1967, S. 577-596.

Curchin, Leonard A.: Roman Spain. Conquest and Assimilation, London/New York 1991.

Meister, Florian: Der Krieg des Sertorius und seine spanischen Wurzeln. Untersuchungen zu Krieg und Akkulturation auf der Iberischen Halbinsel im 2. und 1. Jh. v.Chr. (Studien zur Geschichtsforschung des Altertums 16), Hamburg 2007.

Mora, Gloria: The image of Rome in Spain. Scholars, artists and architects in Italy during the 16th to 18th c., in: Hingley, Richard (Hg.): Images of Rome. Perceptions of ancient Rome in Europe and the United States in the modern age (Journal of Roman Studies Suppl. 44), Portsmouth 2001, S. 23-55.

Richardson, John S.: The Romans in Spain (A History of Spain), Oxford/Malden 1998.

Ruiz Zapatero, Gonzalo: Celts and Iberians. Ideological Manipulations in Spanish Archaeology, in: Graves-Brown, Paul/Jones, Siân/Gamble, Clive (Hg.): Cultural Identity and Archaeology. The Construction of European Communities (Theoretical Archaeology Group), London/New York 1996, S. 179-195.

Wulff Alonso, Fernando: Las esencias patrias: historiografía e historia antigua en la construcción de la identidad española (siglos XVI-XX), Barcelona 2003.

8. Wales, Irland et al. und die Kelten

Die keltische Geschichte als Quelle nationaler Mythenbildung ist ein sehr komplexes Phänomen, das selbst lokal starke Unterschiede aufweist. Wenn im Folgenden von einer walisischen oder einer bretonischen Adaption die Rede ist, stellt schon dies eine etwas problematische Verallgemeinerung dar. Zudem handelt es sich bei den anschließend vorgestellten Beispielen lediglich um einen kleinen Ausblick auf die vielgestaltige europäische Keltenrezeption, in die unter anderem der in einem eigenen Kapitel behandelte Vercingetorix-Mythos (siehe Kapitel II.2) eingereiht werden müsste. Antike keltische Sprachen lassen sich nur teilweise aus den vorhandenen Quellen rekonstruieren, da bis auf wenige Inschriften keine Selbstzeugnisse überliefert sind. Die meisten Informationen über die Hochphase der keltischen Besiedlung müssen daher aus Fremdzeugnissen der südlichen Nachbarn und den archäologischen Befunden gewonnen werden.

Die keltischen Stämme – mehr eine Sprachgemeinschaft als ein „Volk" – besiedelten im 2. Jahrtausend v.Chr. weite Teile (Zentral-)Europas nördlich der Alpen. Schon die frühe griechische Geschichtsschreibung berichtet von Kulturkontakten, wobei spätere Namensvarianten zu etlichen Irritationen geführt haben. Seit der Mitte des 1. Jahrtausends v.Chr. drangen die Kelten aus dem zentraleuropäischen Bereich in so entfernte Regionen wie Iberien, die britischen Inseln oder Kleinasien vor. Dabei sind Berichte über Einfälle in griechisches und römisches Territorium erhalten, so etwa zur legendären Plünderung Roms durch die Senonen unter Brennus um 390 v.Chr. Die Zuverlässigkeit dieser Aussagen ist jedoch in mehrfacher Hinsicht limitiert: Die meisten Texte stammen von zeitlich viel späteren Autoren und bereits in den frühen Quellen dominiert das Stereotyp des keltischen Barbaren die Tendenz der Darstellungen. Nicht einmal die wenigen Eigennamen können als gesichert gelten: Der oben genannte Name „Brennus" etwa ist vermutlich eine Rückübertragung von einem keltischen Heerführer, der gut einhundert Jahre später in Griechenland Plünderungen durchführen ließ. In den kommenden Jahrhunderten geriet das keltische Siedlungsgebiet unter Druck durch die Expansion seiner Nachbarn wie Karthago in Spanien, germanischen Stämmen im Nordosten oder Rom im Alpenraum und Gallien, die letztlich zum Ende der selbständigen keltischen Herrschaften führte. Trotz der weitgehenden Romanisierung bzw. Hellenisierung und späteren Christianisierung erhielten sich keltische Kulturelemente regional bis in mittelalterliche Zeit. So waren keltische Sprachen noch mindestens bis ins 5. Jahrhundert n.Chr. in Teilen Westeuropas verbreitet und die keltische Bildmotivik geriet im

Frühmittelalter im Zuge der iroschottischen Mission über die Buchmalerei sogar regelrecht zu einem „Exportschlager". In einzelnen Regionen, insbesondere auf den britischen Inseln, konnten sich lokal keltische Strukturen sogar weit länger behaupten.

Die nationale Keltenrezeption begann bereits in der Frühen Neuzeit, etwa in England (siehe Kapitel II.1), Frankreich (siehe Kapitel II.2) oder den oben beschriebenen Fällen von Belgien und den Niederlanden (siehe oben Abschnitte 2 und 4). Auch in der Schweiz entdeckte man die keltischen Helvetier schon im 15./16. Jahrhundert als Bezugspunkt im Konflikt mit dem „germanischen" Österreich. Besonders wirkungsmächtig gestaltete sich dann der sog. Ossianismus: Vor dem Hintergrund der schottisch-englischen Auseinandersetzungen in der ersten Hälfte des 18. Jahrhunderts hatte der Schullehrer James MacPherson Material aus dem Stoffkreis um den altirischen Sagenhelden Finn mac Cumaill gesammelt. Aus spätmittelalterlichen und frühneuzeitlichen Quellen, mündlichen Erzählungen und eigenen Erfindungen kompilierte er Epen und Gedichte, die er als Übersetzung keltischer Texte ausgab. Diese sollten von einem caledonischen Barden namens Ossian im 3. Jahrhundert n.Chr. verfasst worden sein und dienten dazu, einen Rückbezug auf eine urkeltische Geschichte zu konstruieren. Gestützt von einer zweifelhaften wissenschaftlichen Studie lösten die Texte in ganz Europa und insbesondere in Deutschland eine Begeisterung für den keltischen Barden aus, die bis weit ins 19. Jahrhundert fortdauerte. Mit ähnlicher Zielsetzung – allerdings auf soliderer Quellenbasis – verfuhren später auch die bretonische Sammlung *Barzaz Breiz* von Théodore Hersat de La Villemarqué (1815-1895) und die *Carmina Gadelica* des Schotten Alexander Carmichael (1832-1912).

Mit der Nationalbewegung des 19. Jahrhunderts wuchs auch das Interesse an den keltischen Sprachen, so etwa am *Cymraeg* in Wales oder am *Gaeilge* in Irland. Dies betraf auch Gebiete wie die Bretagne, besonders aber die britischen Inseln, wo sich Iren, Schotten und Waliser gegenüber der englischen Sprache abzugrenzen versuchten. Die Mehrheit der politischen Stellungnahmen wurde jedoch auch in dieser Zeit von Intellektuellen in englischer Sprache verfasst. In der jüngsten Keltenrezeption haben zudem religiöse Aspekte an Bedeutung gewonnen, die in Form eines selbsternannten „neuen Heidentums" europaweit Beliebtheit erlangt haben. Gerade in Deutschland weisen viele der vertretenen Ideen auf das mystische Bild eines keltischen „Naturvolkes" im Sinne von Rudolf Steiners anthroposophischen Lehren zurück. Dabei machen auch in anderen Gebieten die Kelten aus Gründen der *political correctness* den Germanen als Bezugspunkt Konkurrenz, wobei „Keltisch" oft ohne Bewusstsein für die stark unterschiedlichen regionalen Traditionen als Sammelbegriff benutzt wird. Die nationale Vereinnahmung der antiken Kelten wird so zum einen durch die populäre Ausweitung zu einem vagen gesamteuropäischen Erbe erschwert. Zum anderen überlagern spätere Mythenbildungen – in Wales etwa rund um den anti-englischen Freiheitskämpfer Owain Glyn Dŵr – die Bedeutung der Antikenrezeption. In der Republik Irland ist das *Gaeilge* zwar formal gleichberechtigte Amtssprache, wird jedoch nur von einer kleinen Minderheit im Alltag genutzt und tritt vor allem gegenüber dem konfessionellen Aspekt als identitätsstiftendes Merkmal in den Hintergrund.

Wales weist in diesem Zusammenhang noch eine weitere Besonderheit auf, da dort parallel zwei Mythenstränge existieren: die Nachfolge der Kelten in ihrem Widerstand gegen ein übermächtiges Imperium (Rom und später England), aber auch die Vorstellung der Waliser als „die wahren Römer". Der zweite Punkt geht zurück auf die Ereignisse des frühen 5. Jahrhunderts n.Chr. als Rom die Provinz aufgab und Kaiser Honorius deren Bewohnern auftrug, künftig selbst für ihre Sicherheit zu sorgen. Tatsächlich waren aus römischen Lagern und Ansiedlungen oftmals Orte mit gemischter Bevölkerung hervorgegangen, von denen einige das Ende der Provinzialherrschaft überdauerten. Diese Tradition bildet die Basis für einen Mythos, der die Waliser als Hüter der (antiken) Zivilisation selbst in dunkelsten Zeiten einstuft.

Bridgman, Timothy P.: Hyperboreans. Myth and History in Celtic-Hellenic Contacts (Studies in Classics), New York/London 2005.

Collis, John: Celts and Politics, in: Graves-Brown, Paul/Jones, Siân/Gamble, Clive (Hg.): Cultural Identity and Archaeology. The Construction of European Communities (Theoretical Archaeology Group), London/New York 1996, S. 167-178.

Cooney, Gabriel: Building the Future on the Past. Archaeology and the Construction of National Identity in Ireland, in: Díaz-Andreu, Margarita/Champion, Timothy (Hg.): Nationalism and Archaeology in Europe, London 1996, S. 146-163.

Demandt, Alexander: Die Kelten (Beck Wissen 2101), München ⁶2007.

Maier, Bernhard: Die Kelten. Ihre Geschichte von den Anfängen bis zur Gegenwart, München ²2003.

Kremer, Bernhard: Das Bild der Kelten bis in augusteische Zeit. Studien zur Instrumentalisierung eines antiken Feindbildes bei griechischen und römischen Autoren (Historia Einzelschriften 88), Stuttgart 1994.

Kuckenburg, Martin: Die Kelten in Mitteleuropa, Stuttgart 2004.

Osterwalder Maier, Christin: Die Rache der Unterlegenen. Keltische Siege in mystischem Nebel, in: Archäologie der Schweiz 14, 1991, S. 53-60.

Rankin, Herbert D.: Celts and the classical world, London/New York ³1998.

Sheehy, Jeanne: The Rediscovery of Ireland's Past. The Celtic Revival 1830–1930, London 1980.

Zimmer, Stefan (Hg.): Die Kelten. Mythos und Wirklichkeit, Stuttgart 2004.

9. Das römische Reich – Italien und die restliche Welt

Mit wenigen Ausnahmen sind die bislang vorgestellten Beispiele national eindeutig gebunden und vergleichsweise punktuell. Die Bezüge auf das Römische Reich sind jedoch wesentlich zahlreicher und vielgestaltiger, ob mittelalterliche Romidee, Rombezüge Napoleon Bonapartes oder das „Neue Rom" eines Jean-François Thiriart. Es wäre müßig, an dieser Stelle analog zur bisherigen Form einen Abriss der Geschichte Roms und ihrer Rezeption geben zu wollen, selbst für den italienischen Nationalmythos sind hier nur einige Schlaglichter möglich.

Die Anfänge Roms sind nicht zuletzt dank der antiken Mythifizierung schwer zu greifen. Vermutlich bildete sich in der ersten Hälfte des 1. Jahrtausends v.Chr. ein an den Etruskern orientiertes Gemeinwesen. Die Legenden um Aeneas und die Brüder Romulus und Remus entstanden wohl erst später unter griechischem Einfluss. Auch die viel zitierte Gründung Roms 753 v.Chr. ist eine solche Fiktion, die sich erst in der frühen Kaiserzeit gegen konkurrierende Berechnungen durchsetzte. Nach der mythischen Königszeit setzten antike Autoren den Beginn der Republik auf 510 v.Chr. an, was aber vermutlich nur einem Anciennitäts-Wettstreit mit dem klassischen Athen geschuldet war. Im 4. und 3. Jahrhundert dehnte die Republik ihren Einfluss erst auf Italien aus und trat danach in Konkurrenz zu Karthago als wichtigste Macht im westlichen Mittelmeerraum. In den drei Punischen Kriegen (264-241, 218-202 und 149-146 v.Chr.) setzte sich Rom durch und vergrößerte sein Gebiet zudem durch weitere Eroberungen etwa in Griechenland. In der sog. Späten Republik von der Mitte des 2. Jahrhunderts v.Chr. bis zu Augustus gelang es einzelnen Mitgliedern der Oberschicht das alte System auszuhebeln und als Einzelpersonen enormen Einfluss zu gewinnen. Augustus verstand es, die Alleinherrschaft, an der sein Adoptivvater Caesar noch gescheitert war, zu sichern. Das von ihm gegründete Prinzipat ließ die Republik nach außen weiter bestehen, bedeutete faktisch aber die Einführung des Kaisertums. Bis ins 2. Jahrhundert n.Chr. gelangen zusätzliche Gebietsgewinne, von denen besonders die Stadt Rom auf Kosten der ausgebeuteten Provinzen profitierte. Seit dem Ende des 2. Jahrhunderts n.Chr. gerieten die Grenzen zunehmend unter Druck. Die oft vom Heer ausgerufenen Kaiser konnten keine langfristigen Lösungen für die militärischen, sozialen und finanziellen Probleme des Imperiums erreichen. Die Verteilung der Herrschaft auf mehrere Träger zeigte ebenso keinen dauerhaften Erfolg; Ende des 4. Jahrhunderts wurden der westliche und der östliche Reichsteil auch formal getrennt. Im weströmischen Reich endete die Kaiserzeit 476 bzw. 480 n.Chr. mit der Absetzung von Romulus Augustulus und dem Tod von Iulius Nepos. Das oströmische Reich bestand zumindest dem Namen nach noch bis zum Fall von Konstantinopel im Jahre 1453.

Mit dem italienischen Humanismus setzte eine Antikenbegeisterung ein, die in der Renaissance zwischen 1400 und 1530 ihren Höhepunkt erlebte. Autoren wie Petrarca oder Machiavelli appellierten an ein Wiederaufleben einer patriotischen Gesinnung nach dem Beispiel der alten Griechen und Römer. Ihr aktueller Bezugspunkt blieben allerdings in der Regel die Städterepubliken, ein italienisches Nationalgefühl verbreitete sich in dieser Zeit aber noch nicht. Ein solches begann sich erst um die Wende zum 19. Jahrhundert zu entwickeln. Unter der napoleonischen Besetzung Italiens in den letzten Jahren des 18. Jahrhunderts wurden die nördlichen Teile des Landes erstmals zu einem einheitlichen Staat zusammengefasst. Unterstützt durch italienische Revolutionäre etablierte Napoleon eine römische Republik, die sich in Verfassung und Symbolen an ihr antikes Vorbild anlehnen sollte. Indem sie sich auf vermeintliche antike Ursprünge italienischer Einheit und demokratischer Traditionen berief, trat sie in Konkurrenz zur katholischen Kirche, die ebenfalls das antike Rom mystifizierte und eine Kontinuitätslinie zwischen dem klassischen und dem christlichen Rom zog. Für die Nationalrevolutionäre erschien die Berufung auf das antike Rom daher auch als ein Weg, um sich symbolisch von der Macht der Kirche zu lösen, die sich der italienischen Einigung entgegenstellte. Archäologische Grabungsprojekte ebenso wie klassizistische Bauten aus dieser Zeit sollten die römische Antike wieder aufleben lassen.

Nach dem Zusammenbruch des napoleonischen Imperiums bezog sich die italienische Einigungsbewegung des *risorgimento* nur noch in geringerem Maße auf die Antike. Zu sehr schien der Gedanke einer Wiedererweckung der römischen Geschichte mit der Besetzung Italiens durch Napoleon verbunden, der gern sich als Augustus und sein Reich als Römisches Imperium inszeniert hatte. Um sich davon abzusetzen, bevorzugten viele italienische Nationalisten mittelalterliche Gründungsmythen. Dies änderte sich in den letzten Jahrzehnten des 19. Jahrhunderts. Nun wurde allerdings vielfach nicht die antike Römische Republik, sondern das Römische Reich zum Vorbild erklärt: Die politische Rechte beschwor den italienischen Kolonialismus als nationale Mission, die sie aus der imperialen Vergangenheit Italiens herleitete.

Während der Zeit der Mussolini-Diktatur knüpfte man hieran an, in der faschistischen Propaganda nahm die Antikenrezeption einen wichtigen Stellenwert ein. Mit dem Schlagwort der *romanità* suchte man eine Kontinuitätslinie von der Antike bis zum Faschismus zu ziehen. Schon in der Bezeichnung der Bewegung als *fascismo* wird dies deutlich. Die *fasces,* welche die faschistische Bewegung zu ihrem Symbol bestimmte, waren die Rutenbündel römischer Beamter; sie sollten gleichzeitig Macht und Zusammenhalt suggerieren. Die klassische Zeit wurde als einzige Epoche italienischer Stärke und Einheit gedeutet, die nun durch den Faschismus wieder erlangt werden sollten. Mit der Idee der *romanità* ließen sich auch gebildete Schichten ansprechen, in zahlreichen politischen Schriften, in der Geschichtsschreibung oder in Bauprojekten fand sie starken Widerhall.

Die Idee der *romanità* ließ sich nach dem Ende des Zweiten Weltkrieges gedanklich nicht von der Mussolini-Diktatur lösen und konnte für ein italienisches Nationalgefühl nicht mehr nutzbar gemacht werden. Dennoch blieb die römische Zeit für das italienische Selbstverständnis ein wichtiger Bezugspunkt, so behielten etwa der Lateinunterricht und im Geschichtsunterricht das antike Rom einen zentralen Stellenwert im Schulcurriculum. In der kulturellen Selbstdarstellung blieb die römische Antike überdies in zahlreichen historischen Stätten präsent, die als Touristenattraktionen vor allem seit dem Einsetzen des Massentourismus in den 1950er Jahren immer größere Besucherströme anzogen.

Allerdings gewann der Mythos Rom nicht erst durch den Massentourismus des 20. Jahrhunderts seine internationale Dimension. Ob für den Gedanken der Republik oder den des Imperiums stellten sich auch andere Nationen immer wieder explizit in die Tradition des antiken Roms. Hier ist nicht nur an den bereits erwähnten Napoleon zu denken, der dem römischen Imperium nachzueifern suchte. Eine zentrale Funktion trugen beide Deutungsstränge des Mythos Rom auch in den USA: Die Gründerväter der amerikanischen Verfassung beriefen sich auf antike römische Autoritäten und konnten darauf bauen, dass gebildete Amerikaner ihre Begeisterung für die Antike teilten. Besonders im ausgehenden 18. und im 19. Jahrhundert dienten römische Bauten und Skulpturen zahlreichen amerikanischen Künstlern und Architekten als Vorbild. Nicht selten untermauerten sie damit auch den *translatio imperii*-Gedanken, ein Geschichtsbild, demzufolge das Weltreich von Osten – aus Persien über Griechenland, Rom, Spanien bzw. Großbritannien – immer weiter westwärts wanderte, um schließlich den USA übertragen zu werden. Dieses Sendungsbewusstsein wurde oft herangezogen, um den amerikanischen Imperialismus zu legitimieren. Der Vergleich der Vereinigten Staaten mit dem römischen Reich ist noch heute geläufig, teilweise wird er dabei nun als Negativbild eingesetzt, um Kritik an der US-amerikanischen Außenpolitik zu formulieren.

Bleicken, Jochen: Geschichte der Römischen Republik (Oldenbourg Grundriss der Geschichte 2), München ⁶2004.
Christ, Karl: Geschichte der römischen Kaiserzeit. Von Augustus bis zu Konstantin (Beck's Historische Bibliothek), München ⁵2005.
Doumains, Nicholas: Italy (Inventing the Nation), London 2001.

Edwards, Catherine (Hg.): Roman Presences. Receptions of Rome in European Culture, 1789-1945, Cambridge 1999.

Gabba, Emilio/Christ, Karl (Hg.): Römische Geschichte und Zeitgeschichte in der deutschen und italienischen Altertumswissenschaft während des 19. und 20. Jahrhunderts (Biblioteca die Athenaeum 16), Como 1991.

Kolb, Frank: Rom. Die Geschichte der Stadt in der Antike (Beck's Historische Bibliothek), München ²2002.

König, Ingemar: Die Spätantike (Geschichte kompakt – Antike), Darmstadt 2007.

Springer, Carolyn: The Marble Wilderness. Ruins and Representation in Italian Romanticism, 1775-1850, Cambridge u.a. 1987.

Terrenato, Nicola: Ancestor cults. The perception of Rome in modern Italian culture, in: Hingley, Richard (Hg.): Images of Rome. Perceptions of ancient Rome in Europe and the United States in the modern age (Journal of Roman Studies Suppl. 44), Portsmouth 2001, S. 71-87.

Vance, William: America's Rome, New Haven/London 1989, 2 Bde., Bd. 1.

Text- und Bildrechte

1. Antike Autoren in Übersetzung

Arrian
Flavius Arrianus: Der Alexanderzug. Indische Geschichte, übers. v. Gerhard Wirth und Oskar von Hinüber (Sammlung Tusculum), München/Zürich 1985. © Patmos Verlag GmbH & Co. KG.

Caesar
Gaius Iulius Caesar: De bello Gallico. Der Gallische Krieg, übers. v. Marieluise Deissmann (Universal-Bibliothek 9960), Stuttgart 1991. © Philipp Reclam jun. GmbH & Co.

Cassius Dio
Cassius Dio: Römische Geschichte, übers. v. Otto Veh (Bibliothek der Alten Welt), Sonderausgabe in 5 Bd., München 2007. © Patmos Verlag GmbH & Co. KG.

Diodor
Diodoros: Griechische Weltgeschichte. Buch XI-XIII, übers. v. Otto Veh (Bibliothek der griechischen Literatur 45), Stuttgart 1998. © Anton Hiersemann KG.

Herodot
Herodot: Historien. Deutsche Gesamtausgabe, übers. v. August Horneffer, Stuttgart ^{4}1971. © Alfred Kröner Verlag GmbH & Co. KG.

Isokrates
Isokrates: Sämtliche Werke. Band I: Reden I-VIII, übers. v. Christine Ley-Hutton (Bibliothek der griechischen Literatur 36), Stuttgart 1993. © Anton Hiersemann KG.

Josephus Flavius
Flavius Josephus: De bello Judaico. Der Jüdische Krieg, 3 Bd., übers. v. Otto Michel und Otto Bauernfeind, München 1963-1982. © Verlagsgruppe Random House GmbH, Kösel-Verlag.

Plutarch
Plutarchus: Fünf Doppelbiographien, 2 Bd., übers. von Konrat Ziegler und Walter Wuhrmann (Sammlung Tusculum), Düsseldorf/Zürich ^{2}2001. © Patmos Verlag GmbH & Co. KG.

Strabon
Strabons Geographika. Band 2: Buch V-VIII, übers. v. Stefan Radt, Göttingen 2003. © Vandenhoeck & Ruprecht GmbH & Co. KG.

Sueton
Sueton's Kaiserbiographien, übers. von Adolf Stahr, Stuttgart/Leipzig ^{2}1874/79.

Tacitus
P. Cornelius Tacitus: Agricola, übers. v. Robert Feger (Universal-Bibliothek 836), Stuttgart 1996. © Philipp Reclam jun. GmbH & Co.
Cornelius Tacitus: Agricola. Germania, übers. v. Alfons Städele (Sammlung Tusculum), Düsseldorf/Zürich ^{2}2001. © Patmos Verlag GmbH & Co. KG.

Thukydides
Thukydides: Der Peloponnesische Krieg, übers. v. Helmuth Vretska und Werner Rinner (Universal-Bibliothek 1808), Stuttgart 2000. © Philipp Reclam jun. GmbH & Co.

Velleius Paterculus
C. Velleius Paterculus: Historia Romana. Römische Geschichte, übers. v. Marion Giebel (Universal-Bibliothek 8566), Stuttgart ²2004. © Philipp Reclam jun. GmbH & Co.

2. Urheberrechtlich geschützte neuzeitliche Quellen

S. 65ff.: Arminius-Reden von 1875, 1909 und 1925 zitiert nach: Veddeler, Peter: Nationale Feiern am Hermannsdenkmal in früherer Zeit, in: Engelbert, Günther (Hg.): Ein Jahrhundert Hermannsdenkmal 1875-1975 (Sonderveröffentlichungen des naturwissenschaftlichen und historischen Vereins für das Land Lippe 23), Detmold 1975, S. 167-182. © Historischer Verein für das Land Lippe e.V. und Peter Veddeler.

S. 122ff.: Gandeto, J. S.: Ancient Macedonians. Differences Between The Ancient Macedonians and The Ancient Greeks, San Jose u.a. 2002. © J. S. Gandeto.

S. 124f.: Arnaiz-Villena, A. u.a.: HLA genes in Macedonians and the sub-Saharan origin of the Greeks, in: Tissue Antigens 57, 2001, S. 118-127. © Blackwell Publishing.

S. 136f.: Ceauşescu, Nicolae: Nicolae Ceauşescu. Builder of modern Romania. International Statesman (Leaders of the world), Oxford u.a. 1983. © Elsevier.

S. 150ff.: Yadin, Yigael: Masada: Der letzte Kampf um die Festung des Herodes, Hamburg 1967. © Yadin Estate und Hoffmann und Campe Verlag.

S. 153ff.: Pearlman, Moshe: The Zealots of Masada, London 1968. © Concordia Publishing House.

Bei einigen Texten ist es uns trotz umfangreicher Recherche nicht gelungen, die Rechteinhaber zu ermitteln.

3. Abbildungen

Cover: © Robert Ueffing.

Abb. 1 (S. 41): © Christine Krüger.

Abb. 2 (S. 42): Fotografie von Helmut Pfau unter GNU Free Documentation License.

Abb. 3 (S. 71): Zeichnung aus dem *Kladderadatsch*, Jahrgang 28, August 1875, S. 478. © des Scans: Universitätsbibliothek Heidelberg.

Abb. 4 (S. 72): Zeichnung von Johann F. Boscovits aus dem *Nebelspalter*, Ausgabe 42, 20. Oktober 1900, S. 5. © des Scans: Engeli & Partner Verlag (www.nebelspalter.ch).

Abb. 5 (S. 97): Wilhelm von Kaulbach: Die Seeschlacht bei Salamis. © Stiftung Maximilianeum.

Abb. 6 (S. 98): Signal. Deutsche Ausgabe, Nr. 6, 1943, S. 2.

Abb. 7 (S. 127): © Flags of the World – http://flagspot.net.

Abb. 8 und 9: (S. 128): Standbilder aus „Kampf der Titanen gegen Rom" (Originaltitel: „Dacii"), © MiG Film GmbH

Abb. 10 und 11 (S. 157): State of Israel, National Photo item no. 064931, picture code: D519-053; item no. 064933, picture code D519-055Collection, © Moshe Milner and Government Press Office.

Abb. 12 (S. 158): © Ville de Tongeren, Service du Tourisme.